Réussir ses TD

Droit des personnes et de la famille

10e édition

En France, la collection « Paradigme » accompagne l'étudiant en droit du début de ses études jusqu'à l'accès à sa profession.

Paradigme – Méthode

La série « Paradigme – Méthode » comprend des ouvrages qui permettent aux étudiants d'acquérir une bonne méthode de travail et de réussir leurs travaux dirigés dispensés, de la Licence 1 au Master 1, en France. Ces ouvrages de méthodologie sont actualisés chaque année avec les dernières jurisprudences et les nouvelles législations. Ils sont conçus pour répondre à toutes les questions des étudiants. Ils fournissent des informations claires, pratiques et documentées.

Sous la direction de Marjorie Brusorio Aillaud, *maître de conférences en droit privé et vice-doyen à la Faculté de droit de Toulon.*

Déjà parus :

Coll., *Réussir son droit*, 3e éd., 2009

Marjorie Brusorio Aillaud, *Réussir ses TD – Droit des obligations*, 9e éd., 2020

Stéphane Cottin (dir.), *Recherche documentaire juridique. Méthodologie*, 4e éd., 2019

Hervé Faupin, Marie-Christine Rouault, Vanessa Barbé, *Réussir ses TD - Droit administratif*, 2e éd., 2018

Hervé Faupin, *Réussir ses TD - Droit constitutionnel*, 4e éd., 2020

Réussir ses TD

Droit des personnes et de la famille

10e édition

Marjorie Brusorio Aillaud

BRUYLANT

Collection
Paradigme

Pour toute information sur nos fonds et nos nouveautés dans votre domaine de spécialisation, consultez nos sites web via www.larcier.com.

Éditions Bruylant
Rue Haute, 139/6 - 1000 Bruxelles

10e édition

Imprimé en Belgique

Dépôt légal :
Bibliothèque nationale, Paris : janvier 2021
Bibliothèque royale de Belgique, Bruxelles : 2021/0031/018

ISSN : 2294-3323
ISBN : 978-2-39013-311-7

Présentation de l'ouvrage

La collection *Réussir ses TD* a pour objectif d'aider les étudiants à maîtriser, progressivement, les exercices juridiques proposés au long de l'année et lors des examens finaux.

Cet ouvrage comporte **trois parties** :

– la **première** est consacrée aux **conseils généraux** : « l'intérêt » des TD, comment préparer la séance, comment en optimiser le déroulement et, enfin, comment la réviser avant les examens terminaux ; l'utilisation du Code civil, outil indispensable dont les étudiants n'exploitent souvent pas toutes les ressources… et la présentation des copies.

– la **deuxième** partie concerne la **méthodologie** : comment rédiger un commentaire d'article, un commentaire d'arrêt ou un cas pratique, exercices systématiquement proposés en première année de droit.

– la **troisième** partie contient dix-huit **exercices corrigés et détaillés**. Ceux-ci sont présentés dans l'ordre du cours et de difficultés croissantes. Ils sont représentatifs de la diversité des articles (*longs/courts*, *récents/anciens*), cas pratiques (*ouverts/avec des questions précises/sous forme de consultation*) et décisions (*arrêts de principe/d'espèce, longs/courts, récents/anciens*) susceptibles d'être proposés en TD ou aux examens, en droit des personnes et de la famille.

Sommaire

TITRE 2

La famille

Repère

Deux phases :
préparation puis rédaction

PRÉPARATION

Qualification juridique des faits

- **Mariés :** couple soumis aux obligations du mariage dont le devoir de fidélité
- **peu à peu éloignés :** liens entre les époux s'étant distendus ; époux ne remplissant probablement plus leur devoir conjugal
- **relation avec Kent :** adultère de l'épouse
- **enceinte :** femme mariée attendant un enfant dont le père est son amant
- **à deux reprises (...) l'enfant est né sans vie :** femme ayant accouché, deux fois, d'un enfant qui n'a pas eu la personnalité juridique
- **de fortes chances pour que celui-ci ne veuille pas être juridiquement rattaché à un enfant qu'il sait ne pas être le sien :** probabilité importante pour que le mari souhaite que la présomption de paternité soit écartée
- **possible qu'il souhaite quand même être désigné comme le père de cet enfant et l'élever :** éventualité pour que le mari souhaite que la présomption de paternité s'applique ou soit rétablie si elle a été écartée
- **père biologique (...) veut assumer sa paternité :** forte probabilité pour que l'enfant soit reconnu par l'amant
- **lié avec les membres d'une secte (...) refusent tout progrès (...) enfants des adeptes ne sont pas vaccinés et aucun médicament n'est toléré (...) la sélection naturelle doit prévaloir :** amant proche d'une secte dont les préceptes risquent de mettre en danger la vie des enfants
- **ne veut pas partager l'autorité parentale :** volonté de la mère pour que l'autorité parentale sur l'enfant ne soit pas accordée ou soit retirée au père

2 Recherche des (ou du) problèmes juridiques

La difficulté de ce cas pratique est qu'il ne comporte pas de problèmes expressément formulés. C'est à vous de déduire les questions de l'ensemble des faits énoncés.
En principe, dans les cas pratiques relatifs à la filiation, si la mère de l'enfant est mariée et a un amant, la question le plus souvent posée est celle de savoir quel homme peut être désigné comme le père de l'enfant et, surtout, comment il peut l'être.

S'agissant du mari

Le passage : « **elle pense qu'il y a de fortes chances pour que celui-ci ne veuille pas être juridiquement rattaché à un enfant qu'il sait ne pas être le sien. Néanmoins, Clark ayant toujours désiré avoir un héritier, il est possible qu'il souhaite quand même être désigné comme le père de cet enfant et l'élever.** » suggère les questions suivantes :

1. Le mari peut-il ne pas être désigné comme le père de l'enfant de sa femme ?
2. Le mari peut-il, s'il le veut, être rattaché à l'enfant de sa femme, même s'il sait qu'il n'en est pas le père biologique ?

182 Partie 2 • Famille Réussir ses TD - Droit des personnes et de la famille

Thème
de la partie
(trois chapitres)

Conseils et remarques

ous !

Sous-thème
de l'exercice
travaillé

sur les actions relatives à la filiation et l'autorité parentale

3 Cas pratique

Type d'exercice

1 Com. d'article
2 Com. d'arrêt
3 Cas pratique

S'agissant de l'amant

Le passage : « **Il sait qu'il est le père biologique de l'enfant et veut assumer sa paternité. Cependant, depuis quelques semaines, Kent s'est lié avec les membres d'une secte (...) Loïs ne veut pas partager l'autorité parentale sur son futur enfant avec Kent.** » suggère les questions suivantes :

1. L'amant peut-il être désigné comme le père de l'enfant, alors que la mère est mariée à un autre homme ?
2. À quelle(s) condition(s) le père de l'enfant peut-il se voir retirer l'autorité parentale sur ce dernier ?

Attention, vous devez être attentifs à toutes les informations. Elles ne sont jamais données inutilement. Cela fait souvent la différence entre une note correcte et une bonne note !

Ainsi, le passage : « **elle a déjà été enceinte à deux reprises mais, à chaque fois, l'enfant est né sans vie** » doit vous conduire à préciser, au début ou à la fin du cas pratique, le cas où l'enfant naîtrait sans vie.

Inversement, n'envisagez pas une hypothèse qui ne vous est pas suggérée. Il n'est, à aucun moment, fait allusion à un éventuel divorce de Loïs et Clark. Il est donc inutile d'aborder une telle hypothèse. Vous perdriez du temps sans gagner de points.

Quatre hypothèses doivent donc être envisagées, certaines d'ailleurs concomitamment.

1. *Si Clark ne veut pas être désigné comme le père de l'enfant et que seul Kent veut assumer la paternité :*
   Comment établir la filiation paternelle de l'enfant de l'amant d'une femme mariée, lorsque le mari ne veut pas être rattaché à l'enfant ?
2. *Si Clark veut être désigné comme le père de l'enfant et que Kent le veut aussi :*
   Comment établir la filiation paternelle de l'enfant de l'amant d'une femme mariée lorsque le mari sait qu'il n'est pas le père biologique de l'enfant mais veut quand même être désigné comme tel ?
3. *Si la paternité de Kent est établie et que Loïs ne veut pas partager avec lui l'autorité parentale sur l'enfant :*
   Comment la mère d'un enfant peut-elle éviter de partager l'autorité parentale sur celui-ci avec le père ?
4. *Si l'enfant naît sans vie :*
   Le fait qu'un enfant naisse sans vie a-t-il une influence sur l'établissement de sa filiation ?

© Paradigme 3 Cas pratique

Onglet visible sur
la tranche à hauteur diffé-
rente selon
le type d'exercice

BRUYLANT Chapitre 3 • La filiation 183

Thème
du chapitre
(trois sous-thèmes par
chapitre)

PARTIE 1

Les conseils

PARTIE 1

Les conseils

Chapitre 1

Les travaux dirigés : avant – pendant – après

Dans les facultés de droit, l'emploi du temps est composé de cours magistraux (CM) et de travaux dirigés (TD).

Les CM ne présentent guère de difficultés. Ils ont généralement lieu en amphithéâtre et ressemblent aux cours dispensés au lycée (le nombre d'étudiants en plus et le contrôle des absences en moins). Votre seule mission est de noter le plus d'informations possible. Les TD, en revanche, constituent une nouveauté. Vous devez, très rapidement, comprendre ce que l'on attend de vous, tant avant, pendant, qu'après.

En principe, chaque semestre comporte l'étude, en cours magistral, de six à huit matières différentes. Deux ou trois d'entre elles, considérées comme fondamentales, font l'objet de travaux dirigés, en complément du cours magistral.

Il existe, entre les CM et les TD, une différence capitale qui entraîne plusieurs conséquences. Les CM donnent lieu, à la fin de chaque semestre, à un examen, écrit ou oral, également appelé partiel. Dans certaines universités, il existe deux sessions pour chaque semestre (janvier et juin ou septembre pour le premier semestre / mai ou juin et juin ou septembre pour le second). Si vous obtenez une mauvaise note à la première session, vous pouvez, éventuellement, vous rattraper à la seconde. Les TD, en revanche, font l'objet d'un contrôle continu, au fur et à mesure des séances. Il n'existe pas de possibilité de se rattraper. Les notes obtenues à la fin de chaque semestre, en décembre et mai, sont définitives. Cela suppose une organisation particulière. D'abord, vous êtes répartis en groupes d'une trentaine d'étudiants (il y a donc, pour chaque matière, un seul enseignant en amphithéâtre et plusieurs chargés de TD, intervenant dans plusieurs groupes). Vous ne pouvez donc pas vous fondre dans la masse. Ensuite, les absences sont contrôlées et si les vôtres sont trop fréquentes vous risquez d'être sanctionnés. Enfin, vous ne pouvez pas vous contenter de noter ce qu'il y est dit, vous devez, avant de vous y rendre, effectuer un travail précis.

I La préparation de la séance de TD

La préparation d'une séance de TD suppose de vous procurer les documents à étudier puis d'effectuer le travail demandé. Il est indispensable, entre temps, d'apprendre le cours.

1 Procurez-vous la plaquette de TD

Pour avoir une chance de bien préparer son TD, il faut savoir quel est le travail à faire. Pour cela, vous devez vous procurer un document : la fiche ou plaquette ou encore « polycop » de TD. Ce document est élaboré par l'enseignant responsable du CM correspondant au TD. Il constitue la trame de la séance de TD. En principe, il existe autant de fiches que de séances de TD au cours du semestre, soit 8, 10 ou 12, selon les matières. Elles peuvent vous être distribuées en intégralité, au début du semestre, ou une par une, au fur et à mesure des séances.

Vous devez absolument vous débrouiller pour obtenir ces documents, même si vous êtes absents lors de leur distribution officielle. Le plus simple est de vous arranger avec un camarade. À défaut, il existe souvent, à la faculté, un lieu où les chargés de TD déposent les plaquettes restantes, après distribution. Ce lieu peut être l'accueil, la bibliothèque, la scolarité... Renseignez vous auprès des appariteurs, du concierge ou de votre chargé de TD.

Attention ! Si les fiches de TD sont distribuées chaque semaine, vous n'avez que quelques jours pour vous procurer le document et effectuer le travail.

Conseil ! L'excuse consistant à dire aux chargés de TD que vous n'avez pas fait votre travail, parce que vous n'avez pas réussi à vous procurer la fiche de TD, est du plus mauvais effet.

2 Maîtrisez le thème correspondant à la séance de TD

Les thèmes des TD se rapportent à certains passages du CM. Il s'agit de points importants ou difficiles que l'enseignant souhaite approfondir.

Les exercices demandés varient selon la matière, l'année et, surtout, selon l'enseignant. Il peut s'agir d'un commentaire (de texte, d'arrêt ou d'article), d'une dissertation, d'un cas pratique ou, plus simplement, de l'élaboration de fiches de jurisprudence ou d'arrêt, de la recherche de définitions ou de la lecture de documents assortie de questions.

Avant de vous pencher sur les exercices, vous devez maîtriser le thème de la séance. Ne vous dispersez pas, procédez en trois étapes.

D'abord, il est indispensable, quel que soit l'exercice, d'apprendre votre cours. Rappelez-vous que les fiches de TD sont constituées par l'enseignant chargé du CM correspondant au TD. Les points qu'il souhaite que vous approfondissiez en TD sont souvent ceux qu'il a abordés en cours.

Ensuite, il est souvent nécessaire de consulter un manuel. Le CM devant traiter l'ensemble de la matière en quelques heures, tous les points, même s'ils sont fondamentaux, ne peuvent pas être développés autant que souhaitable.

Enfin, selon l'exercice proposé, le cours et les manuels peuvent encore être insuffisants. L'exemple le plus fréquent est celui du commentaire d'arrêt, exercice de prédilection des enseignants. Il est rare de trouver, dans le cours ou même dans un manuel, suffisamment d'éléments pour élaborer votre commentaire. Vous devez alors rechercher ces informations dans des revues ou ouvrages spécialisés.

Conseil ! Ne cherchez pas au hasard, vous perdriez un temps précieux.

En principe, surtout en première année, l'enseignant insère dans la plaquette de TD, avec l'arrêt (ou les arrêts) à commenter, les références des commentaires, notes ou observations relatifs à cette décision dans différentes revues. S'il prend le soin de vous donner ces références, c'est qu'il attend de vous que vous lisiez ces documents.

Lorsque l'enseignant n'indique pas ces références sur la fiche de TD, il ne faut pas en conclure qu'il n'en existe pas ou qu'il est inutile de les lire. Au contraire, cela signifie que l'enseignant souhaite que vous les cherchiez vous-même. Le travail de recherche fait également partie des études juridiques. Dans cette hypothèse aussi, vous devez être méthodique. D'abord, vous pouvez consulter, à la BU, les sites correspondant aux principales revues juridiques. Ensuite, vous pouvez, s'il s'agit d'un arrêt de droit civil, chercher quel article du Code civil y est visé. Avec un peu de chance, cet arrêt est justement mentionné dans le Code, sous l'article visé, avec les références correspondantes. S'il s'agit d'un arrêt du Conseil d'État, vous pouvez consulter les GAJA (Grands Arrêts de la Jurisprudence Administrative). N'hésitez pas à demander conseils à votre chargé de TD et aux bibliothécaires.

Attention ! Dans tous les cas, le commentaire d'arrêt que l'on attend de vous n'est pas la copie, le résumé ou même la paraphrase du commentaire de l'arrêt écrit par un professeur et publié dans une revue.

3 Rédigez correctement le travail demandé

Quel que soit l'exercice, ne vous contentez pas de griffonner quelques notes sur une feuille ou directement sur la fiche de TD, ou, pire, d'une « préparation orale », en comptant sur votre mémoire !

Vous devez rédiger votre travail correctement et intégralement, pour deux raisons. D'une part, si votre chargé de TD vous pose une question, vous serez soulagé, même si vous avez une excellente mémoire, d'avoir vos notes sous les yeux. D'autre part, votre chargé de TD peut vous demander de lui rendre le travail que vous deviez faire, pour le corriger. Il attend de vous un devoir impeccable, digne d'une copie d'examen. Ne vous contentez pas de mettre les titres des parties de votre commentaire ou les articles du Code civil visés pour résoudre le cas pratique. Votre note s'en ressentira désastreusement.

Inversement, si le devoir demandé est corrigé dans un manuel d'exercices ou dans des annales, vous pouvez vous en inspirer mais ne le copiez pas. Votre chargé de TD s'en rendrait compte, soit parce qu'il sait que ce corrigé existe (il a été étudiant avant vous), soit parce que ce corrigé, généralement élaboré par un enseignant, est beaucoup trop détaillé et fait appel à des notions que vous ne maîtrisez pas encore, soit parce qu'il comparera cette copie avec celle qu'il vous a déjà demandée ou qu'il ne manquera pas de vous demander et risque de voir une grande différence !

De même, certains enseignants donnent, chaque année, le même exercice à faire (commentaire d'un arrêt de principe ou d'un article fondamental). Est alors très fier l'étudiant qui récupère la correction de l'année précédente, auprès d'un camarade (quand il n'en était pas déjà lui-même le destinataire) et rend un devoir « pré-corrigé ». Cependant, ne croyez pas berner ainsi votre chargé de TD. Lui aussi sait que des corrections ont été distribuées l'année précédente. Lui aussi se les procure. Parfois même, il en est l'auteur. Inutile également, si votre séance de TD a lieu en fin de semaine, de récupérer et transmettre la correction donnée aux étudiants convoqués en début de semaine. Vous devez rédiger votre propre devoir.

II Le déroulement de la séance de TD

La note finale du TD englobe, en principe, une ou plusieurs notes d'oral et une ou plusieurs notes d'écrit. Vous devez donc participer à l'oral et rendre des devoirs écrits.

1 Participez à l'oral

L'organisation du TD dépend de votre chargé de TD. Certains interrogent d'office, d'autres laissent libre cours à votre motivation. Dans le premier cas, vous devez vous attendre, à chaque séance, à ce que des questions vous soient directement posées (d'où l'utilité de bien préparer la séance et d'avoir vos notes sous les yeux). La seconde formule est beaucoup plus souple. Votre chargé de TD vous laisse le choix de répondre à ses questions, lorsque vous le souhaitez. Profitez-en ! Cela vous permet de vous manifester lorsque vous êtes sûrs de vous et de rester silencieux si vous avez un doute.

Conseil ! Certaines questions sont plus faciles que d'autres. Si vous répondez spontanément aux questions « faciles », il y a de fortes chances pour que votre chargé de TD interroge un étudiant qu'il n'a pas encore entendu, lorsqu'il pose une question « difficile », pour laquelle personne ne se porte volontaire.

Dans tous les cas, faites un effort pour vous exprimer clairement et... juridiquement. La séance de TD est le lieu idéal pour vous entraîner. N'oubliez pas qu'à court terme, vous serez amené à passer des examens oraux (certains sont d'ailleurs intitulés : « grand oral » !), qu'à moyen terme, vous devrez vous exprimer lors d'entretiens d'embauche et qu'à long terme, une grande partie des métiers du droit comporte une part importante d'expression orale (avocat, magistrat, notaire, huissier, enseignant...).

Conseil ! Votre chargé de TD n'est pas uniquement là pour vous interroger. Vous pouvez, vous aussi, lui poser des questions. C'est même souvent le moment ou jamais ! Les chargés de TD sont, généralement, des étudiants qui préparent une thèse. Guère plus âgés que vous, ils étaient à votre place il y a quelques années. Ils sont souvent plus disponibles et moins « impressionnants » que certains enseignants. N'hésitez pas à les aborder.

2 Rendez des devoirs écrits

Parmi les notes d'écrit qui composent votre note de TD, il y a, en principe, celle d'un « examen blanc » ou « galop d'essai » organisé, en milieu de semestre, par votre chargé de TD, par l'ensemble des chargés de TD, ou par l'enseignant responsable du CM. L'objectif est de vous mettre dans les conditions de l'examen final avec, si l'emploi du temps le permet, tous les groupes de TD en même temps et un sujet commun.

Outre cette note, il est d'usage que les chargés de TD corrigent certains devoirs faits chez vous, les « devoirs-maison ». Comme pour l'oral, les chargés de TD s'organisent librement. Ils peuvent ramasser quelques devoirs à la fin de chaque séance, au hasard ; ils peuvent vous imposer d'en rendre deux ou trois dans l'année, au moment où vous l'aurez choisi ; ils peuvent ramasser l'ensemble des devoirs, deux ou trois fois dans le semestre… Un devoir non rendu ou incomplet fait immanquablement chuter votre moyenne. En revanche, un bon devoir contribue à une bonne moyenne et peut même rattraper une mauvaise note, accidentelle, à l'examen blanc. Rappelez-vous que les notes « finales » de TD ne sont pas rattrapables !

Outre les devoirs « obligatoirement » relevés, certains chargés de TD acceptent que vous leur en rendiez « volontairement ». Certes, ceux-ci sont en principe exclus du calcul de votre moyenne. Cependant, les séances de TD n'ont pas pour seul but de vous donner une note. L'objectif est, avant tout, de vous préparer à l'examen de fin de semestre. Si vous avez des lacunes ou si vous ne maîtrisez pas la méthodologie d'un exercice, autant éviter de vous en rendre compte le jour de l'examen !

Conseil ! Proposez vos devoirs « spontanément », surtout si vous avez eu une mauvaise note à « l'examen blanc » ou à un « devoir-maison ». Même si, en théorie, ces notes ne comptent pas dans le calcul de votre moyenne, en pratique, votre chargé de TD tiendra compte de votre bonne volonté soit, malgré tout, lorsqu'il fixera votre moyenne, soit, plus tardivement, s'il faut plaider en votre faveur lors des délibérations.

III La révision de la séance de TD

Après la séance de TD, n'espérez pas archiver vos plaquettes et ne plus jamais les revoir. Vous devez y revenir dans les heures et dans les semaines qui suivent.

1 Complétez votre TD

Immédiatement après votre séance de TD, idéalement le soir même, il est fortement conseillé de reprendre votre TD (cela vaut aussi pour les CM). D'une part, vous pouvez ainsi ajouter des remarques ou exemples que vous n'avez pas eu le temps de noter durant la séance et dont vous vous souvenez encore ! D'autre part, cela vous permet de clarifier vos notes. Une abréviation peut être évidente lorsqu'on l'écrit et ne plus avoir aucun sens quelques semaines ou même quelques jours après. Plus vous le faites rapidement, plus ce qui a été entendu est encore « frais » dans votre esprit.

2 Synthétisez votre TD

Nombre d'étudiants sont adeptes de fiches. Pourquoi pas ! S'agissant des TD, il existe un cas où la constitution d'une fiche peut se révéler salvatrice au moment des révisions : lorsque la plaquette de TD comporte plusieurs arrêts.

En effet, au milieu et à la fin du semestre, vous devez réviser vos TD pour passer l'examen blanc et l'examen final. Or, il n'est pas rare, notamment en droit civil, que chaque plaquette comporte une dizaine d'arrêts. Un rapide calcul et vous réalisez qu'à la fin du semestre, après huit ou dix séances, vous aurez étudié une centaine de décisions. La sempiternelle question de l'étudiant angoissé est alors de savoir s'il faut connaître toutes les décisions (et surtout toutes les dates).

Rassurez-vous, à l'exception des arrêts fondamentaux que l'enseignant et le chargé de TD vous signalent expressément, la réponse est non. En revanche, il faut connaître le sens de la jurisprudence, en général. Cela signifie que vous devez savoir si une pratique est admise ou réprouvée, comment un article est interprété....

Pour cela, l'idéal est de synthétiser ou ficher votre TD. Cela équivaut à faire la liste des décisions qui y sont étudiées et à en préciser le sens, en une phrase ou deux. Inutile de mémoriser les faits et la procédure. Prenez exemple sur la manière dont les éditeurs du Code civil résument les différentes décisions, sous les articles.

Exemple. *La question de la modification de l'état civil des transsexuels, étudiée lors d'une des premières séances de TD, en droit civil.* Le problème fut posé à partir des années 1970. Dans un premier temps, la jurisprudence refusa de modifier, sur l'état civil des transsexuels, la mention de leur sexe et leur prénom. Les juges invoquèrent le principe de l'indisponibilité de l'état civil. Ensuite, les magistrats acceptèrent que les transsexuels portent un prénom neutre (Claude / Dominique). Enfin, après que la Cour européenne des droits de l'homme a déclaré que la position de la France était incompatible avec le respect de la vie privée, le 25 mars 1992, l'Assemblée plénière de la Cour de cassation opéra un revirement de jurisprudence, le 11 décembre suivant. Les transsexuels purent, ensuite, obtenir la modification, sur leur état civil, de la mention de leur sexe et de leur prénom.

Seules les dates des arrêts cités, présentés en cours et en TD comme fondamentaux, doivent être connues. Pour la jurisprudence antérieure et postérieure, vous devez connaître les différentes étapes, mais il est inutile d'apprendre les faits de chaque espèce et les dates exactes.

Attention ! Les synthèses des TD n'ont d'intérêt que si vous les faîtes après chaque séance afin que, au moment des révisions, vous n'ayez *que* vos fiches à apprendre et non tous les arrêts de toutes les plaquettes à revoir. Si vous attendez le moment des révisions pour synthétiser vos TD, il sera trop tard, vous n'aurez plus le temps.

Vous l'avez compris, le travail en TD est fondamental. Deux notes par semestre en dépendent : celle « du TD même », attribuée par votre chargé de TD, à la fin des séances, et celle « du CM correspondant au TD » attribuée par l'enseignant, lors du partiel. Sachez que les professeurs choisissent souvent, comme sujet d'examen, un thème abordé en TD, persuadés que vous l'avez bien traité et que vous avez eu toute latitude pour poser des questions à votre chargé de TD.

À vous donc de préparer vos TD consciencieusement, d'être attentifs durant les séances et de bien les réviser à la fin du semestre.

Chapitre 2

L'utilisation du Code civil

Le Code civil est l'outil indispensable de tout étudiant en droit ainsi que de nombreux professionnels. De la première année au troisième cycle, et parfois même dans les filières dites spécialisées en droit public, le droit civil tient une place considérable. Notaires, avocats, magistrats, huissiers ont régulièrement recours au Code civil pour rédiger actes, conclusions, décisions ou assignations. Il est donc impératif de savoir, d'une part, quelles sont les informations contenues dans le Code civil et, d'autre part, comment les trouver.

Issu de la codification napoléonienne, le Code civil, publié en 1804, est la source principale du droit privé. Il est divisé en cinq livres : Des personnes (1), Des biens et des différentes modifications de la propriété (2), Des différentes manières dont on acquiert la propriété (3), Des sûretés (4) et Des dispositions applicables à Mayotte (5). Chaque livre comprend plusieurs titres étudiés pour la plupart, dans le désordre, au cours des différents semestres composant le cursus universitaire.

Le Code civil contient de nombreuses informations : les articles évidemment, mais aussi des extraits d'autres codes, des reproductions de lois, décrets ou ordonnances et, si difficile à mémoriser, de la jurisprudence. Mais encore faut-il savoir où chercher. Beaucoup d'étudiants pensent qu'ils sont « sauvés » si l'utilisation du Code civil est autorisée lors des examens. Qui n'a pas entendu la fameuse phrase « c'est facile, il y a tout dans le Code » ! Cependant, pour que l'autorisation de l'usage du Code civil à l'examen soit réellement un avantage, un maniement rapide et fructueux est indispensable. Sinon, ce ne sera que temps perdu à tourner les pages, dans les deux sens, à la recherche de l'article ou de la jurisprudence salutaire, en espérant un coup de pouce du destin !

Le Code civil ne permet pas de trouver miraculeusement une solution que l'on ne soupçonne pas. Il s'agit d'un support, d'une aide pour le juriste qui a déjà acquis les connaissances nécessaires. Un bon étudiant ne connaît pas les articles du Code civil par cœur. Un bon étudiant sait qu'un article existe et sait le retrouver. Il y a « tout » dans le Code civil et « tout » est bien rangé. N'attendez pas le jour de l'examen pour chercher à quel endroit ! Vous devez apprendre à vous servir du Code civil dès les premières séances de TD, notamment pour leur préparation. Vous gagnerez un temps précieux les jours d'examen !

Vous avez le choix entre deux éditions de Code civil : le « rouge » publié aux éditions Dalloz et le « Bleu » édité par LexisNexis. Étant donné les nombreuses réformes annuelles et l'apport constant de la jurisprudence, il est impératif d'avoir l'édition de l'année en cours. Imaginez la catastrophe si vous fondez la solution de votre cas pratique sur un article qui a été modifié ou, pire, abrogé !

Dans le Code Dalloz, les articles du Code civil sont répartis tout au long de l'ouvrage. Les extraits d'autres Codes ou de textes non codifiés sont insérés au fur et à mesure, à proximité des articles du Code civil auxquels ils ont trait.

L'édition LexisNexis comporte deux parties : le Code civil (articles + jurisprudence) et les annexes : textes codifiés (extraits d'autres codes) et textes non codifiés.

Chacun de ces Codes comporte différents index et tables (des matières, chronologique, alphabétique). Selon ce que vous cherchez, vous devez vous référer à l'un d'eux. Vous devez donc connaître leur existence et leur fonction.

L'objectif des prochaines lignes est de vous familiariser avec le Code civil. Pour tirer le meilleur profit de votre lecture, nous vous conseillons de vous munir de votre Code civil (Dalloz ou LexisNexis) et de vous entraîner en procédant aux différentes recherches proposées.

I Vous cherchez un article dont vous ignorez le numéro

Certains articles du Code civil, très utilisés ou couvrant à eux seuls une notion entière, tel l'article 9 relatif à la vie privée, sont facilement mémorisables. Pour les autres, il est vain de tenter de les retenir, il faut savoir les trouver.

Exemple. **Vous devez résoudre un cas pratique dans lequel il faut attribuer un prénom à un enfant trouvé.** Vous savez que votre enseignant a exposé ce cas en citant un article du Code civil, mais vous ne vous souvenez pas du numéro.

Recherche. Reportez vous à la fin du Code, dans la table alphabétique (Dalloz) ou l'index alphabétique (LexisNexis). Tous les articles y sont répertoriés, selon des mots clés.

Votre recherche concerne le prénom d'un enfant trouvé. Les mots clés sont « *Prénom* » et « *Enfant trouvé* ». En cherchant « *Enfant trouvé* » ou « *Prénom* puis *Enfant trouvé* » dans l'un des deux Codes, vous découvrirez le numéro 58. Il s'agit de l'article du Code qui envisage la procédure à suivre pour attribuer un prénom à un enfant trouvé. Vous n'avez plus qu'à lire l'article pour résoudre votre cas pratique !

Remarque. Tous les articles du Code civil ne datent pas de 1804, la plupart a été insérée ou modifiée au fur et à mesure des réformes. Pour savoir à quelle date un article a été inséré ou modifié, vous devez vous reporter au début de l'article ou du titre, soit du chapitre ou soit de la section, dont il fait partie.

Lorsqu'une référence, en italique et entre parenthèses, est insérée entre le numéro et le début de l'article, cela signifie que l'article n'existait pas ou n'était pas rédigé ainsi en 1804. Cette référence entre parenthèses correspond à la loi, au décret ou à l'ordonnance qui a inséré l'article dans le Code civil ou l'a modifié. Ainsi, l'article 58 du Code civil a été modifié par l'ordonnance n° 58-779 du 23 août 1958.

Lorsqu'une loi, un décret ou une ordonnance modifie ou crée complètement un passage du Code (titre, chapitre ou section), la référence (numéro + date), en italique et entre parenthèses, est indiquée sous l'intitulé du passage concerné. Ainsi, le titre XIII « Du Pacte Civil de Solidarité et du concubinage » (livre I, article 515-1 et suivants) a été inséré par la loi n° 99-944 du 15 novembre 1999.

Attention ! Si la référence d'une loi, d'un décret ou d'une ordonnance n'est pas placée au début de l'article mais à l'intérieur, vous devez en déduire que la modification concerne uniquement la partie citée après la référence (mise entre guillemets dans le Code Dalloz). Ainsi, l'article 61-3 du Code civil a été créé par la loi n° 93-22 du 8 janvier 1993 relative à l'état civil, à la famille et aux droits de l'enfant et instituant le juge aux affaires familiales, puis modifié par la loi n° 2002-304 du 4 mars 2002 relative au nom de famille. Cette dernière a seulement remplacé « patronyme » par « nom de famille ». Cela se déduit de l'utilisation des guillemets, pour signaler les modifications.

II Vous cherchez si un texte a modifié ou créé des articles du Code

Le droit est en perpétuelle mutation. De nouveaux textes sont régulièrement adoptés et il est parfois utile de savoir quels articles ont été modifiés.

***Exemple.* Le sujet de votre examen est une dissertation sur « La loi ouvrant le mariage aux couples de personnes de même sexe a-t-elle bouleversé le Code civil ».** Vous devez alors trouver dans le Code, soit la loi si, non codifiée, elle a partiellement ou intégralement été reproduite, soit la liste des articles qu'elle a modifiés.

Recherche. Dans un premier temps, il est judicieux de rechercher le mot-clé « Mariage » dans la table alphabétique ou l'index alphabétique. Puis, affinez votre recherche avec le mot clé « Homosexuel », puisque c'est le thème envisagé par la loi. Vous êtes alors renvoyés à l'article 143. Lorsque vous avez cet article sous les yeux, vous repérez immédiatement qu'il a été créé par la loi du 17 mai 2013 (référence de la loi en italique et entre parenthèses au début de l'article).

Pour savoir si d'autres articles ont été modifiés ou créés par la loi, vous devez vous reporter à la fin de la table chronologique ou à la table des textes complémentaires, partie « textes non codifiés ». Vous y trouverez la liste des lois, décrets et ordonnance mentionnés dans le code, dans l'ordre chronologique de leur publication.

Dans le Code Dalloz, la table chronologique mentionne tous les articles du Code civil que la loi a modifiés et précise que certains articles de la loi, qui ne modifient pas ceux du Code civil, sont reproduits sous l'article 227.

Dans le Code LexisNexis, la table des textes complémentaires renvoie à une page de la partie du code relative aux annexes, plus précisément aux textes non codifiés. Vous y trouverez la liste des articles du Code civil modifiés pas la loi, ainsi que les articles de la loi elle-même qui ne modifient pas le Code civil mais sont utiles à l'application de la loi.

La table chronologique et la table des textes complémentaires vous permettent donc de savoir non seulement qu'un article (ou une section par exemple) a été créé(e), mais également de connaître la liste de tous les articles qui ont été modifiés par la loi. Il vous serait impossible de rechercher vous-même, parmi tous les articles du Code, ceux pour lesquels la loi de 2013 est indiquée, au début, en italique et entre parenthèses, pour faire la synthèse de l'apport de la loi.

III Vous cherchez un texte non codifié

Une loi est codifiée lorsque le contenu de ses articles est inséré dans un Code. Les articles de la loi, ainsi que leur numérotation, n'apparaissent pas. Ils modifient, remplacent ou créent des articles d'un Code. Pour ne pas décaler la numérotation à chaque réforme et maintenir celle fixée lors de l'élaboration du Code, les articles insérés ultérieurement ont souvent un numéro composé d'un tiret.

Ainsi, la loi du 15 novembre 1999, relative au pacte civil de solidarité (PACS), a créé dans le Code civil un titre XII « Du pacte de solidarité et du concubinage » (qui est devenu Titre XIII, à la suite d'une autre réforme). Pour ne pas décaler la numérotation des autres articles, le législateur a relevé le numéro du dernier article du titre XI de l'époque, le numéro 515, et a créé, dans le titre XII (devenu titre XIII), les articles 515-1 à 515-8.

Précision. *Le Code LexisNexis* ne dresse pas la liste des lois entièrement codifiées telle la loi relative au PACS et au concubinage. Vous devez vous reporter à l'index alphabétique et effectuer une recherche par mots-clés (« *PACS* »). *Dans le Code Dalloz*, les lois codifiées sont répertoriées dans la table chronologique, avec un renvoi aux articles concernés. Vous pouvez également, bien entendu, vous reporter à la table alphabétique.

Sont également reproduits dans le Code civil des textes non codifiés. Une loi est dite « non codifiée » lorsqu'elle n'est insérée dans aucun code. Les articles de la loi n'ont pas été transformés en article d'un code. Ainsi la loi du 25 octobre 1972 sur la francisation des noms et prénoms n'a été insérée ni dans le Code civil, ni dans un autre code. Néanmoins, cette loi concerne le droit civil. Il était donc important de la reproduire dans le Code civil.

***Exemple.* Vous devez résoudre un cas pratique dans lequel une personne souhaite acquérir la nationalité française et obtenir la francisation de son nom et de son prénom.** Vous avez étudié ce thème en cours et en TD et vous devez, à présent, retrouver un article précis, pour répondre à la question posée dans votre cas pratique.

Recherche. Les textes non codifiés sont dispersés dans le Code Dalloz et regroupés dans le Code LexisNexis.

Dans le Code Dalloz, la liste des textes non-codifiés est dressée à la fin de la table chronologique (après la liste des extraits d'autres codes), sans distinction avec les textes codifiés et avec des renvois aux pages du Code où le texte est reproduit. Généralement, les textes non codifiés sont insérés sous un article ou un titre concernant le même thème. Ainsi, la loi du 25 octobre 1972 est reproduite sous l'article 61-4 relatif aux décisions de changement de prénoms et de nom.

Dans le Code LexisNexis, les textes non-codifiés sont regroupés dans la partie « Annexes ». Ils sont présentés chronologiquement, sans distinction entre les lois, les décrets et les ordonnances. La liste de ces textes est dressée au début du Code, dans la table analytique et à la fin, dans la table des textes complémentaires. Dans les deux cas, il est indiqué la page à laquelle le texte est reproduit (le repérage des années est plus clair dans la table des textes complémentaires).

Précision. *Dans le Code LexisNexis*, les textes non codifiés étant reproduits dans l'ordre chronologique, vous pouvez directement rechercher celui qui vous intéresse dans l'annexe.

Remarque. Si vous ne savez pas que la loi du 25 octobre 1972 n'a pas été codifiée, vous pouvez vous reporter à la table alphabétique ou à l'index alphabétique avec le mot-clé « *Francisation* » ou « *Nom de famille* », puis « *Francisation* ».

Le Code Dalloz vous indique directement le numéro de la page à laquelle la loi est reproduite.

Le Code LexisNexis précise seulement que ce thème fait l'objet de la loi du 25 octobre 1972. C'est à vous d'aller chercher la page à laquelle la loi est reproduite, directement dans la partie « Annexes » ou en passant par la table des textes complémentaires.

L'avantage de la table alphabétique et de l'index alphabétique est que sous le mot-clé « *Francisation* » vous trouvez des précisions avec, notamment, le renvoi à de la jurisprudence.

IV Vous cherchez un article présent dans un autre code

Certaines branches du droit, proches du droit civil, sont abordées en cours de droit civil. Ainsi, les droits de la personnalité (thème traité en première année) concernent l'intégrité morale (vie privée, image) et l'intégrité physique (respect du corps humain...) de la personne. L'intégrité morale de la personne est essentiellement protégée par l'article 9 du Code civil. L'intégrité physique est surtout envisagée dans le Code de la santé publique. Certains articles du Code de la santé publique ont donc été reproduits dans le Code civil.

Exemple. **Vous devez commenter l'article L. 2141-7 du Code de la santé public relatif au l'assistance médicale avec tiers donneur.** Certes, le commentaire d'un article ne doit pas s'étendre à celui de la section ou du chapitre dont il fait partie (Voir, dans la Partie 2, la méthode du commentaire d'article). Néanmoins, il peut être utile d'avoir sous les yeux les articles précédents et suivants celui à étudier pour, par exemple, comparer les situations de l'assistance médicale avec tiers donneur et de l'assistance médicale sans donneur.

Si l'article L. 2141-7 du Code de la santé publique est reproduit sur votre sujet d'examen, les autres ne le sont pas et vous ne pouvez pas passer la première demi-heure du temps imparti à les rechercher, au hasard, dans le Code civil (le Code de la santé publique n'étant pas, lui, autorisé à l'examen).

Recherche. *Dans le Code Dalloz*, les codes, dont des extraits sont insérés, sont listés par ordre alphabétique au début de la table chronologique. Les articles qui sont reproduits sont classés par ordre chronologique. Vous êtes renvoyés soit à la page, soit à l'article du Code civil sous lequel ils sont insérés. Ainsi, les articles L. 2141-1 à L. 2141-11 du Code de la santé publique sont reproduits sous l'article 311-20 du Code civil, c'est à dire à la fin de la section 3 « De l'assistance médicale à la procréation » (chapitre 1re, titre VII, livre I). Vous pouvez également obtenir cette information en cherchant « *Don d'organe* » dans la table alphabétique.

Dans le Code LexisNexis, les extraits d'autres codes sont regroupés dans la première partie de l'annexe. Les codes sont classés par ordre alphabétique et les articles qui les composent par ordre chronologique.

Attention ! *Dans le Code Dalloz*, les articles d'un même code ne sont pas systématiquement à la suite les uns des autres. Ils sont insérés à proximité des notions qu'ils complètent et qui ont justifié leur présence dans le Code civil.

V Vous cherchez de la jurisprudence

Le droit positif n'est pas seulement constitué par des textes, codifiés ou non. La jurisprudence est également une source du droit. De nombreux extraits de décisions sont reproduits sous les articles du Code civil auxquels elles se rapportent. Connaître la jurisprudence relative à un article est aussi important que connaître l'article lui-même, notamment pour commenter un arrêt et résoudre un cas pratique.

Pour le commentaire d'arrêt, vous devez très rapidement repérer l'article visé par les juges pour fonder leur solution et rechercher les décisions s'y rapportant. Celles-ci vous permettront de savoir si la décision que vous avez à commenter (qui dans le meilleur des cas est même citée dans le Code) est conforme à la jurisprudence ou s'il s'agit d'une décision isolée ou même d'un revirement.

Pour le cas pratique, la jurisprudence renseigne sur l'application faite par les juges de l'article qui vous semble résoudre le problème posé. Parfois même, les enseignants constituent le sujet du cas pratique à partir des faits d'un arrêt.

Exemple. **Vous devez commenter un arrêt relatif à la rupture des fiançailles.** Vous savez que la jurisprudence a apporté des précisions sur ce point, qu'il s'agisse de la responsabilité de l'auteur de la rupture ou de la restitution des cadeaux, notamment de la bague de fiançailles.

Recherche. Les fiançailles ne sont envisagées ni dans le Code civil, ni dans un autre code, ni dans une loi. Votre seul recours est la jurisprudence. Contrairement aux textes codifiés ou non, aucun index ou table n'est consacré à la jurisprudence dans le Code civil. Vous devez vous reporter à la table alphabétique ou à l'index alphabétique avec le mot-clé « *Fiançailles* ».

Vous découvrirez que la jurisprudence relative aux fiançailles est envisagée à plusieurs endroits dans les deux Codes.

Dans le Code Dalloz, la table alphabétique vous indique que vous trouverez la jurisprudence relative à la rupture sous l'article 143 (J. 23 s. = jurisprudence aux §§ 23 et suivants sous l'article) et celle concernant les cadeaux sous les articles 1088 et 1096.

Dans le Code LexisNexis, l'index alphabétique précise qu'il faut se reporter sous les articles 143 (pour la rupture) et 1088 (pour les cadeaux).

Remarque. Lorsqu'elle est abondante, la jurisprudence est classée sous l'article auquel elle se rapporte avec des titres et différents paragraphes numérotés. S'il est important de repérer la jurisprudence, il l'est tout autant de savoir la citer dans votre copie. Vous ne devez, en aucun cas, citer un arrêt par le numéro du paragraphe où il est mentionné dans le code. Ces numéros vous permettent de retrouver une décision à partir de la table alphabétique ou de l'index alphabétique. Ils varient d'un éditeur à l'autre et parfois, pour le même éditeur, d'une année à l'autre. Une jurisprudence est citée correctement lorsque sont mentionnées la juridiction (tribunal / cour d'appel + lieu, cour de cassation + chambre) et la date. Il est inutile, dans votre copie, de citer les références qui l'accompagnent.

Attention ! Vous devez être très vigilants. Parfois, la jurisprudence réinterprète un article, alors que celui-ci ne change pas. Ainsi, l'alinéa 7 du l'article 1242 (anc. art. 1384) prévoit que les père et mère peuvent s'exonérer de la responsabilité du fait de leur enfant en prouvant qu'ils n'ont pu empêcher le fait qui donne lieu à cette responsabilité. Or cet article, inséré en 1804 et toujours en vigueur dans le Code civil (il a « seulement » changé de numéro), a été réinterprété par la jurisprudence. Pendant longtemps, les juges ont estimé que les parents pouvaient s'exonérer de leur responsabilité en démontrant qu'ils n'avaient pas commis de faute. Puis, en 1997, la Cour de cassation a décidé que la responsabilité des parents du fait de leur enfant est une responsabilité de plein droit et qu'ils ne peuvent s'exonérer de leur responsabilité que par la preuve d'un cas de force majeure ou une faute de la victime. Il s'agit de l'arrêt *Bertrand* du 19 février 1997. Vous comprenez à quel point il est important de lire la jurisprudence citée sous les articles !

Précision. L'autre utilité de la jurisprudence insérée dans le Code est qu'elle est présentée avec la plupart des références des notes de doctrine correspondantes. Ainsi, lorsque vous avez un arrêt, en TD, dont vous souhaitez connaître les références, vous pouvez, par exemple, rechercher s'il est cité dans le Code, sous l'article constituant le visa de l'arrêt. Les notes y sont aussi. De même, au début de certains titres, chapitres ou sections, ou sous les articles les plus importants (qu'il s'agisse du Code Dalloz ou LexisNexis), vous pouvez trouver des références d'ouvrages ou d'articles (bibliographie) pour vous aider dans la préparation de votre TD ou compléter votre cours.

Vous l'avez compris, une bonne maîtrise du Code civil est indispensable pour y trouver, rapidement, l'information recherchée. Seul un entraînement régulier, lors de la préparation de chaque séance de TD, vous permettra d'acquérir les bons réflexes.

Même si le Code civil n'est pas autorisé à l'examen, ne le laissez pas de côté tout au long de l'année. Son utilité n'est pas limitée à ce jour-là. Il vous permet de vérifier le contenu des articles cités dans votre cours et de les lire en intégralité. Profitez en aussi pour parcourir la jurisprudence citée dessous et pour connaître les applications que les juges font de l'article.

N'hésitez pas : usez et abusez du Code civil. Toutefois, n'oubliez pas : s'il aide les « bons » étudiants, il ne sauve pas les « mauvais » !

PARTIE 1

Les conseils

Chapitre 3

La présentation des copies

De solides connaissances et une juste application des méthodes ne seront pas appréciées si votre copie est rédigée dans un français approximatif ou ressemble à un brouillon.

Qu'il s'agisse d'une copie, d'une lettre ou de votre cours, vous devez respecter certaines règles de présentation pour que votre document soit agréable à lire ou, même, tout simplement lisible.

N'envisagez pas vos études universitaires à court terme. Elles ne visent pas seulement à vous former dans un domaine précis, d'autant plus que la législation étant en constante évolution, les connaissances juridiques sont rapidement obsolètes. L'université a également pour objectif de vous apporter une culture générale et une rigueur dans votre vie professionnelle et privée. Un CV brillant de diplômes sera écarté s'il est accompagné d'une lettre de motivation trahissant une absence de rigueur et une méconnaissance des règles de base de présentation de tout document.

I Le choix du stylo : de la sobriété

L'intérêt de l'écriture est de communiquer et non de réaliser une œuvre d'art.

1. *D'une part,* votre choix est limité à la couleur bleue ou noire. Les déclinaisons marron, turquoise ou violet, certes tendance, sont à proscrire.
2. *D'autre part,* la plume ou la bille sont acceptées. Cependant, une erreur écrite avec un stylo à plume s'efface discrètement, alors que celle issue d'un stylo à bille laisse une trace de peinture blanche ou une rature.
3. Même si vous optez pour la bille, ne laissez pas un mot, une phrase ou un paragraphe qui ne vous semble pas adapté(e) ou cohérent(e). N'hésitez pas à raturer, mais raturez proprement. Votre correcteur a de nombreuses copies à corriger en peu de temps. Si vous barrez d'un trait une phrase, il passera à la suivante sans essayer de la lire. Alors ne vous évertuez pas à faire disparaître de l'encre avec un vieil effaceur, en bout d'année universitaire, ou à peindre une partie de votre copie en blanc, réécrivant immédiatement sur le mélange, ne disposant pas du temps nécessaire pour le séchage.
4. *Ensuite,* l'encre du stylo ne doit pas être trop claire et la pointe trop épaisse. La copie risque d'être illisible dans le premier cas et « sale » dans le second.
5. *Enfin,* n'abusez pas des feutres de couleur pour les titres ou pour souligner certains passages, surtout s'ils sont épais et que des traces apparaissent au verso de la feuille. Cela est... moche !

II La présentation de la copie : de la clarté

Qu'il s'agisse d'un document dactylographié (CV) ou manuscrit (lettre de motivation, copie d'examen), pensez à aérer votre copie.

1. Laissez une marge suffisante à gauche, au moins 3 centimètres, pour que votre correcteur puisse y mettre des annotations ou que vous puissiez insérer quelques

mots en cas d'oubli. N'hésitez pas à tracer un trait pour bien la délimiter, l'idéal est d'utiliser un crayon puis de gommer à la fin.

2. N'écrivez ni sur la première ni sur la dernière ligne d'une feuille.
3. Si vous optez pour des feuilles à petits carreaux, n'écrivez qu'une ligne sur deux ; si vous préférez les feuilles blanches, utilisez un « guide âne ».
4. Sautez une ligne avant et après chaque titre.
5. Évitez d'écrire un titre à la fin d'une page. Passez à la suivante.
6. N'allez pas systématiquement à la ligne après chaque phrase.
7. Le découpage des mots, en bout de ligne, est strictement réglementé :
   - le trait d'union doit être placé entre deux syllabes ou entre deux consonnes identiques.

     Exemple. Vous ne devez écrire ni « déc-ision » ni « décis-ion » mais « dé-cision » ou « déci-sion ». De même « cas-sation » et « cassa-tion » sont les deux seules possibilités pour scinder ce mot.
   - en cas d'élision (suppression de la voyelle finale d'un mot lorsque le mot suivant commence par une voyelle ou un « h » muet), le mot dont la voyelle est supprimée et le mot suivant forme un tout que vous devez scinder en respectant les règles précédentes.

     Exemple. Vous ne pouvez pas écrire « l' » à la fin d'une ligne et « arrêt » sur la ligne suivante. Seuls « l'arrêt » ou « l'ar-rêt » sont corrects.

III La présentation du sujet : de la rigueur

L'objectif d'un devoir, à la maison ou en examen, est de prouver à votre correcteur que vous avez compris ce qu'il vous a enseigné. L'intérêt pour l'enseignant est de vous évaluer. Gardez toujours à l'esprit que vous écrivez pour être lu. Veillez donc à être cohérent et à ne pas « perdre » votre lecteur lors d'un changement d'idée, de question ou de partie.

1. Si vous avez le choix entre plusieurs sujets, n'oubliez pas de préciser celui que vous traitez.
2. Si le sujet comporte plusieurs questions, traitez les dans l'ordre que vous souhaitez (sauf s'il est imposé) mais commencez toujours par toutes les lire. Vous éviterez ainsi de traiter d'autres questions du sujet dès votre première réponse, puis de vous répéter dans les développements suivants et, surtout, une mauvaise note lorsque, après vous être trop étendu sur la première réponse, vous n'avez plus le temps de traiter les autres.

   Vous devez espacer vos réponses de deux ou trois lignes et préciser systématiquement le numéro de la question à laquelle vous répondez.
3. S'il s'agit d'un sujet unique, dissertation, commentaire ... n'oubliez pas d'élaborer un plan, avec chapeaux et transitions. L'usage veut que les plans soient constitués de deux parties, composées chacune de deux sous-parties. Les parties sont

numérotées suivant les chiffres romains, I et II ; tandis que les sous-parties suivent les lettres de l'alphabet A et B.

Attention ! Les sous-parties de la seconde partie reprennent les lettres A et B, elles ne font pas suite aux sous-parties de la première partie avec les lettres C et D.

I A / B	~~I A / B~~
II A / B	~~II C / D~~

IV La présentation des idées : de l'enchaînement

Les exercices juridiques appellent rarement des réponses courtes, tenant en une ou deux phrases. Une dizaine de lignes est généralement de rigueur. Qu'il s'agisse d'une réponse à une question particulière ou du développement d'une sous partie de dissertation ou de commentaire, les points ne sont pas attribués en fonction de la longueur de la réponse. Votre correcteur attend un exposé clair, précis et rigoureux.

1. Utilisez, sans en abuser, des mots ou expressions de liaison : d'abord, dans un premier temps, d'une part / puis, ensuite, dans un deuxième (ou second) temps, d'autre part / enfin, finalement, en définitive... Soulignez les contrastes : tandis que, alors que, en revanche...
2. Respectez l'ordre chronologique des évènements, des décisions ; l'ordre hiérarchique des juridictions.
3. Distinguez la position de la doctrine et de la jurisprudence.
4. Gardez toujours à l'esprit ce que vous voulez démontrer.

Enfin, tous ces efforts seront vains si votre écriture est illisible. Même le correcteur le plus consciencieux se lasse au bout de quelques lignes, lorsqu'il doit déchiffrer voire supposer chaque mot.

PARTIE 2

La méthodologie

PARTIE 2

La méthodologie

Chapitre 1

La méthode du commentaire d'article

Qu'il s'agisse du droit privé ou public, national ou international, d'un code, d'un traité, d'une constitution, d'une proposition de loi... les normes juridiques sont souvent présentées sous la forme d'articles. Quelle que soit sa profession (avocat, magistrat, notaire, juriste d'entreprise), le juriste est amené à exploiter ces dispositions normatives et doit être capable de les interpréter.

Dès la première année d'étude, savoir analyser et apprécier un article est également indispensable, pour l'appliquer à bon escient dans un cas pratique ou en évaluer le bien-fondé lors d'un commentaire d'arrêt.

Le commentaire d'article est donc un exercice fondamental. Il consiste à analyser, expliquer et apprécier une disposition normative en la replaçant dans son contexte. Même si vous n'avez pas de solution à trouver, comme dans un cas pratique, ou de problème juridique à formuler, comme dans un commentaire d'arrêt, le commentaire d'article n'est pas un exercice facile. Il suppose de solides connaissances et le strict respect de la méthode.

Outre l'écueil de la paraphrase, vous devez éviter de glisser vers un autre type d'exercice juridique.

Ainsi, le commentaire de l'article 146 du Code civil ne doit pas aboutir :

- *au commentaire de l'arrêt* Appietto (Cass. 1re civ., 20 novembre 1963, *Bull. civ.* I, n° 506). Cet arrêt doit seulement être cité pour illustrer la distinction opérée par la jurisprudence quant aux buts poursuivis par les époux lorsque leur mariage est simulé.
- *à l'étude du cas particulier des mariages « blancs »* pour que l'un des époux acquière la nationalité française. Un tel devoir serait incomplet, le cas des incapables majeurs n'étant pas traité.
- *à une dissertation sur « Le consentement dans le mariage »*. Le commentaire doit seulement porter sur l'absence de consentement. Les vices du consentement, visés à l'article 180 du Code civil, doivent être écartés dans l'introduction ou cités, à titre de comparaison, dans le corps du devoir. Ils ne peuvent pas faire l'objet d'une partie ou d'une sous partie.

Savoir commenter un article est indispensable mais difficile. Cela suppose une bonne préparation, méthodique, à laquelle vous devez consacrer au moins la moitié du temps qui vous est imparti.

I La préparation du commentaire

La préparation du commentaire comporte quatre étapes. D'abord, il est indispensable de bien identifier l'article. Ensuite, il faut l'analyser, puis l'apprécier. Enfin, lorsque vous connaîtrez parfaitement tous les éléments devant figurer dans votre devoir, et seulement à ce moment-là, vous pourrez élaborer votre plan.

1 L'identification de l'article

Trois informations permettent d'identifier un article : sa date, son auteur et son support.

La date d'élaboration de l'article permet de le rapprocher d'autres textes ou décisions, antérieurs, simultanés ou postérieurs, susceptibles de vous éclairer sur le contexte de son adoption. Ainsi la loi du 4 mars 2002, sur le droit des malades, a eu pour but de mettre un terme à la polémique sur la naissance des enfants handicapés, suite à l'arrêt *Perruche* du 17 novembre 2000 (Cass. ass. plén., 17 novembre 2000, *Bull. civ.*, n° 9).

La date d'élaboration de l'article vous permet également d'attribuer à certains mots leur véritable sens, passé et actuel, lorsque le texte est ancien, et de comprendre les motivations de son auteur. L'article 1242 du Code civil (ancien art. 1384) dispose que les maîtres et les commettants sont respectivement responsables du fait de leurs domestiques et de leurs préposés. Les rédacteurs du Code civil ont distingué les maîtres des commettants pour insister, à l'époque, sur la responsabilité des premiers, le métier de domestique étant courant en 1804. En réalité, une telle distinction était inutile, les maîtres étant des commettants et les domestiques des préposés !

L'identité de l'auteur d'un article peut vous renseigner sur son objectif et les circonstances de son élaboration. La loi du 4 mars 2002, relative au nom de famille, fut votée rapidement, à la fin d'une législature particulièrement chargée. Cette célérité explique certaines imperfections auxquelles les parlementaires suivants ont dû remédier par la loi du 18 juin 2003.

Le support de l'article, c'est à dire la loi, la réforme, le code dont il est issu, permet de connaître sa valeur et son importance. Un article issu d'une réforme d'envergure ou de fond est souvent plus important qu'un article issu d'une réforme de circonstance. Ainsi, la loi constitutionnelle du 2 octobre 2000, réduisant la durée du mandat présidentiel à cinq ans, pour l'aligner sur celui des députés, est une réforme moins importante que celle du 6 novembre 1962 ayant instauré l'élection du Président de la République au suffrage universel et remettant en cause la qualification de régime parlementaire.

Attention ! Commenter un article issu d'une loi n'est pas commenter cette loi ! De même, commenter un article issu d'un code ne doit pas vous conduire à commenter le chapitre dont il fait partie. Certes, il est indispensable de connaître ce qui entoure l'article sur son support, pour pouvoir bien l'apprécier. Il est même opportun de l'évoquer dans l'introduction et de faire quelques renvois dans votre devoir. Cependant, ne vous dispersez pas. Si vous étendez le champ de votre étude, vous serez contraints, par manque de temps, de survoler l'article concerné, alors que votre correcteur en attend une étude approfondie.

Après avoir déterminé le support originel de l'article, pensez à indiquer son support final, s'il a été inséré dans un code, un traité... Cela peut également renseigner sur son importance et sur l'intention de son auteur. Ainsi, la loi du 29 juillet 1994 sur le respect du corps humain a inséré des articles à la fois dans le Code civil et dans le Code de la santé publique, selon le thème visé et les personnes concernées.

2 L'analyse de l'article

Après avoir identifié l'article, vous devez analyser ses termes, ainsi que sa structure grammaticale et logique.

La glose consiste à définir chaque terme du texte dans son sens courant et juridique. S'il existe plusieurs sens ou un risque de confusion, vous devez expliquer les termes en recherchant l'intention de l'auteur et l'interprétation de la jurisprudence. Ainsi la communauté de vie à laquelle les époux s'obligent mutuellement, selon l'article 215 du Code civil, englobe le devoir de cohabitation (communauté de toit) *et* le devoir conjugal (communauté de lit).

La structure grammaticale de l'article est utile pour élaborer le plan du commentaire. Vous devez relever les propositions principales et subordonnées, les articles définis (le / la / les) ou indéfinis (un / une / des), les conjonctions de coordination : « et » (accumulation / énumération) ; « ou » (indifférence / alternative). Ainsi, l'intérêt de l'article 362 du Code civil est d'énoncer que « la décision prononçant l'adoption simple est mentionnée ou transcrite sur les registres de l'état civil ». Le législateur a également précisé *quand* : « Dans les quinze jours de la date à laquelle elle est passée en force de chose jugée » et *comment :* « à la requête du procureur de la République ».

N'oubliez pas qu'un principe, dans le langage juridique, l'indicatif vaut impératif !

La structure logique de l'article correspond au mode de raisonnement de son auteur, ainsi qu'à la méthode législative qu'il a utilisée, c'est à dire ce qu'il a dit et comment il l'a dit. Elle vous aide pour la construction du plan.

L'auteur peut fixer un principe, une exception, une limite ; dresser une liste de personnes ou de situations... Par exemple, l'article 544 du Code civil pose le principe selon lequel « La propriété est le droit de jouir et de disposer des choses de la manière la plus absolue » ainsi qu'une limite « pourvu qu'on n'en fasse pas un usage prohibé par les lois ou par les règlements ».

L'auteur peut aussi permettre, interdire, suggérer, utiliser un modèle de référence, des notions précises ou floues, laisser une marge d'appréciation au juge. Ainsi, lors d'un divorce par consentement mutuel judiciaire, le législateur a prévu que « le juge prononce le divorce s'il a acquis la conviction que la volonté de chacun des époux est réelle et que chacun d'eux a donné librement son accord. » (art. 232, al. 1, C. civ.). De même, l'article 360 du Code civil permet l'adoption simple d'un enfant ayant fait l'objet d'une adoption plénière, « s'il est justifié de motifs graves ».

L'analyse du texte est indispensable mais ne suffit pas. Le commentaire d'article suppose également de l'interpréter, de l'apprécier.

3 L'appréciation de l'article

Après avoir déterminé le contenu et le sens de l'article, il faut l'apprécier. Pour cette étape, vous devez faire appel à vos connaissances relatives au thème visé et répondre aux questions suivantes :

1. ***Avant l'adoption de l'article.*** Pourquoi cet article a-t-il été écrit ? Pourquoi l'a-t-il été à ce moment-là ? Quelles situations, quelles personnes ont nécessité son élaboration ? Quel était le but de son auteur ? Son objectif était-il de consacrer une évolution jurisprudentielle ou sociale, de sanctionner une dérive des tribunaux ou des comportements ?
2. ***L'article adopté.*** Quelle solution l'article a-t-il apportée au problème posé à son auteur ? Quel est son sens, son apport ? L'auteur a-t-il atteint son but ? Quelles situations, quelles personnes sont effectivement visées ? S'agit-il d'un nouveau principe, d'une précision, d'une exception ?
3. ***Après l'adoption de l'article.*** Comment ont réagi la jurisprudence, la doctrine, les professionnels ? La doctrine a-t-elle approuvé ou critiqué l'article ? La jurisprudence l'a-t-elle strictement appliqué ? A-t-elle du l'interpréter ? Y a-t-il unanimité ou divergence entre les juges ? Les professionnels l'ont-ils strictement appliqué ? Ont-ils essayé de le contourner ? Quel est l'avenir probable du texte (abrogation, pérennité) ?

4 L'élaboration du plan

Le plan du commentaire d'article doit comporter deux parties et quatre sous parties, de longueur et d'intérêt équivalents. Vous devez, autant que possible, vous appuyer sur la structure de l'article pour construire votre plan. Chaque sous partie doit correspondre à l'analyse et à l'appréciation d'un passage de l'article. Il ne faut, en aucun cas, identifier et analyser l'article dans la première partie et l'apprécier dans la seconde.

Pour élaborer votre plan, vous devez être attentifs :

– ***à la structure typographique :*** phrases, alinéas, virgules…

Ainsi, l'article 55 de la Constitution du 4 octobre 1958 dispose « Les traités et accords régulièrement ratifiés ou approuvés ont, dès leur publication, une autorité supérieure à celle des lois, sous réserve, pour chaque accord ou traité, de son application par l'autre partie. » Les différentes virgules de cet article en font ressortir la structure dont vous pouvez vous inspirer pour bâtir votre plan. En effet, ce texte énonce un principe : les traités et accords ont une autorité supérieure à celle des lois, et trois limites mises en évidence par des virgules : les traités et accords doivent être ratifiés ou approuvés (1), publiés (2) et appliqués par l'autre partie (3).

Vous pouvez donc, par exemple, étudier le principe de l'autorité supérieure des traités dans la première partie et les limites à cette supériorité dans la seconde.

– ***à la structure grammaticale :*** propositions principale et subordonnée(s), mots et concepts clés…

Par exemple, l'article 205 du Code civil dispose que « Les enfants doivent des aliments à leurs père et mère ou autres ascendants qui sont dans le besoin. » Cet article est composé d'une seule phrase, sans ponctuation particulière, et l'analyse de la structure typographique ne permet pas de construire un plan. En revanche, il est composé d'une proposition principale : les enfants doivent des aliments à leurs père et mère ou autres ascendants, et d'une subordonnée : qui sont dans le besoin.

Vous pouvez étudier dans la première partie : à quelles personnes les enfants doivent des aliments et, dans la seconde : à quelle condition.

– ***à la structure logique :*** changement d'idée, de situation, énoncé d'un principe, d'une exception, d'un cas particulier…

Ainsi, l'article 515-4 du Code civil envisage la solidarité des pacsés entre eux, dans l'alinéa 1er et la solidarité des pacsés à l'égard des tiers dans l'alinéa 2. Cette structure logique, visant deux situations différentes, peut correspondre au plan du commentaire d'article.

Lorsque l'analyse de l'article est terminée et le plan fixé, vous avez accompli la part la plus difficile du travail. Vous abordez alors la seconde étape du commentaire d'article : la rédaction.

II La rédaction du commentaire

Lors de la rédaction de votre commentaire, pensez à soigner autant la forme que le fond (voir *supra* pour les conseils « de forme »). Outre la maîtrise de l'orthographe, de la grammaire et du langage juridique, veillez à bien présenter votre copie avec une marge, des retours à la ligne et, si nécessaire, des ratures « propres » !

1 L'introduction

L'introduction correspond à un tiers du devoir. Vous devez y présenter le sujet en respectant les étapes suivantes :

1. annoncez le thème visé par une ou deux phrases « d'attaque » ;
2. indiquez quel article vous allez commenter : n'hésitez pas à le citer intégralement ou à en rappeler la substance s'il est trop long (plus de trois ou quatre lignes) ;
3. situez l'article dans le temps et l'espace en précisant l'identité de son auteur, la date à laquelle il a été élaboré et le lieu ou il a été inséré (code, chapitre, section) ;
4. expliquez brièvement à quelle question l'article est venu répondre ? Pourquoi a-t-il été créé ? Quelle situation a justifié son élaboration ? Était-ce un problème important ? Qui concerne-t-il ? A-t-il été difficile à élaborer ? Comment est-il appliqué ? Doit-il être interprété ?
5. annoncez le plan (seulement les deux parties, les sous parties doivent être annoncées dans les chapeaux).

2 Le corps du commentaire

Développer votre commentaire consiste à ordonner les remarques inscrites sur votre brouillon et à les insérer dans votre plan, en enchaînant vos propos. Pour cela, vous devez penser aux chapeaux sous les titres de vos parties, pour annoncer les sous parties et à la transition entre les deux grandes parties.

Les intitulés doivent être précis, de préférence courts, sans verbe conjugué et correspondre parfaitement au contenu de la partie ou de la sous-partie. Il est d'ailleurs conseillé d'insérer les titres après avoir rédigé les sous parties.

3 La conclusion

Le commentaire d'article doit se terminer par une brève conclusion. Vous ne devez ni résumer, en quelques mots, ce que vous avez longuement développé dans le corps du devoir, ni soulever une idée nouvelle, pour marquer votre correcteur. Le but de la conclusion est d'achever votre démonstration et de constituer une ouverture sur l'avenir.

Vous pouvez, par exemple, suggérer à votre lecteur d'être attentif :

- à l'application que la jurisprudence ou les professionnels feront de l'article ;
- à une éventuelle intervention du législateur pour adapter l'article à l'évolution de la pratique ou des mœurs, ou remédier à certaines incohérences.

Un dernier effort : relisez votre copie avant de la rendre. Il serait dommage qu'un bon travail de fond soit dévalorisé par une orthographe désastreuse ou que certains passages effacés ne soient jamais complétés !

PARTIE 2

La méthodologie

Chapitre 2

La méthode du commentaire d'arrêt

Le commentaire d'arrêt consiste à étudier une question juridique soulevée à l'occasion d'un conflit particulier. L'objectif est de déterminer le problème posé et la façon dont il a été résolu. Il est en effet important, pour la majorité des praticiens du droit, de savoir consulter, apprécier et appliquer la jurisprudence au fur et à mesure de sa parution.

Le commentaire d'arrêt est souvent appréhendé par les étudiants. Si certains apprécient qu'il y ait « tout » dans l'arrêt, beaucoup redoutent d'avoir à déterminer « le » problème juridique.

Contrairement au commentaire d'article, la matière est effectivement plus importante dans le commentaire d'arrêt. Le sujet est plus long et contient donc plus d'informations. Cela peut paraître rassurant. Cependant, il faut veiller à ne pas paraphraser la décision : la recopier avec quelques éléments de cours, à ne pas déraper vers un commentaire d'article : celui visé dans l'arrêt.

Contrairement au cas pratique, la solution au litige est fournie. Vous n'avez pas à la trouver. Cependant, il faut l'apprécier, l'expliquer, la critiquer... positivement ou négativement, ce qui revient parfois, certes brièvement, à étudier l'article sur lequel se fonde la décision, comme dans un commentaire d'article, et à indiquer quelle autre réponse aurait pu être apportée au litige, comme dans un cas pratique.

Pour éviter ces écueils, respectez les différentes étapes de la préparation du commentaire.

I La préparation du commentaire

La préparation du commentaire consiste à identifier, analyser et apprécier l'arrêt.

1 L'identification de l'arrêt

Deux informations permettent d'identifier un arrêt : sa date et la juridiction qui l'a rendu.

La date de l'arrêt permet de comprendre dans quel contexte il a été rendu, de déterminer si l'arrêt constitue un revirement de jurisprudence, si la solution a été consacrée avant ou après le vote d'une nouvelle loi... et donc de savoir si la solution est toujours en vigueur ou si elle a été ou va être démentie. Par exemple, l'arrêt *Perruche*, du 17 novembre 2000 (Cass. ass. plén., 17 novembre 2000, *Bull. civ.*, n° 9), a contribué à ce que soit élaborée la loi du 4 mars 2002 sur le droit des malades, laquelle n'a pas adopté la même position que les juges.

La juridiction qui a rendu l'arrêt renseigne sur l'importance qu'il convient de donner à celui-ci, au sein de la jurisprudence. Les arrêts rendus par la Cour de cassation comportent une solution de droit, puisque cette dernière, contrairement aux juges du fond, n'apprécie pas les faits mais seulement le droit.

Remarque. Il est d'usage, pour citer une décision, d'indiquer sa date et une ou plusieurs références. Les arrêts de la Cour de cassation, par exemple, sont référencés par le numéro de leur pourvoi. Lorsqu'ils tranchent une question importante ou une question nouvelle, ils sont également référencés par un numéro au Bulletin (*Bull. civ.* avec le numéro de la chambre qui a rendu l'arrêt). Cela suppose, toutefois, que l'arrêt ait été rendu plusieurs mois auparavant, temps nécessaire pour qu'un numéro soit attribué et que le Bulletin soit publié.

2 L'analyse de l'arrêt

L'analyse d'un arrêt comporte plusieurs étapes, traditionnellement présentées lors de la rédaction de fiche d'arrêt.

D'abord, vous devez indiquer, succinctement, les **faits**, la **procédure** et les **arguments** des parties.

Ensuite, vous devez poser le problème soulevé par l'arrêt, la question à laquelle les juges ont répondu, soit d'abord en termes de faits, concrets, non juridiques, puis en termes juridiques et abstraits ; soit directement en termes juridiques et abstraits. Cette formulation du **problème juridique** doit être aussi brève que possible : quelques lignes au maximum. Lorsque l'arrêt comporte un attendu de principe, vous pouvez souvent « vous contenter » de mettre celui-ci à la forme interrogative.

Enfin, il faut indiquer la **solution adoptée** par l'arrêt, pour répondre au problème posé.

3 L'appréciation de l'arrêt

Apprécier l'arrêt consiste à en déterminer le sens, la valeur et la portée.

Le sens de l'arrêt. Chercher le sens d'une décision revient à se poser les questions suivantes : qu'est-ce que les juges ont décidé ? qu'ont-ils déclaré ? qu'ont-ils répondu aux parties ? ont-ils sanctionné ou approuvé la décision de la cour d'appel ou du tribunal ?

Il faut démontrer que vous avez compris la décision :

- en la situant dans son contexte juridique, en faisant appel à vos connaissances pour la rattacher à un problème connu ;
- en recherchant les règles et les textes dont les juges ont fait application ;
- en démontrant comment, à partir de la règle générale et abstraite applicable, le juge a résolu le problème concret et particulier qui lui était posé, en faveur de l'une des parties ; comment la décision a qualifié juridiquement les faits qui lui étaient soumis (accident ou meurtre par exemple) ; comment le juge a interprété la règle applicable.

Si la décision peut faire l'objet de plusieurs interprétations, vous devez les indiquer et choisir celle qui, eu égard à la rédaction, au contexte... paraît correspondre, le plus exactement, à la pensée du tribunal ou de la cour, en précisant les raisons de votre choix.

La valeur de l'arrêt. Pour déterminer la valeur de la solution, vous devez vous poser les questions suivantes : pourquoi les juges ont-ils pris cette décision ? pouvaient-ils juger autrement ? quelles règles ont-ils appliquées ? était-ce prévisible ? est-ce un revirement de jurisprudence, une décision isolée ?

Il faut ainsi :

- rechercher les motifs qui ont conduit le juge à choisir l'interprétation qu'il a retenu, classer les arguments (de texte, jurisprudence antérieure, coutume, d'équité ou sociaux) ;
- rechercher la conformité ou la non-conformité de la décision au droit positif (textes et jurisprudence) existant au moment où celle-ci a été rendue ;
- dégager l'état de la jurisprudence et non d'une ou deux décisions seulement ;
- tenir compte de la hiérarchie judiciaire. Un arrêt, même récent, de la Cour de cassation ne devient pas caduc par l'effet d'un jugement ultérieur d'un tribunal judiciaire. Celui-ci traduit seulement une nouvelle tendance ou une résistance des juges du fond ;
- apprécier objectivement la solution, à l'aide d'arguments de droit puis de fait (logiques, humains, sociaux). L'exposé des arguments doit se terminer par votre opinion sur l'arrêt, exprimée avec mesure ou discrétion.

La portée de l'arrêt. Déterminer la portée de la décision revient à se poser les questions suivantes : quelles vont être les conséquences de l'arrêt ? que va-t-il se passer pour les prochaines affaires similaires ? les parties seront-elles mieux protégées, plus libres ? sera-t-il plus opportun de se prévaloir d'autres règles de droit ? quelle va être la réaction du législateur ? va-t-il devoir légiférer ? la jurisprudence risque-t-elle de changer ?

Si la décision est ancienne, il faut rechercher l'évolution postérieure du droit positif (modification des textes ou de la jurisprudence).

Si la décision est récente, il faut rechercher l'évolution du droit positif qu'elle semble annoncer.

4 L'élaboration du plan

L'objectif d'un plan est de présenter clairement vos idées, de permettre à votre lecteur de comprendre votre raisonnement, voire d'adhérer à votre démonstration.

Sur la forme. Les intitulés doivent être formulés de façon à révéler l'idée majeure de l'arrêt. Les solutions doivent apparaître clairement.

Si, par exemple, votre plan consiste à démonter qu'il existe un principe et une exception, vous ne devez pas intituler vos parties : I. Principe – II. Exception. Il faut « maquiller » vos titres, pour qu'ils correspondent à la décision. De même, il est fréquent, dans la première partie d'un commentaire d'arrêt ayant opéré un revirement de jurisprudence, d'étudier le droit antérieur dans la première sous partie et la solution nouvelle dans la seconde. Si vous devez commenter l'arrêt qui a opéré le revirement de jurisprudence sur le changement de la mention du sexe des transsexuels sur leur état civil (Cass. ass. plén., 11 décembre 1992, *Bull. civ.*, n° 13), les intitulés : *A. Droit antérieur* et *B. Solution nouvelle* sont trop généraux. Il est préférable d'indiquer *A. L'absence de reconnaissance juridique des transsexuels* (droit antérieur) et *B. L'existence d'un droit des transsexuels à la modification de leur État civil* (solution nouvelle).

Sur le fond. Pour que votre devoir soit vraiment un commentaire d'arrêt, vous devez :

- *commenter l'intégralité de l'arrêt et seulement cet arrêt.* Vous devez garder en vue la décision que vous commentez et y revenir le plus souvent possible. Tout ce qui est ajouté doit être absolument nécessaire pour comprendre la solution. Il faut éviter de partir de la décision puis de vous en désintéresser, en insérant dans votre copie des passages hors sujet, correspondant certes à des connaissances voisines de la matière, mais inutiles pour la compréhension et la critique de la décision.
- *analyser mais aussi critiquer l'arrêt.* L'exposé des connaissances et de la solution ne suffit pas. Vous devez ensuite formuler, par diverses confrontations, un jugement d'approbation ou de critique la concernant. À défaut d'expérience ou d'avis personnels, retranchez-vous derrière d'autres arrêts, la loi, une partie de la doctrine.

Comme pour la plupart des devoirs, le plan doit comporter deux parties, avec deux sous parties chacune. Ceux qui procèdent différemment sont peu nombreux. La probabilité pour que votre correcteur soit l'un d'eux est mince. N'hésitez pas à demander à votre chargé de TD et à votre enseignant ce qu'ils en pensent.

- *Si la décision pose deux problèmes juridiques distincts*, chaque question peut faire l'objet d'une partie à condition, toutefois, d'être d'importance et de longueur équivalentes.
- *Si la décision pose plus de deux problèmes juridiques distincts*, il convient d'opérer des regroupements, en dégageant, au plus, deux thèmes principaux pour constituer les deux parties de votre devoir. Le problème le plus important de la décision doit, en principe, être développé dans la partie I.
- *Si la décision ne pose qu'un seul problème juridique,* situation la plus fréquente, vous devez trouver deux « axes ».

Il n'existe pas de plan type. Toutefois, il est souvent possible de suivre une présentation classique.

I. La première partie concerne généralement le commentaire de l'arrêt, objectivement : son explication (avant l'arrêt et l'arrêt lui-même).

A. La première sous partie sert à introduire la seconde (laquelle est la plus importante du devoir). Il faut y insérer tout ce qu'on ne peut pas traiter dans le B et qui concerne l'analyse de la solution posée par l'arrêt à commenter.

Par exemple :

- si l'arrêt à commenter est un revirement de jurisprudence, vous devez mettre dans le I. A un rappel historique et/ ou la solution antérieure ;
- si l'arrêt pose un principe s'expliquant par l'analyse de deux notions, il faut mettre la moins importante en A et la plus importante en B ;

– si l'arrêt précise les conditions d'application d'un texte, vous devez envisager l'élaboration de ce texte dans le A et ses conditions d'application dans le B.

B. La seconde sous partie est la sous partie la plus importante de tout le devoir. Il faut préciser le sens, la substance de l'arrêt.

II. La seconde partie concerne généralement le commentaire de l'arrêt, subjectivement : son appréciation (l'arrêt lui-même et après l'arrêt).

A. La première sous partie est l'essentiel de la seconde partie. Vous pouvez y étudier la valeur de l'arrêt.

B. La seconde sous partie sert à aborder la portée de l'arrêt et « tout ce qui ne peut être mis ailleurs ».

Si la portée de la décision est importante, parce qu'il s'agit d'un arrêt ancien avec de nombreuses conséquences, vous pouvez étudier la valeur dans le I. B, avec le sens, et consacrer tout le II. à la portée.

II La rédaction du commentaire

Si le travail de préparation est bien fait, la rédaction du commentaire ne présente pas de difficulté, à part respecter le temps imparti.

1 L'introduction

L'introduction du commentaire d'arrêt est très importante. Elle représente près d'un tiers du devoir et parfois près d'un tiers des points. N'hésitez pas à y consacrer une heure et à la rédiger, au moins partiellement, au brouillon.

Le correcteur doit y retrouver les éléments suivants :

1. une « phrase de contexte » ou « phrase d'accroche », afin de situer la décision par rapport à la matière. Vous pouvez par exemple commencer par :
   – l'arrêt rendu le ... par ... soulève le problème de la validité de ...
   – le présent arrêt de la ... chambre de Cour de cassation, en date du ... apporte une importante contribution à la question si discutée de la nature juridique de ...
2. les faits, uniquement ce qui est utile pour le problème juridique, le reste servira dans le corps du devoir ;
3. la procédure et des motifs de la décision ;
4. les arguments des parties, les intérêts en présence ;
5. le problème juridique en termes juridiques et abstraits ;
6. la solution adoptée par les juges ;
7. l'annonce du plan, seulement les deux parties, avec les intitulés exacts de préférence.

Vous pouvez, si vos propos s'enchainent mieux ainsi, annoncer le problème juridique après la phrase d'accroche. Les autres éléments doivent, en principe, apparaître dans l'ordre indiqué.

2 Le corps du commentaire

Rédiger votre commentaire consiste à ordonner les remarques inscrites sur votre brouillon et à les insérer dans votre plan, en enchaînant vos propos. Pour cela, vous devez penser aux chapeaux sous les titres de vos parties, pour annoncer les sous parties, et à la transition entre les deux grandes parties.

Les intitulés doivent être précis, de préférence courts, sans verbe conjugué et correspondre parfaitement au contenu de la partie ou de la sous-partie. Il est d'ailleurs conseillé d'insérer les titres après avoir rédigé les sous parties.

3 La conclusion

Le commentaire d'arrêt n'appelle pas de conclusion. Évitez donc de résumer votre copie en quelques lignes. Vous pouvez, éventuellement, terminer par une phrase qui « boucle » le devoir, qui donne l'impression à votre correcteur que votre travail est terminé.

Vous pouvez, par exemple, suggérer à votre lecteur d'être attentif :

- à la position des magistrats dans les prochaines affaires similaires ;
- à la réaction des professionnels face à une telle jurisprudence ;
- à une éventuelle intervention du législateur pour consacrer ou contrecarrer la position des juges...

Un dernier conseil : relisez votre devoir avant de le rendre. Une orthographe approximative peut agacer votre correcteur, au point de l'empêcher d'apprécier votre travail à sa juste valeur.

Chapitre 3

La méthode du cas pratique

Résoudre un cas pratique consiste à trouver une solution juridique concrète à un problème posé par une situation de fait. Et telle est exactement la mission de nombre de professionnels du droit (avocats, notaires, magistrats...) !

Le cas pratique est souvent l'exercice préféré des étudiants. Il leur parait moins difficile. Il n'y a pas de problème juridique à trouver, de plan « artificiel » à élaborer...

Contrairement au commentaire d'arrêt, la solution ne vous est pas donnée. Vous devez la trouver.

Contrairement au commentaire d'article, il ne suffit pas d'analyser une disposition. Vous devez vous assurer qu'elle trouve application en l'espèce et indiquer quelles vont être les conséquences.

Comme tous les exercices, le cas pratique suppose une préparation, au brouillon, puis une rédaction, au propre. Même si l'utilisation du Code est autorisée... et que la solution semble facile à trouver, même si les questions sont clairement posées... et qu'il suffit d'y répondre, vous devez respecter certaines étapes, pour que votre correcteur trouve dans votre copie tous les éléments nécessaires pour vous attribuer une bonne note.

I La préparation du cas pratique

La préparation du cas pratique consiste à analyser les faits puis à rechercher les problèmes juridiques posés et les éléments de réponse.

1 L'analyse des faits

L'analyse des faits suppose de repérer les plus importants, puis de les qualifier juridiquement.

Repérer les faits. Résoudre un cas pratique consiste à se mettre à la place d'un avocat ou d'un magistrat, afin de renseigner une personne ou de trancher un litige. Les éléments qui vous sont fournis ne sont pas tous utiles. Le repérage des faits suppose donc de mettre en évidence, sur le sujet même, avec un feutre par exemple, les éléments importants.

Qualifier juridiquement les faits. La qualification juridique suppose de transposer des termes communs et parfois peu clairs, en termes juridiques et précis, de traduire le discours d'un non juriste en discours d'un professionnel.

Par exemple, un « accident entrainant un décès » doit être qualifié d'homicide, non de meurtre ; « deux personnes vivant ensemble » peuvent être mariées, pacsées, concubines ou seulement colocataires...

2 La recherche du ou des problèmes posés

Les cas pratiques, également appelés consultations, peuvent être présentés de plusieurs manières :

- avec des questions précises, clairement posées et souvent numérotées : *1. M. X peut-il divorcer ?*
- avec des questions suggérées : *M. X se demande s'il peut divorcer ;*
- avec une question globale : *M. X ne s'entend plus avec son épouse... elle est infidèle... qu'en pensez-vous ? que suggérez-vous ?*
- sans question... le cas pratique commence alors souvent par : *M. X vient vous consulter, en tant que jeune avocat...*

Dans la première hypothèse, vous devez simplement répondre aux questions. Inutile d'en rechercher d'autres. Il est généralement préférable de répondre dans l'ordre. Cela évite de vous répéter ou d'aborder dans une réponse des éléments attendus dans une autre.

Dans les autres cas, il vous appartient de trouver les questions auxquelles vous devez répondre.

Si, par exemple, le cas pratique indique qu'une personne est décédée et que les médecins souhaitent prélever ses organes, vous pouvez en déduire que la question à laquelle vous devez répondre est : À quelles conditions peut-on prélever des organes ? Dans les cas pratiques relatifs à la filiation, si la mère de l'enfant est mariée et a un amant, la question souvent posée est celle de savoir quel homme peut être désigné comme le père de l'enfant et, surtout, comment il peut l'être.

Attention ! Vous devez être attentifs à toutes les informations. Elles ne sont jamais données inutilement. Cela fait souvent la différence entre une note correcte et une bonne note. Inversement, n'envisagez pas une hypothèse qui ne vous est pas suggérée. Vous perdriez du temps sans gagner de points.

3 La recherche des éléments de réponse

Rechercher les éléments de réponse consiste à déterminer quelles dispositions normatives ou décisions jurisprudentielles vont permettre de répondre, précisément et juridiquement, aux problèmes posés.

Le cas pratique, plus que le commentaire d'article ou d'arrêt, suppose que vous maîtrisiez votre cours et les séances de TD correspondantes, que vous sachiez chercher et trouver des informations dans un code. Toutefois, les connaissances sont importantes mais insuffisantes. Il ne faut pas réciter votre cours ou copier des articles. Il faut démontrer à votre correcteur :

- que le texte ou la décision que vous citez, par exemple, permet bien de répondre à la question posée ;
- que d'autres solutions ont été envisagées, puis ont été écartées ou pourraient être retenues.

II La rédaction du cas pratique

1 L'introduction

L'introduction (assez courte) comporte plusieurs étapes :

– l'annonce du thème visé par le cas pratique, telle une phrase d'accroche ;

– le résumé et la qualification juridique des faits ;

– le problème posé par les faits ;

– l'annonce du plan, notamment si vous avez dû trouver les questions.

Attention ! Le plan du cas pratique n'est pas obligatoirement constitué de deux parties avec quatre sous-parties. La structure du devoir peut correspondre aux différentes questions soulevées par les faits.

2 Le corps du cas pratique

Que les questions vous aient été clairement posées ou que vous ayez dû les trouver, les réponses doivent toujours être justifiées. Vous ne devez jamais affirmer une solution, même juste : *le couple est solidaire ; M. X ne peut pas divorcer...* sans indiquer votre raisonnement, comment vous êtes parvenus à cette solution.

En pratique, pour que votre raisonnement apparaisse clairement, vous pouvez construire les réponses en trois parties :

– les faits de l'espèce : *M. et Mme X sont mariés* ;

– la règle de droit applicable : *Les personnes mariées sont solidaires pour les dettes du ménage* ;

– la solution : *M. et Mme X sont solidaires pour les dettes du ménage.*

Remarque. Si vous craignez que cela n'apparaisse pas clairement, vous pouvez indiquer, sur votre copie : Faits... Règle de droit... et Solution... Cela n'est peut-être pas très « joli » mais a le mérite de la clarté.

3 La conclusion

La conclusion est facultative. Demandez à vos futurs correcteurs (professeurs et chargés de TD) s'ils en souhaitent une. Évitez, dans tous les cas, de résumer ce que vous avez développé. Optez pour une ouverture.

PARTIE 3

Les exercices corrigés

TITRE 1

Les personnes

Chapitre 1

L'existence de la personne et les droits de la personnalité

Commentaire d'article 1

L'absence

Commentaire d'arrêt 2

Les droits de la personnalité

Cas pratique 3

La personnalité juridique
et le droit à l'intégrité physique

Retrouvez dans le manuel

Droit des personnes et de la famille

les éléments de réponse

aux exercices de ce manuel.

1 Commentaire d'article

sur l'absence

Art. 112 C. civ.
(L. n° 77-1447 du 28 décembre 1977)

Lorsqu'une personne a cessé de paraître au lieu de son domicile ou de sa résidence sans que l'on en ait eu de nouvelles, le juge des tutelles peut, à la demande des parties intéressées ou du ministère public, constater qu'il y a présomption d'absence.

1 Identification de l'article

Trois informations permettent d'identifier un article : son support, sa date, son auteur.

Support. Le Code civil.

Date. La rédaction actuelle de l'article 112 du Code civil ne date pas de 1804. La référence, en italique et entre parenthèses : « (L. n° 77-1447 du 28 déc. 1977) », sous l'intitulé du titre (Code civil LexisNexis) et du Chapitre (Code civil Dalloz), vous indique que le titre IV du Code civil, relatif à l'absence, a été modifié par la loi n° 77-1447 du 28 décembre 1977. La version actuelle de l'article 112 du Code civil date donc de 1977.

Auteur. Le législateur français de 1977.

En droit des personnes et de la famille, la plupart des articles donnés à commenter, lors des TD ou des examens, sont issus du Code civil. Néanmoins, soyez vigilants ! Il est par exemple possible que vous ayez à commenter l'article 8 de la Convention européenne des droits de l'homme, relative à la vie privée, dont le contenu est proche de l'article 9 du Code civil.

2 Analyse de l'article

L'analyse de l'article consiste à définir ses principaux termes (la glose), dans le sens courant et juridique, et à décortiquer sa structure grammaticale et logique.

La glose

- **Lorsqu' :** annonce une hypothèse
- **une personne :** indifférence du sexe, de l'âge, de la capacité
- **a cessé de paraître :** simple constat – quelles que soient les circonstances
- **au lieu de son domicile ou de sa résidence :** extension à tous les points d'attache connus de la personne
- **sans que l'on en ait eu de nouvelles, :** exclusion de l'absence annoncée, confirmée ou justifiée, ex. : vacances, hospitalisation
- **le juge des tutelles :** compétence particulière due au fait que l'absent est assimilé à une personne vulnérable
- **peut, :** simple faculté, absence d'obligation
- **à la demande des parties intéressées ou du ministère public, :** personnes compétentes pour initier la procédure
- **constater :** simple enregistrement, consignation
- **qu'il y a présomption d'absence. :** simple présomption et non déclaration, maintien du doute sur la situation

Depuis le 1er janvier 2020, les fonctions du juge des tutelles des majeurs sont exercées par le juge des contentieux de la protection (art. L. 213-4-2 COJ).

La structure grammaticale et logique

Analyse grammaticale

L'article ne comporte qu'une seule phrase, qui peut être découpée ainsi :

1. *une proposition principale* : **« le juge des tutelles peut (...) constater qu'il y a présomption d'absence. »**, posant la raison d'être de l'article : constater l'absence.
2. *un complément* précisant les circonstances ou conditions de la constatation d'absence :
   a. **« Lorsqu'une personne a cessé de paraître au lieu de son domicile ou de sa résidence »** (1re condition) ;
   b. **« sans que l'on en ait eu de nouvelles, »** (2nde condition).
3. *un autre complément* précisant les conditions de l'initiative de la procédure : **« à la demande des parties intéressées ou du ministère public, »**.

Analyse logique

Le rédacteur de l'article a procédé en deux temps.

1. *D'abord,* il a énoncé les conditions de la constatation de la présomption d'absence tenant à l'absent lui-même : **« Lorsqu'une personne a cessé de paraître au lieu de son domicile ou de sa résidence sans que l'on en ait eu de nouvelles, »**.
2. *Ensuite,* il a fixé les conditions de la constatation de la présomption d'absence tenant aux autres personnes que l'absent : **« le juge des tutelles peut, à la demande des parties intéressées ou du ministère public, constater qu'il y a présomption d'absence. »**.

3 Appréciation de l'article

Dans quel but cet article a-t-il été écrit ou modifié ?

L'absence d'une personne pose des problèmes pratiques. Cet article a été élaboré pour fixer les conditions de la constatation de la présomption d'absence. La question à laquelle le législateur devait répondre était : dans quel(s) cas ou à quelle(s) condition(s) la présomption d'absence peut-elle être constatée ?

Quelle solution l'article a-t-il apportée au problème ?

Le législateur a posé des conditions relatives à l'absent (il doit avoir cessé de paraître au lieu de son domicile ou de sa résidence sans que l'on en ait eu de nouvelles) et des conditions relatives à d'autres personnes, notamment l'entourage de l'absent et les pouvoirs publics (tout intéressé, y compris le ministère public, peut demander au juge des tutelles de constater qu'il y a présomption d'absence).

Comment ont réagi la jurisprudence, la doctrine, les professionnels ?

Cet article ne pose pas de difficultés d'interprétation ou d'application. Les personnes susceptibles de saisir le juge sont très nombreuses et ce dernier dispose d'une importante marge d'appréciation.

4 Élaboration du plan

Le plan du commentaire de l'article 112 du Code civil peut directement s'inspirer de sa structure logique.

Il est possible d'étudier :

- *la première moitié de l'article,* « **Lorsqu'une personne a cessé de paraître au lieu de son domicile ou de sa résidence sans que l'on en ait eu de nouvelles,** » *dans la première partie du commentaire* : les conditions de la constatation de la présomption d'absence tenant à l'absent lui-même ;

Ces conditions sont :
– l'absence d'apparition (*première sous-partie*) ;
– l'absence de nouvelles (*seconde sous-partie*).

- *la seconde moitié de l'article,* « **le juge des tutelles peut, à la demande des parties intéressées ou du ministère public, constater qu'il y a présomption d'absence.** » *dans la seconde partie du commentaire* : les conditions de la constatation de la présomption d'absence tenant aux autres personnes que l'absent.

Ces personnes sont :
– toutes les personnes intéressées : qui peuvent demander que l'absence soit constatée (*première sous-partie*) ;
– le juge des tutelles : qui prend la décision de constatation d'absence (*seconde sous-partie*).

Votre commentaire peut donc s'articuler selon le plan suivant :

Le plan

I. Les conditions de la constatation de présomption d'absence tenant à l'absent
   A) L'absence d'apparition
   B) L'absence de nouvelles

II. Les conditions de la constatation de présomption d'absence tenant à d'autres personnes
   A) La demande de constatation de présomption d'absence
   B) La décision de constatation de présomption d'absence

Introduction

L'introduction (environ 1/3 du devoir) comporte plusieurs étapes.

ÉTAPES

① **Champ de l'article**

L'absence concerne environ une cinquantaine d'individus par an. Il s'agit d'une situation spécifique, distincte de la disparition. Une personne est considérée comme disparue lorsque des circonstances particulières ont été de nature à mettre sa vie en danger. Le décès de cette personne est rapidement déclaré (art. 88 C. civ.). Une personne est considérée comme absente lorsque, au contraire, il n'y a pas eu de circonstances particulières de nature à mettre sa vie en danger. Dans ce cas, la personne est toujours considérée comme vivante.

② **Problème traité par l'article**

Le fait que l'absent soit considéré comme vivant soulève des difficultés pour son entourage. Le législateur a donc prévu une procédure particulière pour que les proches de l'absent ne soient pas gênés dans leur vie quotidienne. Cette procédure est constituée de deux étapes : une constatation d'absence, au cours de laquelle l'absent est considéré comme vivant, et une déclaration d'absence, à partir de laquelle l'absent est considéré comme mort. La déclaration d'absence peut avoir lieu lorsqu'il s'est écoulé dix ans depuis le jugement de constatation d'absence ou vingt ans depuis les dernières nouvelles de l'absent.

La constatation de la présomption d'absence est donc capitale. Le législateur a dû préciser à quelle(s) condition(s) l'absence pouvait être constatée. C'est ce qu'il a fait dans l'article 112 du Code civil.

③ **Situation de l'article dans le temps et l'espace et citation**

Premier article du Chapitre premier « De la présomption d'absence », du titre quatrième « Des absents », du livre premier « Des personnes », l'article 112 du Code civil, issu de la loi du 28 décembre 1977 portant réforme du titre du Code civil relatif à l'absence, dispose : « *Lorsqu'une personne a cessé de paraître au lieu de son domicile ou de sa résidence sans que l'on en ait eu de nouvelles, le juge des tutelles peut, à la demande des parties intéressées ou du ministère public, constater qu'il y a présomption d'absence.* ».

④ **Annonce du plan**

Les conditions de la constatation de présomption d'absence tiennent tant à l'absent **(I)** qu'à d'autres personnes **(II)**.

Développement

I. Les conditions de la constatation de présomption d'absence tenant à l'absent

Deux conditions sont indispensables pour que la présomption d'absence puisse être constatée : la personne doit avoir cessé de paraître au lieu de son domicile ou de sa résidence **(A)** et ne doit pas avoir donné de nouvelles **(B)**.

A. L'absence d'apparition

La première condition, pour que l'absence d'une personne soit constatée, est sa non-présence. Selon l'article 112 du Code civil, la personne ne doit pas être apparue au lieu de son domicile ou de sa résidence.

En pratique, cette non-présence ou non-apparition s'étend à l'ensemble des endroits fréquentés par la personne, notamment son lieu de travail. Une personne qui dort quelques jours chez un ami ou à l'hôtel, après une dispute avec son conjoint par exemple, tout en continuant à aller travailler, n'apparaît plus au lieu officiel de son domicile ou de sa résidence, sans toutefois être absente. Il convient alors de considérer que le domicile de l'ami ou l'hôtel est le lieu de résidence de la personne.

B. L'absence de nouvelles

Le fait qu'une personne n'apparaisse pas à son domicile ou à sa résidence ne suffit pas pour la considérer comme absente. Elle doit, en plus, ne pas avoir donné de nouvelles.

Le défaut de nouvelles est la principale condition pour que l'absence soit judiciairement constatée. Certes, le fait qu'une personne n'apparaisse plus est intriguant. Cependant, c'est surtout l'absence de nouvelles qui inquiète les proches. Les nouvelles données par l'absent sont entendues dans un sens large. Il peut s'agir de nouvelles directes : l'absent prend volontairement contact avec un ou plusieurs de ses proches ; ou des nouvelles indirectes : l'absent est repéré par les services de police.

Le défaut d'apparition et de nouvelles ne suffit pas pour que l'absence soit constatée. L'article 112 du Code civil pose également des conditions tenant à d'autres personnes que l'absent.

II. Les conditions de la constatation de la présomption d'absence tenant à d'autres personnes

La constatation de la présomption d'absence suppose une décision du juge des tutelles **(B)**, à la demande de tout intéressé **(A)**.

A. La demande de constatation de présomption d'absence

Hormis le cas où le présumé absent a laissé une procuration suffisante pour le représenter et administrer ses biens ou l'hypothèse où son conjoint peut pourvoir aux intérêts en cause, par application de leur régime matrimonial (art. 121 C. civ.), la constatation de la présomption d'absence a pour conséquence de placer les biens de l'absent sous le régime de la tutelle des majeurs sans conseil de famille ou de l'habilitation familiale (art. 113 C. civ.).

Outre l'inquiétude, l'absence d'une personne peut poser de nombreuses difficultés, d'organisation ou financières, à différentes personnes. Les proches de l'absent, son employeur, ses salariés, ses créanciers, sa banque, le propriétaire de son logement... peuvent avoir intérêt à ce que les biens de l'absent continuent à être gérés.

Le législateur a tenu compte de l'ensemble de ces situations et a permis à toutes les parties intéressées, y compris le ministère public, de demander que l'absence soit constatée.

Du point de vue extrapatrimonial aussi, certaines personnes peuvent avoir intérêt à ce que l'absence soit constatée. En effet, la décision de constatation de la présomption d'absence marque un point de départ. Ce n'est que dix ans après cette date que l'absent pourra être considéré comme mort. À moins de demander un divorce pour altération définitive du lien conjugal, après deux ans de séparation (délai ramené à un an, après parution d'un décret, au plus tard le 1er septembre 2020), le conjoint de l'absent devra attendre dix ans pour ne plus être considéré comme marié mais comme veuf.

B. La décision de constatation de présomption d'absence

Même si toutes les conditions sont remplies (absence d'apparition et absence de nouvelles), la présomption d'absence n'est pas automatique. Elle doit être constatée par un juge. Si une personne annonce à son entourage qu'elle va partir pendant deux mois dans un village au cœur de l'Amazonie, ses proches ne peuvent pas, après quelques jours ou semaines, demander au juge de constater la présomption d'absence au motif que la personne n'a pas donné de nouvelles. Le juge compétent, pour constater l'absence, est le juge des tutelles. Cette compétence est justifiée par le fait qu'en constatant l'absence, le juge prend en principe des mesures afin que l'absent soit représenté et que ses biens soient administrés. L'absent est assimilé à un incapable. Or le protecteur des incapables est le juge des tutelles.

Même si le présumé absent est considéré comme vivant, la constatation de l'absence entraîne de nombreuses conséquences. Il est donc impératif que les strictes conditions de l'article 112 du Code civil soient respectées.

sur les droits de la personnalité

Cass. 1re civ., 15 février 2005, *Bull. civ.* I, n° 86

Sur le moyen unique, pris en ses quatre branches :

Attendu que M. X... a édité un disque sur la pochette duquel a été reproduite la photographie de Gérard Y... décédé en 1977 ; que cette photographie avait été vendue à M. X... par un photographe professionnel, M. Z..., ce dernier tenant cette photographie de la bru du décédé ; que s'estimant lésés par l'utilisation de l'image de leur père, les consorts Y... ont assigné M. Z... et M. X..., éditeur des sociétés de production Deb's music et Ben Production ;

Attendu que les consorts Y... font grief à l'arrêt (Fort-de-France, 8 novembre 2002) de les avoir déboutés de leur demande d'indemnisation au titre de l'utilisation d'une photographie de leur père décédé, à des fins commerciales alors que :

1/ qu'en retenant que l'autorisation donnée par la bru de Gérard Y... qui n'avait pas la qualité d'ayant droit de ce dernier était inopposable aux héritiers Y..., excluait que puisse être reprochée à MM. X... et Z... une violation du droit à l'image ou une atteinte à la vie privée de nature à engager leur responsabilité, la cour d'appel a violé les dispositions des articles 9 et 1382 du Code civil ;

2/ qu'en affirmant que le contenu de l'autorisation (Mme Cécilia Y... donne l'autorisation d'utiliser une photo de son beau-père après travaux de réfection. Ladite photo, réalisée par un ami de la famille étant dans un état de délabrement total) justifiait l'attitude de M. Z... comme celle de M. X... qui n'avaient pas à procéder à d'autres recherches, n'étant pas supposés connaître ou même identifier Gérard Y..., la cour d'appel a dénaturé ladite autorisation et violé l'article 1134 du Code civil ;

3/ qu'en ne recherchant pas, par une analyse approfondie des termes de l'autorisation litigieuse, si le but mercantile ainsi poursuivi par Mme Cécilia Y... ne devait pas inciter d'autant plus MM. Z... et X... à rechercher l'assentiment du représenté ou de ses héritiers, la cour d'appel a privé sa décision de toute base légale au regard des articles 9 et 1382 du Code civil ;

4/ qu'en s'abstenant de rechercher, comme l'y invitaient les conclusions des intimés si l'autorisation litigieuse donnée en 1990 n'était pas trop ancienne par rapport à son utilisation en décembre 1996, la cour d'appel a privé sa décision de toute base légale au regard des articles 9 et 1382 du Code civil ;

Mais attendu que le droit d'agir pour le respect de la vie privée ou de l'image s'éteint au décès de la personne concernée, seule titulaire de ce droit ; que par ce motif de pur droit, substitué à ceux critiqués par le moyen, l'arrêt se trouve légalement justifié ;

PAR CES MOTIFS :
REJETTE le pourvoi ;

Préparation

1 Identifier
2 Analyser
3 Apprécier l'arrêt
4 Élaborer un plan

1 Identification de l'arrêt

Un arrêt est identifié par sa date et par la juridiction qui l'a rendu.

Date. Le 15 février 2005.

Juridiction. La première chambre civile de la Cour de cassation.
Précision : l'arrêt a été publié au *Bulletin civil de la Cour de cassation* : *Bull. civ.* I, n° 86.

Vous pouvez déduire de ces éléments que :

- l'arrêt comporte une solution de droit (contrairement aux juges du fond, la Cour de cassation n'apprécie pas les faits mais seulement le droit) ;
- l'arrêt date d'une quinzaine d'années (il faudra voir si sa solution est toujours d'actualité) ;
- la solution apportée par l'arrêt est suffisamment importante pour que celui-ci fasse l'objet d'une publication au Bulletin.

2 Analyse de l'arrêt

Structure de l'arrêt L'analyse de l'arrêt consiste à en rechercher la structure pour constituer la « fiche de l'arrêt » ou « fiche de jurisprudence ».

Cass. 1re civ., 15 février 2005, *Bull. civ.* I, n° 86

L'action a 1 fondement divisé en 4 arguments	Sur le moyen unique, pris en ses quatre branches :	
Faits	Attendu que M. X... a édité un disque sur la pochette duquel a été reproduite la photographie de Gérard Y... décédé en 1977 ; que cette photographie avait été vendue à M. X... par un photographe professionnel, M. Z..., ce dernier tenant cette photographie de la bru du décédé ;	
Initiateurs de la procédure	que s'estimant lésés par l'utilisation de l'image de leur père, les consorts Y... ont assigné M. Z... et M. X..., éditeur des sociétés de production Deb's music et Ben Production	
Demandeurs au pourvoi	Attendu que les consorts Y... font grief à l'arrêt	
Arrêt attaqué par le pourvoi	(Fort-de-France, 8 novembre 2002)	Formule usuelle de présentation de l'arrêt d'appel signifiant que celui-ci a été rendu par la cour d'appel de Fort de France, le 8 novembre 2002
Solution de la Cour d'appel	de les avoir déboutés de leur demande d'indemnisation au titre de l'utilisation d'une photographie de leur père décédé, à des fins commerciales alors que :	
1er argument	1/ qu'en retenant que l'autorisation donnée par la bru de Gérard Y... qui n'avait pas la qualité d'ayant droit de ce dernier était inopposable aux héritiers Y..., excluait que puisse être reprochée à MM. X... et Z... une violation du droit à l'image ou une atteinte à la vie privée de nature à engager leur responsabilité,	*Position de la cour d'appel*
	la cour d'appel a violé les dispositions des articles 9 et 1382 du Code civil ;	*Reproche du demandeur au pourvoi*
2e argument	2/ qu'en affirmant que le contenu de l'autorisation (Mme Cécilia Y... donne l'autorisation d'utiliser une photo de son beau-père après travaux de réfection. Ladite photo, réalisée par un ami de la famille étant dans un état de délabrement total) justifiait l'attitude de M. Z... comme celle de M. X... qui n'avaient pas à procéder à d'autres recherches, n'étant pas supposés connaître ou même identifier Gérard Y...,	*Position de la cour d'appel*
	la cour d'appel a dénaturé ladite autorisation et violé l'article 1134 du Code civil ;	*Reproche du demandeur au pourvoi*
3e argument	3/ qu'en ne recherchant pas, par une analyse approfondie des termes de l'autorisation litigieuse, si le but mercantile ainsi poursuivi par Mme Cécilia Y... ne devait pas inciter d'autant plus MM. Z... et X... à rechercher	*Position de la cour d'appel*
	l'assentiment du représenté ou de ses héritiers, la cour d'appel a privé sa décision de toute base légale au regard des articles 9 et 1382 du Code civil ;	*Reproche du demandeur au pourvoi*
4e argument	4/ qu'en s'abstenant de rechercher, comme l'y invitaient les conclusions des intimés si l'autorisation litigieuse donnée en 1990 n'était pas trop ancienne par rapport à son utilisation en décembre 1996,	*Position de la cour d'appel*
	la cour d'appel a privé sa décision de toute base légale au regard des articles 9 et 1382 du Code civil ;	*Reproche du demandeur au pourvoi*
Attendu de principe	Mais attendu que le droit d'agir pour le respect de la vie privée ou de l'image s'éteint au décès de la personne concernée, seule titulaire de ce droit ; que par ce motif de pur droit, substitué à ceux critiqués par le moyen,	
Solution, Dispositif	l'arrêt se trouve légalement justifié ; PAR CES MOTIFS : REJETTE le pourvoi ;	

Fiche de l'arrêt

(Cinq rubriques, quelle que soit la décision à commenter)

1 Faits

En décembre 1996, un éditeur de disque reproduit sur une pochette la photographie d'une personne décédée en 1977 (Gérard Y...). Il a acheté le cliché à un photographe qui l'avait obtenu de la bru du défunt, en 1990.

2 Procédure

- Pensant être lésés par l'utilisation de cette image, les héritiers de Gérard Y... (les Consorts Y...) ont assigné l'éditeur et le photographe, afin d'obtenir des dommages et intérêts.
- Dans un arrêt rendu le 8 novembre 2002, la cour d'appel de Fort-de-France les a déboutés.
- Les héritiers se sont pourvus en cassation.

3 Arguments des parties (les héritiers)

1. La belle-fille du défunt n'avait pas qualité pour autoriser la publication de la photographie. Cette autorisation n'empêchait pas de reprocher au photographe et à l'éditeur d'avoir porté atteinte au droit à l'image et au respect de la vie privée du défunt.

   → Les juges ont violé les articles 9 et 1382 (devenu art. 1240) du Code civil.

2. L'autorisation de la bru du défunt, selon laquelle « Mme Cécilia Y... donne l'autorisation d'utiliser une photo de son beau-père après travaux de réfection. Ladite photo, réalisée par un ami de la famille, étant dans un état de délabrement total » ne pouvait suffire pour que la photographie soit utilisée pour illustrer une pochette de disque.

   Le photographe et l'éditeur auraient dû procéder à d'autres recherches, notamment auprès des héritiers de Gérard Y...

   → La cour d'appel a dénaturé l'autorisation et violé l'article 1134 du Code civil.

3. Le but mercantile de la belle-fille, ressortant des termes de l'autorisation, aurait dû inciter le photographe et l'éditeur à rechercher l'intention du défunt ou à consulter ses héritiers.

   → La cour d'appel aurait dû analyser plus précisément les termes de l'autorisation. Elle a privé sa décision de toute base légale au regard des articles 9 et 1382 du Code civil.

4. L'autorisation, donnée en 1990, était trop ancienne pour justifier une utilisation en décembre 1996.

   → La cour d'appel a privé sa décision de toute base légale au regard des articles 9 et 1382 (devenu art. 1240) du Code civil.

4 Problème juridique

Lorsque l'arrêt à commenter est un arrêt de principe, l'élaboration du problème juridique consiste souvent à mettre l'attendu de principe à la forme interrogative.

Les héritiers peuvent-ils agir pour le respect de la vie privée ou de l'image de leur auteur ?
Le droit au respect de la vie privée et de l'image s'éteint-il au décès de la personne concernée ou est-il transmissible à ses héritiers ?

5 Solution

Le droit d'agir pour le respect de la vie privée ou de l'image s'éteint au décès de la personne concernée, seule titulaire de ce droit. Le pourvoi est rejeté, la cour d'appel a légalement justifié sa décision.

3 Appréciation de l'arrêt

À l'aide de ce que vous avez appris en cours et de l'ensemble de vos connaissances, vous devez déterminer le sens, la valeur et la portée de l'arrêt.

Le sens de l'arrêt

Qu'est-ce que les juges ont décidé ? Qu'ont-ils déclaré ? Qu'ont-ils répondu aux parties ? Ont-ils sanctionné ou approuvé la décision de la cour d'appel ou du tribunal ?

La Cour de cassation a déclaré que le droit d'agir pour le respect de la vie privée ou de l'image s'éteignait au décès de la personne concernée. Celui qui n'est plus en vie ne peut plus agir pour faire respecter sa vie privée et son droit à l'image. Ces droits de la personnalité ne sont pas transmissibles aux héritiers. Les hauts magistrats ont substitué ce motif de pur droit à ceux critiqués par le moyen et rejeté le pourvoi. Ils ont considéré que la cour d'appel avait légalement justifié sa décision.

La valeur de l'arrêt

Pourquoi les juges ont-ils pris cette décision ? Pouvaient-ils juger autrement ? Quelles règles ont-ils appliquées ? Était-ce prévisible ? Est-ce un revirement de jurisprudence, une décision isolée ?

L'arrêt vise, à la fois, la vie privée et le droit à l'image.

- *S'agissant de la vie privée,* la solution est classique. Elle a notamment été énoncée dans l'arrêt relatif à l'affaire Mitterrand.
- *Concernant le droit à l'image,* au contraire, la solution est nouvelle. Avant cet arrêt, la jurisprudence considérait que l'image avait une valeur patrimoniale et admettait que les héritiers pussent agir pour défendre le droit à l'image de leur auteur.

Désormais, le droit à l'image ne peut être défendu que par la personne concernée, comme le respect de la vie privée et de la présomption d'innocence.

En pratique, cette solution peut se justifier par le fait que l'atteinte au droit à l'image constitue souvent, aussi, une atteinte à la vie privée.

Sous l'empire de la jurisprudence antérieure, les héritiers de Gérard Y... auraient pu faire valoir qu'ils n'avaient pas autorisé la publication de la photographie de leur père. À présent, ils ne le peuvent plus.

La portée de l'arrêt

? **Quelles vont être les conséquences de l'arrêt ? Que va-t-il se passer pour les prochaines affaires similaires ? Les parties seront-elles mieux protégées, plus libres ? Sera-t-il plus opportun de se prévaloir d'autres règles de droit ?**
Quelle va être la réaction du législateur ? Va-t-il devoir légiférer ?
La jurisprudence risque-t-elle de changer ?

L'action des héritiers est limitée aux cas d'atteinte à leur propre vie privée ou leur propre droit à l'image.

- En pratique, il n'est pas rare que la révélation de faits relatifs à la vie privée d'une personne décédée vise aussi, même indirectement, la vie privée de ses héritiers. Ces derniers peuvent alors agir. L'impossibilité d'agir au nom de la personne décédée n'aboutit donc pas à une absence totale de protection.
- Pour le droit à l'image, au contraire, il est fréquent que seule la personne décédée soit représentée sur le cliché litigieux. Les héritiers ne peuvent agir qu'en cas de préjudice personnel. L'image des morts peut donc être assez facilement utilisée. Tel est d'ailleurs le cas en l'espèce.

Les droits de la personnalité concernent l'intégrité morale et physique des individus. En ouvrant une brèche dans la protection de la première, cette solution contraste avec l'accroissement de la protection de la seconde.

4 Élaboration du plan

L'intérêt de l'arrêt, en une phrase, est d'énoncer que le droit d'agir pour le respect de la vie privée et le droit à l'image n'est pas transmissible aux héritiers. Il s'éteint au décès de la personne concernée. Cette position avait déjà été adoptée pour la vie privée mais est nouvelle pour le droit à l'image. Tel est l'intérêt de l'arrêt, vous devez l'étudier dans le **I B.**

Le **I A** sert à introduire le **I B.** Il faut y aborder les éléments nécessaires pour comprendre le **I B.** En l'espèce, il faut expliquer quel est (ou était, puisque l'arrêt a été rendu il y a dix ans) le droit positif relatif au respect de la vie privée et du droit à l'image. C'est le moment de vous servir, sans le retranscrire bêtement, de ce que vous avez appris en cours et en TD.

L'étude du droit positif et de la solution vous permet de conclure qu'il y a eu une évolution de la protection des droits à l'intégrité morale d'une personne décédée **(I)**. Le droit au respect de la vie privée et le droit à l'image ne sont plus traités différemment.

Si le **I** est plutôt descriptif (vous exposez l'arrêt), le **II** doit être analytique (vous appréciez l'arrêt).

Après avoir exposé que le droit d'agir pour le respect de la vie privée et le droit à l'image s'éteignent au décès de la personne concernée dans le **I**, vous devez apprécier les avantages et les inconvénients de cette solution, les conséquences (juridiques, pratiques, immédiates, futures, en l'espèce, pour les affaires similaires…) dans le **II**.

Globalement, cette solution aboutit à un affaiblissement de la protection de l'intégrité morale des personnes décédées **(II)**. L'action des héritiers est limitée aux cas d'atteinte à leur propre intégrité morale **(A)**. Cette solution contraste avec la tendance du législateur à accroître la protection de l'intégrité physique des personnes décédées **(B)**.

Au regard de tous ces éléments, vous pouvez élaborer le plan suivant :

Le plan

I. L'évolution de la protection de l'intégrité morale des personnes décédées

- **A.** La distinction entre le droit à l'image et le droit au respect de la vie privée
- **B.** L'assimilation du droit à l'image au droit au respect de la vie privée

II. L'affaiblissement de la protection de l'intégrité morale des personnes décédées

- **A.** L'action limitée à l'atteinte à l'intégrité morale des héritiers des personnes décédées
- **B.** Le contraste avec la protection du droit à l'intégrité physique des personnes décédées

Introduction

L'introduction reprend les éléments exposés dans la fiche de l'arrêt en faisant en sorte qu'ils s'enchaînent.

ÉTAPES

① **Phrase d'accroche**

Chaque individu a droit au respect de sa vie privée et de son droit à l'image. La jurisprudence en précise régulièrement le contenu et les contours.

② **Faits**

En décembre 1996, un éditeur de disque reproduit, sur une pochette, la photographie d'une personne décédée en 1977 (Gérard Y...). Il a acheté le cliché à un photographe qui l'avait obtenu de la bru du défunt, en 1990, avec une autorisation rédigée ainsi : « Mme Cécilia Y... donne l'autorisation d'utiliser une photo de son beau-père après travaux de réfection. Ladite photo, réalisée par un ami de la famille, étant dans un état de délabrement total ».

③ **Procédure**

Pensant être lésés par l'utilisation de cette image, les héritiers de Gérard Y... ont assigné l'éditeur et le photographe, afin d'obtenir des dommages et intérêts. Dans un arrêt rendu le 8 novembre 2002, la cour d'appel de Fort-de-France les a déboutés. Les héritiers se sont alors pourvus en cassation.

④ **Arguments des parties**

Devant la Cour de cassation, les héritiers avancèrent plusieurs arguments. D'abord, ils arguèrent que l'autorisation donnée par la belle-fille du défunt, pour publier la photographie, n'était pas valable. Non seulement la bru n'avait pas qualité pour donner cette autorisation mais, en plus, celle-ci était trop ancienne au moment de la publication.
Ensuite, les héritiers reprochèrent à la cour d'appel d'avoir mal analysé les termes de l'autorisation. Cette dernière ne pouvait suffire pour que la photographie soit utilisée pour illustrer une pochette de disque et laissait apparaître le but mercantile de la belle-fille, ce qui aurait dû inciter le photographe et l'éditeur à rechercher l'intention du défunt ou à consulter ses héritiers.

⑤ **Problème juridique**

Indépendamment de la validité de cette autorisation, qui relève de l'appréciation souveraine des juges du fond, la question posée à la Cour de cassation était de savoir si les héritiers peuvent agir pour le respect de la vie privée ou du droit à l'image de leur auteur ?

⑥ **Solution de l'arrêt à commenter**

Les magistrats ont répondu par la négative. Ils ont substitué un motif de pur droit à ceux critiqués par le moyen et ont estimé que la cour d'appel avait légalement justifié sa décision. Le droit d'agir pour le respect de la vie privée ou du droit à l'image s'éteint au décès de la personne concernée, seule titulaire de ce droit.

⑦ **Annonce du plan**

Cet arrêt illustre une nouvelle étape dans l'évolution de la protection de l'intégrité morale des personnes décédées **(I)**. Il en marque l'affaiblissement **(II)**.

Développement

I. L'évolution de la protection de l'intégrité morale des personnes décédées

Alors qu'elle appréhendait différemment le droit à l'image et le droit au respect de la vie privée d'une personne décédée **(A)**, la Cour de cassation les traite à présent de la même manière **(B)**.

A. La distinction entre le droit à l'image et le droit au respect de la vie privée

Pendant plusieurs années, la jurisprudence a distingué le droit au respect de la vie privée et le droit à l'image d'un défunt.

→ *S'agissant de la vie privée,* il était admis que les ayants cause du défunt ne pouvaient obtenir réparation pour l'atteinte portée à la vie privée de leur auteur car ils ne recueillaient pas ce droit dans la succession (Cass. 1re civ., 14 décembre 1999, *Bull. civ.* I, n° 345, aff. Mitterrand). La cour d'appel de Paris a ainsi clairement énoncé : « *La protection résultant de l'article 9 du Code civil présente un caractère individuel et vise les seules atteintes subies personnellement par le titulaire du droit concerné ; le droit au respect de la vie privée n'appartient qu'aux vivants et il est intransmissible aux héritiers* » (CA Paris, 6 mai 1997, *D.*, 1997, Jurisp. p. 596 ; voir aussi : Cass. 1re civ., 14 décembre 1999, *Bull. civ.* I, n° 345 et Cass. 2e civ., 8 juillet 2004, *Bull. civ.* II, n° 390).

→ *Concernant l'image,* en revanche, les juges estimaient que ce droit avait un caractère patrimonial et était transmis dans la succession (CA Paris, 10 septembre 1996, *D.*, 1998, Somm. p 87). Les héritiers pouvaient donc agir au nom du défunt et demander réparation en cas d'atteinte au droit à l'image de ce dernier. La Cour de cassation avait d'ailleurs précisé que la fixation de l'image d'une personne vivante ou morte, sans autorisation préalable de ceux ayant pouvoir de l'accorder, était prohibée (Cass. crim., 20 octobre 1998, *Bull. crim.*, n° 264).

Dans l'arrêt du 15 février 2005, la Cour de cassation a changé de position.

B. L'assimilation du droit à l'image au droit au respect de la vie privée

À présent, le droit au respect de la vie privée et le droit à l'image sont traités de la même manière. Ni l'un ni l'autre ne sont transmissibles aux héritiers.

Sous l'empire de la jurisprudence antérieure, les héritiers de Gérard Y... auraient pu faire valoir qu'ils n'avaient pas autorisé la publication de la photographie de leur père. À présent, ils ne le peuvent plus. Ils ne peuvent pas empêcher l'utilisation de l'image de leur père sur une pochette de disque, une vingtaine d'années après son décès. La question de la validité de l'autorisation donnée par la bru du défunt n'a pas d'intérêt puisque le défunt n'a plus de droit à l'image. La Cour de cassation a ainsi substitué un motif de pur droit à ceux critiqués par le moyen.

Désormais, le droit à l'image, comme le respect de la vie privée et de la présomption d'innocence, ne peut être défendu que par la personne concernée.

En pratique, cette solution peut se justifier par le fait que l'atteinte au droit à l'image constitue souvent, aussi, une atteinte à la vie privée. En cas de publication de la photographie d'un défunt, dans une situation qui relevait de sa vie privée, ses héritiers pouvaient demander réparation pour l'atteinte au droit à l'image mais pas pour l'atteinte au respect de la vie privée. Cela pouvait paraître incohérent.

Ce revirement de jurisprudence a permis d'uniformiser les règles relatives au droit à l'image et au droit au respect de la vie privée d'une personne décédée. Cependant, il a abouti à affaiblir la protection de l'intégrité morale des défunts.

II. L'affaiblissement de la protection de l'intégrité morale des personnes décédées

À présent, les héritiers ne peuvent agir qu'en cas d'atteinte à leur intégrité morale personnelle **(A)**. Cet affaiblissement de la protection de l'intégrité morale des personnes décédées contraste avec l'accroissement de la protection du droit à l'intégrité physique des personnes décédées **(B)**.

A. L'action limitée à l'atteinte à l'intégrité morale des héritiers des personnes décédées

L'action des héritiers est limitée aux cas d'atteinte à leur propre vie privée ou leur propre droit à l'image.

→ *S'agissant de la vie privée,* il peut arriver que la révélation de faits relatifs à la vie privée d'une personne décédée concerne aussi, indirectement, la vie privée de ses héritiers. Ces derniers peuvent alors agir en leur nom. Les héritiers contournent l'interdiction d'agir au nom de leur auteur en se prévalant d'une atteinte à leur propre vie privée. L'impossibilité d'agir au nom de la personne décédée n'aboutit donc pas à une absence totale de protection de celle-ci.

Cependant, en pratique, la jurisprudence est sévère. L'action des héritiers fut par exemple rejetée dans une affaire où un journal avait fait paraître un article relatant le décès de leur père brûlé lors de l'incendie de sa voiture, dans son garage, précisant que la victime était dépressive, que son corps portait des blessures par arme blanche et qu'un couteau en partie calciné avait été retrouvé, et où le journaliste terminait par la question « crime ou suicide », l'article ne faisant que répondre au besoin d'information du public relativement à un « fait divers » et ne comportant aucune information sur l'épouse ou les enfants du défunt (Cass. 2e civ., 20 novembre 2003, *Bull. civ.* II, n° 354).

En définitive, les héritiers sont uniquement fondés à défendre la mémoire de leur auteur en cas d'atteinte résultant de la publication, de mauvaise foi ou avec une légèreté blâmable, de faits erronés ou déformés (CA Paris, 19 mai 1992, *JCP*, 1992, IV, 2345).

→ *Pour le droit à l'image,* au contraire, il est fréquent que seule la personne décédée soit représentée sur le cliché litigieux. Les héritiers ne peuvent pas aisément contourner l'interdiction d'agir au nom de la personne décédée en agissant en leur propre nom. La Cour de cassation a d'ailleurs précisé que « *si les proches d'une personne peuvent s'opposer à la reproduction de son image après son décès, c'est à la condition d'en éprouver un préjudice personnel établi, déduit le cas échéant d'une atteinte à la mémoire ou au respect dû au mort* » (Cass. 1re civ., 22 octobre 2009, *Bull. civ.* I, n° 211). L'image des morts peut donc être utilisée assez librement. Les démarches des professionnels (documentalistes, écrivains, journalistes) sont simplifiées. Si cette solution peut se justifier lorsque la publication a un but d'information ou historique, elle est davantage critiquable lorsque la photographie est utilisée à des fins commerciales, comme en l'espèce.

Cette position contraste avec l'attitude du législateur quant à la protection de l'intégrité physique des personnes décédées.

B. Le contraste avec la protection du droit à l'intégrité physique des personnes décédées

Cette solution ouvre une brèche importante dans la protection de l'intégrité morale des personnes, alors que l'intégrité physique tend à être de plus en plus âprement protégée.

Plusieurs exemples le démontrent.

- Une personne peut s'opposer à ce que des organes lui soient prélevés après sa mort, par tout moyen, notamment par l'inscription sur un registre national automatisé prévu à cet effet (art. L. 1232-1 CSP).
- Aucun examen des caractéristiques génétiques ne peut être entrepris sans consentement préalable exprès de la personne concernée (art. 16-10 C. civ.). Cela sous-entend que les caractéristiques génétiques d'une personne ne peuvent être examinées, *post-mortem*.
- En 2004, à l'occasion de la loi sur la bioéthique, le législateur a inséré une précision dans l'article 16-11 du Code civil, relatif à l'identification par les empreintes génétiques d'une personne. Faisant suite à l'affaire « Yves Montand », qui avait conduit à l'exhumation du corps de ce dernier pour procéder à un test de paternité, le législateur a précisé que « Sauf accord exprès de la personne manifesté de son vivant, aucune identification par empreintes génétiques ne peut être réalisée après sa mort ».
- Même lorsqu'il a donné lieu à crémation, le corps humain doit être respecté. La loi du 19 décembre 2008, relative à la législation funéraire, a inséré dans le Code civil un article 16-1-1 dont l'alinéa 2 dispose : « Les restes des personnes décédées, y compris les cendres de celles dont le corps a donné lieu à crémation, doivent être traités avec respect, dignité et décence. »

Post mortem, l'intégrité physique est mieux protégée que l'intégrité morale. Le mort a encore un corps mais il n'a plus d'âme.

3 Cas pratique

sur la personnalité juridique et le droit à l'intégrité physique

Accident de la route

Les époux Bernard et Cathy attendent un heureux évènement. Plus que trois semaines et Arielle, leur première fille, va avoir un petit frère : Éric. Alors qu'ils prennent un bain de soleil à une terrasse de café, un automobiliste perd le contrôle de son véhicule. Roulant à trop vive allure, il ne peut éviter la famille.

Arielle est tuée sur le coup. Gravement blessés, Bernard et Cathy sont transportés à l'hôpital le plus proche. Sur le chemin, Bernard succombe à ses blessures. Dès son arrivée aux urgences, Cathy est opérée de ses multiples blessures. Le fœtus étant également touché, les médecins pratiquent une césarienne. Malheureusement, une demi-heure après sa naissance, l'enfant succombe à ses blessures.

À son réveil, les chirurgiens annoncent à la jeune femme que ses reins sont gravement et irrémédiablement atteints. Seul un don, dans les jours qui viennent, pourrait la sauver. Les médecins abordent également la question du prélèvement d'organes. Ils souhaiteraient, en effet, prélever des organes sur Bernard et Arielle.

Traumatisée, Cathy n'a qu'une idée en tête : faire condamner le chauffard.

Préparation

1 Analyser les faits

2 Rechercher les problèmes juridiques posés

3 Rechercher les éléments de réponse

1 Analyse des faits

Repérage des faits importants

Les époux Bernard et Cathy attendent un heureux évènement. Plus que trois semaines et Arielle, leur première fille, va avoir un petit frère : Éric. Alors qu'ils prennent un bain de soleil à une terrasse de café, un automobiliste perd le contrôle de son véhicule. Roulant à trop vive allure, il ne peut éviter la famille.

Arielle est tuée sur le coup. Gravement blessés, Bernard et Cathy sont transportés à l'hôpital le plus proche. Sur le chemin, Bernard succombe à ses blessures. Dès son arrivée aux urgences, Cathy est opérée de ses multiples blessures. Le fœtus étant également touché, les médecins pratiquent une césarienne. Malheureusement, une demi-heure après sa naissance, l'enfant succombe à ses blessures.

À son réveil, les chirurgiens annoncent à la jeune femme que ses reins sont gravement et irrémédiablement atteints. Seul un don, dans les jours qui viennent, pourrait la sauver. Les médecins abordent également la question du prélèvement d'organes. Ils souhaiteraient, en effet, prélever des organes sur Bernard et Arielle.

Traumatisée, Cathy n'a qu'une idée en tête : faire condamner le chauffard.

Qualification juridique des faits

- **époux :** personnes unies par les liens du mariage, avec des droits et des devoirs particuliers
- **trois semaines (avant la naissance) :** fœtus *a priori* en bonne santé, naissance imminente
- **perd le contrôle de son véhicule :** accident
- **Arielle est tuée sur le coup :** décès accidentel d'un mineur
- **Sur le chemin, Bernard succombe à ses blessures :** décès accidentel d'un majeur, marié
- **Le fœtus étant également touché :** atteinte d'un fœtus, *in utero*
- **Une demi-heure après sa naissance, l'enfant succombe à ses blessures :** naissance suivie du décès, acquisition de la personnalité juridique
- **Seul un don :** prélèvement d'organes, à but thérapeutique, sur une personne vivante ou décédée
- **les jours qui viennent :** urgence
- **Ils souhaiteraient, en effet, prélever des organes sur Bernard et Arielle :** prélèvement d'organes, à but scientifique ou thérapeutique, sur une personne décédée mineure ou majeure
- **faire condamner le chauffard :** homicide involontaire sur des personnes nées et sur un fœtus

2 Recherche des (ou du) problèmes juridiques

Si le cas pratique comporte une ou plusieurs questions, il vous suffit d'y répondre. Dans le cas contraire, c'est à vous de rechercher à quelles questions le rédacteur du cas pratique veut que vous répondiez.

Arielle et Bernard sont décédés et les médecins souhaitent prélever leurs organes.

Question : À quelles conditions peut-on prélever des organes :

- sur une personne mineure décédée, dans un but thérapeutique ou scientifique ?
- sur une personne majeure décédée, dans un but thérapeutique ou scientifique ?

Cathy a été gravement blessée et a besoin d'un don, très rapidement.

Question : À quelles conditions peut-on prélever des organes, dans un but thérapeutique, sur une personne vivante ou décédée ?

Le chauffard a causé la mort d'Arielle, de Bernard et d'Éric.

Question : Peut-il y avoir homicide involontaire contre un enfant, simple fœtus au moment de l'accident ? (L'homicide involontaire contre Arielle et Bernard ne fait aucun doute.)

3 Recherche des éléments de réponse

Le prélèvement d'organes

sur une personne décédée, majeure, dans un but thérapeutique ou scientifique

Art. L. 1232-1 CSP « Le prélèvement d'organes sur une personne dont la mort a été dûment constatée ne peut être effectué qu'à des fins thérapeutiques ou scientifiques.

Le médecin informe les proches du défunt, préalablement au prélèvement envisagé, de sa nature et de sa finalité, conformément aux bonnes pratiques arrêtées par le ministre chargé de la santé sur proposition de l'Agence de la biomédecine.

Ce prélèvement peut être pratiqué sur une personne majeure dès lors qu'elle n'a pas fait connaître, de son vivant, son refus d'un tel prélèvement, principalement par l'inscription sur un registre national automatisé prévu à cet effet. Ce refus est révocable à tout moment.

L'Agence de la biomédecine est avisée, préalablement à sa réalisation, de tout prélèvement à fins thérapeutiques ou à fins scientifiques. »

sur une personne décédée, mineure, dans un but thérapeutique ou scientifique

Art. L. 1232-2 CSP « Si la personne décédée était un mineur ou un majeur sous tutelle, le prélèvement à l'une ou plusieurs des fins mentionnées à l'article L. 1232-1 ne peut avoir lieu qu'à la condition que chacun des titulaires de l'autorité parentale ou le tuteur y consente par écrit.

Toutefois, en cas d'impossibilité de consulter l'un des titulaires de l'autorité parentale, le prélèvement peut avoir lieu à condition que l'autre titulaire y consente par écrit. »

sur une personne vivante, dans un but thérapeutique

Art. L. 1231-1 CSP « Le prélèvement d'organes sur une personne vivante, qui en fait le don, ne peut être opéré que dans l'intérêt thérapeutique direct d'un receveur. Le donneur doit avoir la qualité de père ou mère du receveur.

Par dérogation au premier alinéa, peuvent être autorisés à se prêter à un prélèvement d'organe dans l'intérêt thérapeutique direct d'un receveur son conjoint, ses frères ou soeurs, ses fils ou filles, ses grands-parents, ses oncles ou tantes, ses cousins germains et cousines germaines ainsi que le conjoint de son père ou de sa mère. Le donneur peut également être toute personne apportant la preuve d'une vie commune d'au moins deux ans avec le receveur ainsi que toute personne pouvant apporter la preuve d'un lien affectif étroit et stable depuis au moins deux ans avec le receveur.

En cas d'incompatibilité entre la personne ayant exprimé l'intention de don et la personne dans l'intérêt de laquelle le prélèvement peut être opéré en vertu des premier ou deuxième alinéas, rendant impossible la greffe, le donneur et le receveur potentiels peuvent se voir proposer le recours à un don croisé d'organes. (...)

Le donneur, préalablement informé par le comité d'experts mentionné à l'article L. 1231-3 des risques qu'il encourt, des conséquences éventuelles du prélèvement et, le cas échéant, des modalités du don croisé, doit exprimer son consentement au don et, le cas échéant, au don croisé devant le président du tribunal judiciaire ou le magistrat désigné par lui, qui s'assure au préalable que le consentement est libre et éclairé et que le don est conforme aux conditions prévues aux premier, deuxième et, le cas échéant, troisième alinéas. En cas d'urgence vitale, le consentement est recueilli, par tout moyen, par le procureur de la République. Le consentement est révocable sans forme et à tout moment. (...) »

Art. L. 1231-2 CSP « Aucun prélèvement d'organes, en vue d'un don, ne peut avoir lieu sur une personne vivante mineure ou sur une personne vivante majeure faisant l'objet d'une mesure de protection légale. »

L'homicide involontaire sur un fœtus

Enfant décédé *in utero* ou mort-né.

Après quelques divergences entre la chambre criminelle de la Cour de cassation, qui rejetait la qualification d'homicide involontaire (Cass. crim., 30 juin 1999, *Bull. crim.*, n° 174), et quelques cours d'appel, qui l'admettaient (CA Reims, 3 février 2000, *D.*, 2000, p. 873), l'Assemblée plénière s'est prononcée contre la condamnation pour homicide du responsable du décès d'un fœtus, au motif que ce dernier ne jouissait pas de la personnalité juridique.

Cass. ass. plén., 29 juin 2001, *Bull. civ.*, n° 8.

Enfant né vivant puis décédé.

Si la mère accouche et que le nouveau-né décède peu après des suites des lésions subies lors de l'accident, il y a homicide involontaire car l'enfant a acquis la personnalité juridique.

Cass. crim., 2 décembre 2003, *Bull. crim.*, n° 230.

Ces arrêts sont cités dans le Code civil (Dalloz ou LexisNexis), sous l'article 16.

Introduction

L'introduction (assez courte) comporte plusieurs étapes

ÉTAPES

① **Annonce du thème**

Dès lors qu'il a acquis la personnalité juridique, l'être humain a droit au respect de son intégrité physique.

② **Résumé et qualification juridique des faits**

Un couple, dont la femme est enceinte, et sa petite fille sont fauchés par un chauffard. Le père et la fille décèdent. La mère est grièvement blessée et va avoir rapidement besoin d'un don d'organes. Elle donne naissance à un petit garçon qui décède quelques minutes plus tard.

③ **Problème posé par les faits**

Ces faits soulèvent les questions relatives aux prélèvements d'organes, sur une personne vivante et sur une personne décédée, majeure et mineure, ainsi que le problème lié à l'homicide involontaire sur le fœtus.

④ **Annonce du plan**

I. Le prélèvement d'organes *post mortem* sur majeur – Bernard ;
II. Le prélèvement d'organes *post mortem* sur mineur – Arielle ;
III. Le don d'organes par une personne vivante ou décédée – Cathy ;
IV. L'homicide involontaire sur un fœtus – Éric.

Le plan du cas pratique n'est pas obligatoirement constitué de deux parties avec quatre sous-parties. La structure du devoir correspond aux différentes questions soulevées par les faits et les sous-parties marquent, pour chaque question, les différentes étapes de votre raisonnement.

Les réponses doivent toujours être justifiées. Pour cela, elles doivent être construites en trois parties :
- les faits de l'espèce ;
- la règle de droit applicable ;
- la solution.

En l'espèce, vous auriez pu étudier :
- **la question du prélèvement d'organes (I) [en envisageant le cas des personnes décédées – Bernard et Arielle – (A) et des personnes vivantes – Cathy – (B) ou en étudiant la situation des majeurs – Bernard et Cathy – (A) et des mineurs – Arielle – (B)] ;**
- **le problème de l'homicide involontaire sur fœtus – Éric (II).**

Développement

I. Le prélèvement d'organes sur Bernard

Les faits de l'espèce
Bernard est une personne majeure, décédée accidentellement.

La règle de droit applicable
Selon l'article L. 1232-1 du Code de la santé publique, le prélèvement d'organes sur une personne décédée, à des fins thérapeutiques ou scientifiques, peut être pratiqué dès lors que la personne n'a pas fait connaître, de son vivant, son refus d'un tel prélèvement. Ce refus peut être exprimé par tout moyen, notamment par l'inscription sur un registre national automatisé prévu à cet effet. Il est révocable à tout moment.
Le médecin informe les proches du défunt, préalablement au prélèvement envisagé, de sa nature et de sa finalité.

La solution
Aucune indication n'est donnée sur la position de Bernard quant au prélèvement d'organes. Si celui-ci n'a pas clairement fait connaître sa volonté, les médecins devront consulter ses proches, en l'occurrence son épouse, Cathy.
Si Bernard n'a pas fait connaître son opposition au don d'organes de son vivant et que ses proches ne peuvent se prononcer sur son point de vue, les médecins pourront procéder au prélèvement d'organes.

II. Le prélèvement d'organes sur Arielle

Les faits de l'espèce
Arielle est une personne mineure décédée accidentellement.

La règle de droit applicable
Selon l'article L. 1232-2 CSP, le prélèvement d'organes sur une personne mineure décédée, à des fins thérapeutiques ou scientifiques, ne peut avoir lieu qu'à la condition que chacun des titulaires de l'autorité parentale ou le tuteur y consente par écrit. En cas d'impossibilité de consulter l'un des titulaires de l'autorité parentale, le prélèvement peut avoir lieu à condition que l'autre titulaire y consente par écrit.

La solution
Arielle était la fille de Bernard et de Cathy. Ceux-ci devaient probablement être les titulaires de l'autorité parentale. Bernard étant décédé, seule Cathy sera consultée. Si celle-ci les y autorise par écrit, les médecins pourront prélever des organes sur Arielle, à des fins thérapeutiques ou scientifiques.

III. Le don d'organes à Cathy

Les faits de l'espèce
Gravement blessée lors d'un accident, Cathy a besoin d'un don d'organes. Le donneur peut être une personne décédée (voir I) ou une personne vivante.

La règle de droit applicable
Selon l'article L. 1231-1 CSP, une personne vivante peut faire un don d'organes, dans un but thérapeutique, à condition d'avoir la qualité, par rapport au receveur :
- de père ou de mère ;
- de conjoint ;
- de frère ou de sœur ;
- de fils ou de fille ;
- de grand-père ou de grand-mère ;
- d'oncle ou de tante ;
- de cousin germain ou de cousine germaine ;
- de conjoint du père ou de la mère ;
- de concubin depuis au moins deux ans ;
- de personne ayant un lien affectif étroit et stable depuis au moins deux ans.

Le donneur doit être préalablement informé par un comité d'experts sur les risques qu'il encourt et les conséquences éventuelles du prélèvement. Il doit exprimer son consentement devant le président du tribunal judiciaire ou le magistrat désigné par lui. En cas d'urgence vitale, le consentement est

recueilli, par tout moyen, par le procureur de la République. Le consentement est révocable sans forme et à tout moment.
Dans tous les cas, aucun prélèvement ne peut être fait sur un mineur vivant (art. L. 1231-2 CSP).

La solution
Si aucun donneur, décédé, n'est compatible avec Cathy, un de ses proches peut lui donner un rein. Ce proche peut être son père ou sa mère, son frère ou sa sœur, son fils ou sa fille (si elle avait d'autres enfants), son grand-père ou sa grand-mère, son oncle ou sa tante, son cousin germain ou sa cousine germaine, le conjoint de son père ou de sa mère.
Le donneur, informé par un comité d'experts, devra exprimer son consentement devant un juge ou, en cas d'urgence, comme cela semble être le cas, devant le procureur de la République.

IV. L'homicide involontaire sur Éric

Les faits de l'espèce
Éric, simple fœtus lors de l'accident, est né vivant et viable puis est décédé des suites de ses blessures.

La règle de droit applicable
Selon la maxime *infans conceptus*, l'enfant peut être tenu pour né toutes les fois qu'il y va de son intérêt. La question s'est posée de savoir si un enfant a un intérêt à faire condamner celui qui l'a empêché de naître.
Après quelques divergences entre la chambre criminelle de la Cour de cassation, qui rejetait la qualification d'homicide involontaire (Cass. crim., 30 juin 1999, *Bull. crim.*, n° 174), et quelques cours d'appel, qui l'admettaient (CA Reims, 3 février 2000, *D.*, 2000, Jurisp. p. 873), l'Assemblée plénière, le 29 juin 2001 (*Bull. civ.*, n° 8), s'est prononcée contre la condamnation pour homicide du responsable du décès d'un fœtus, au motif que ce dernier ne jouissait pas de la personnalité juridique.

En revanche, si, par exemple, la mère, enceinte de huit mois lors de l'accident, accouche et que le nouveau-né décède une heure après des suites des lésions subies lors de l'accident, il y a homicide involontaire car l'enfant est né vivant et viable (Cass. crim., 2 décembre 2003, *Bull. crim.*, n° 230).
Il convient donc de distinguer selon que l'enfant a acquis la personnalité juridique en naissant vivant et viable ou pas. Ce n'est que dans le premier cas que la personne responsable de ses blessures ou de sa mort peut être poursuivie pénalement.

La solution
Étant né vivant et viable, Éric a acquis la personnalité juridique. Même si les blessures ont été causées *in utero*, le chauffard peut être poursuivi pour homicide involontaire.

En conclusion, Cathy pourra, si les conditions médicales sont remplies, bénéficier d'un don d'organe d'un donneur décédé (majeur ou mineur) ou de l'un de ses proches (majeur). Pour les prélèvements d'organes sur sa fille et son mari, Cathy sera consultée par les médecins. Ceux-ci requerront son autorisation dans le premier cas et son avis dans le second, à moins que Bernard n'ait clairement exprimé sa position, de son vivant. Le chauffard pourra être poursuivi pour homicide involontaire sur Bernard, Arielle et Éric.

La conclusion n'est pas impérative dans le cas pratique. Demandez à votre professeur ou votre chargé de TD s'il en souhaite une ou pas.

TITRE 1

Les personnes

Chapitre 2

L'identification de la personne

1 Commentaire d'article

sur le domicile

Art. 102, al. 1er, C. civ.

Le domicile de tout Français, quant à l'exercice de ses droits civils, est au lieu où il a son principal établissement.

Suite de l'article :
(L. n° 2014-366 du 24 mars 2014, art. 46) « Le lieu d'exercice des droits civils d'une personne sans domicile stable est celui où elle a fait élection de domicile dans les conditions prévues à l'article L. 264-1 du code de l'action sociale et des familles. »
(Ord. n° 58-923 du 7 oct. 1958) « Les bateliers et autres personnes vivant à bord d'un bateau de navigation intérieure immatriculé en France, qui n'ont pas le domicile prévu à l'alinéa précédent ou un domicile légal, sont tenus de choisir un domicile dans l'une des communes dont le nom figure sur une liste établie par arrêté du garde des sceaux, ministre de la justice, du ministre de l'intérieur et du ministre des travaux publics, des transports et du tourisme. Toutefois, les bateliers salariés et les personnes vivant à bord avec eux peuvent se domicilier dans une autre commune à la condition que l'entreprise qui exploite le bateau y ait son siège ou un établissement ; dans ce cas, le domicile est fixé dans les bureaux de cette entreprise ; à défaut de choix par eux exercé, ces bateliers et personnes ont leur domicile au siège de l'entreprise qui exploite le bateau et, si ce siège est à l'étranger, au bureau d'affrètement de Paris. »
Al. 3 abrogé par L. n° 69-3 du 3 janv. 1969.

Préparation

1 Identifier
2 Analyser
3 Apprécier l'article
4 Élaborer un plan

1 Identification de l'article

Trois informations permettent d'identifier un article : sa date, son auteur et son support.

Support. Le Code civil.

Date. Les références reproduites entre parenthèses et/ou en italique vous permettent de savoir que les deuxième et troisième alinéas de l'article datent de 2014 et 1958 et que le troisième alinéa, devenu quatrième en 2014, a été abrogé en 1969. Aucune date n'étant mentionnée au-dessus ou au début de l'article ou de l'alinéa premier, vous pouvez en conclure que celui-ci, tel qu'il est rédigé, date de 1804.

Auteur. Les rédacteurs du Code civil, Tronchet, Maleville, Bigot de Préameneu et Portalis.

2 Analyse de l'article

L'analyse de l'article consiste à définir ses principaux termes (la glose), dans le sens courant et juridique, et à décortiquer sa structure grammaticale et logique.

La glose

- **Le :** emploi du singulier renvoyant au principe d'unité du domicile
- **domicile :** maison, demeure ordinaire d'une personne, lieu auquel elle est rattachée
- **de tout :** article indéfini, marque l'universalité et la nécessité du domicile
- **Français, :** limite à l'universalité du domicile – exclusion des étrangers
- **quant à l'exercice :** distinction entre l'exercice et la jouissance des droits
- **de ses droits civils, :** prérogatives attribuées à une personne dans son intérêt – limitation aux relations avec l'État ou entre citoyens, exclusion des droits politiques, religieux…
- **est :** situation, constat
- **au lieu où :** détermine un emplacement, un endroit
- **il :** renvoie à « tout Français »
- **a son principal établissement. :** sous-entend qu'il peut y avoir d'autres établissements (résidence, habitation)

La structure grammaticale et logique

Analyse grammaticale

L'alinéa à commenter est composé d'une seule phrase. Celle-ci est constituée d'une proposition principale : **« Le domicile de tout Français est au lieu où il a son principal établissement »**, dans laquelle est inséré un complément : **« quant à l'exercice de ses droits civils »**.

Analyse logique

Dans cet alinéa, le législateur a posé la définition du domicile en insistant sur sa localisation géographique : **« au lieu de son principal établissement »** et les personnes concernées **« tout Français »**. Grâce à l'expression **« quant à »**, il a mis en relief l'intérêt de cette localisation : **« l'exercice de ses droits civils »**.

3 Appréciation de l'article

Dans quel but cet article a-t-il été écrit ?

Le domicile est, avec le nom, le prénom et le sexe, un des éléments permettant d'identifier et d'individualiser les personnes. Le législateur devait en donner une définition précise afin d'insister sur son importance et de le distinguer de notions voisines telles la résidence, l'habitation.

Quelle solution l'article a-t-il apportée au problème ?

Afin d'insister sur l'importance du domicile pour identifier et localiser une personne, les rédacteurs du Code civil ont posé que celui-là était nécessaire (tout Français doit en avoir un pour exercer ses droits civils) et unique (il s'agit du principal établissement). Afin de distinguer le domicile d'autres notions voisines, le législateur a fait référence à deux notions : la matérialité, *le factum* « **principal établissement** » et la volonté, *l'animus* « **il a** ».

Le domicile est le lieu où la personne a volontairement fixé son principal *établissement*. Il se distingue ainsi de la résidence et de l'habitation.

La résidence est le lieu où une personne séjourne de manière non définitive. La personne se trouve dans cet endroit (*factum*) mais n'a pas l'intention d'y rester. *L'animus* fait défaut. Dans de nombreuses procédures, la résidence remplace le domicile lorsque celui-ci est inconnu.

L'habitation se distingue de la résidence par cet élément : la personne n'est dans une habitation que pour un temps bref (chambre d'hôtel). Cette notion est rarement utilisée en droit civil, elle est surtout retenue en droit pénal, pour punir le plus souvent possible le délit de violation de domicile.

Comment ont réagi la jurisprudence, la doctrine, les professionnels ?

En définissant le domicile comme le lieu où chaque Français a son principal établissement, le législateur est resté assez abstrait.

La doctrine fut partagée sur le sens exact de cette notion. Pour certains, le domicile est un lieu. Pour d'autres, il s'agit d'un lien juridique entre une personne et un lieu.

Ces discussions permirent de préciser la définition du domicile mais n'ont pas levé toutes les incertitudes. Il est encore souvent fait appel au juge pour déterminer le domicile d'une personne.

4 Élaboration du plan

Vous pouvez vous inspirer de la structure de l'alinéa pour élaborer votre plan.

- *Dans la première partie de l'alinéa* « **le domicile de tout Français, quant à l'exercice de ses droits civils** », le législateur a fixé *les caractères du domicile*. Il s'agit de *l'unicité* et de *la nécessité*. Le premier ressort de l'article défini : « **le** » et le second des expressions « **tout Français** » et « **quant à l'exercice de ses droits** ».
- *Dans la seconde partie de l'alinéa* « **est au lieu où il a son principal établissement** », son rédacteur a énoncé *les critères du domicile*. Ce sont *la matérialité* : « **principal établissement** » et *la volonté* : « **il a** », en opposition à la résidence, à l'habitation et aux domiciles spéciaux.

Le plan de votre commentaire peut donc être :

Le plan

I. Les caractères du domicile
  A. La nécessité
  B. L'unicité

II. Les critères du domicile
  A. La matérialité
  B. La volonté

Introduction

L'introduction (environ 1/3 du devoir) comporte plusieurs étapes.

ÉTAPES

① **Annonce du thème visé par l'article**

Plusieurs éléments permettent d'identifier et d'individualiser les personnes. Il s'agit du nom, du prénom, du sexe et du domicile. Considéré comme un attribut de la personnalité, ce dernier figure parmi les droits fondamentaux.

② **Problème traité par l'article**

Dès l'élaboration du Code civil, en 1804, le législateur dut définir le domicile, pour répondre au besoin de localiser un individu, de le rattacher à un lieu précis.

③ **Citation et situation de l'article dans le temps et l'espace**

C'est ce qu'il fit à l'article 102 du Code civil. Premier article du Titre troisième « Du domicile », du livre premier « Des personnes » du Code civil, celui-ci dispose : « *Le domicile de tout Français, quant à l'exercice de ses droits civils, est au lieu où il a son principal établissement.* » Le cas particulier des bateliers, des forains et des « sans domicile fixe ou stable » a conduit le législateur à ajouter des alinéas à cet article, en 1938, 1958 et 2014.
En définissant le domicile comme le lieu où chaque Français a son principal établissement, le législateur est resté assez abstrait. La doctrine fut partagée sur le sens exact de cette notion. Pour certains, le domicile est un lieu. Pour d'autres, il s'agit d'un lien juridique entre une personne et un lieu. Ces discussions permirent de préciser la définition du domicile mais n'ont pas levé toutes les incertitudes. Il est encore parfois fait appel aux tribunaux pour déterminer le domicile d'une personne. Cela concerne aussi bien les personnes physiques que les personnes morales.

④ **Annonce du plan**

Les juges se réfèrent alors aux caractères **(I)** et aux critères **(II)** du domicile, tels qu'ils ressortent de l'alinéa premier de l'article 102 du Code civil.

Développement

I. Les caractères du domicile

En énonçant que tout Français a un domicile et que celui-ci est au lieu de son principal établissement, l'article 102, alinéa 1er, du Code civil met en évidence deux caractères du domicile : la nécessité **(A)** et l'unicité **(B)**.

A. La nécessité

Comme le nom, le domicile est indispensable pour l'organisation de la société. Il s'agit d'un attribut de la personnalité que « tout Français » doit avoir, afin de pouvoir être officiellement localisé.
Le choix du domicile est libre mais impératif. Ceux qui se trouvent dans plusieurs endroits se voient imposer par la loi de choisir un domicile fixe.

Il en est ainsi pour :

- les bateliers (art. 102, al. 3, C. civ.), les forains et nomades, (Loi n° 69-3 du 3 janvier 1969 relative à l'exercice des activités ambulantes et au régime applicable aux personnes circulant en France sans domicile ni résidence fixe) tenus de choisir une commune de rattachement ;
- les personnes sans domicile stable (art. 102, al. 2, C. civ) devant en élire un auprès d'un organisme agréé pour bénéficier de prestations sociales (art. L. 264-1 du Code de l'action sociale et des familles).

Cependant, en imposant à tout Français d'avoir un domicile, le législateur en fait parfois une notion abstraite. Certaines personnes sont parfois rattachées à un lieu avec lequel elles n'ont plus ou n'ont jamais eu de lien.
Le second caractère du domicile posé par l'article 102 du Code civil est l'unicité.

B. L'unicité

Selon l'alinéa 1er de l'article 102 du Code civil, le domicile est au lieu du principal établissement ; or, en principe, ce qui est principal est unique. L'intérêt du domicile est d'identifier et de localiser une personne. Comme pour le nom, l'objectif d'identification et de localisation n'est atteint que si le domicile est unique.

Le principe de l'unicité du domicile ressort également de l'article 103 du Code civil selon lequel l'acquisition d'un nouveau domicile suppose l'abandon de l'ancien.
Ce principe admet toutefois des exceptions, pour les personnes physiques comme pour les personnes morales : les domiciles spéciaux **(1)**, l'élection du domicile (art. 111 C. civ.) **(2)**, la théorie des gares principales (Cass. req., 19 juin 1876, *S.*, 1876, I, p. 383) **(3)**.

1. Certains domiciles sont dits spéciaux car ils sont limités à l'exercice de certains droits ou au lien avec certaines personnes : domicile de secours (où une personne reçoit une assistance médicale), domicile commercial (où a lieu l'activité industrielle et commerciale), domicile matrimonial (où peut être célébré le mariage), domicile conjugal (où les époux s'établissent), domicile électoral (où la personne exerce son droit de vote)…
2. Il y a élection d'un domicile, par exemple, lorsque des parties à un acte juridique choisissent un lieu autre que le domicile réel pour l'exécution de cet acte ou lorsqu'un plaideur se domicilie en un lieu autre que son domicile réel (au cabinet de son avocat) afin que les actes de la procédure soient valablement notifiés au domicile élu (art. 751 CPC).
3. La théorie des gares principales facilite l'assignation des personnes morales en permettant d'intenter une action devant la juridiction dans le ressort de laquelle se trouve une succursale ayant des services administratifs (art. 43 CPC).

L'alinéa 1er de l'article 102 du Code civil pose clairement les caractères du domicile. Lorsqu'une personne n'a qu'un seul centre d'activité, ce dernier est systématiquement son établissement principal, au sens de l'article 102 du Code civil, et donc son domicile. La question est plus délicate lorsque l'individu a plusieurs centres d'intérêts. La jurisprudence se réfère alors aux critères sous-entendus dans cet article pour déterminer le domicile de la personne.

II. Les critères du domicile

Deux éléments doivent être réunis pour déterminer le domicile d'une personne : un élément matériel **(A)** et un élément intentionnel **(B)**.

A. La matérialité

Le critère matériel (le *factum*) est objectif. Il correspond au fait d'être installé dans un lieu et d'y exercer « ses droits civils ». La nécessité de l'élément matériel, pour déterminer le domicile, a pour objectif de ne retenir que les domiciles réels, et d'écarter les domiciles fictifs telles de simples boîtes postales où la personne n'est pas présente, physiquement, et n'exerce aucun droit. L'objectif est de limiter les fraudes. La Cour de cassation a ainsi énoncé : « Le domicile est le lieu où une personne a choisi de façon réelle et effective de s'installer » (Cass. 2e civ., 4 novembre 1965, *Bull. civ.* II, n° 844). Les tribunaux ont par exemple admis que le domicile d'un salarié qui se déplaçait au gré des chantiers était sa caravane (CA Paris, 28 juin 1985, Lamy Droit des personnes et de la famille, n° 288-41).

Le critère matériel ne suffit pas pour définir le principal établissement d'une personne, c'est-à-dire son domicile. Les juges tiennent également compte de l'intention de la personne.

B. La volonté

Le critère intentionnel (l'*animus*) est subjectif. Il s'agit de la volonté qu'a la personne de choisir un lieu et d'y rester. En énonçant que le domicile est au lieu où tout Français « a son principal établissement », le législateur a sous-entendu : le lieu où tout Français « choisit d'avoir son principal établissement ». Le critère intentionnel permet de déterminer le domicile des personnes qui possèdent plusieurs établissements dans lesquels elles se trouvent effectivement régulièrement. Il en est par exemple ainsi lorsqu'un homme partage son temps entre la région dans laquelle il travaille et celle dans laquelle vit sa famille. Les juges tiennent compte des manifestations expresses ou tacites de volonté, des relations familiales, des intérêts matériels, de l'exercice de certains droits ou de l'accomplissement de certaines obligations.

Le critère intentionnel permet ainsi de distinguer le domicile de la résidence ou de l'habitation. Contrairement au domicile, la résidence ou l'habitation est le lieu où une personne séjourne de manière non définitive. La personne est bien dans cet endroit (*factum*) mais n'a pas l'intention d'y rester. L'*animus* fait défaut.

La localisation du domicile est donc une question de fait qui relève de l'appréciation souveraine des juges du fond. Ceux-ci se fondent sur les caractères et les critères du domicile ressortant de l'article 102, alinéa 1er, du Code civil. La Cour de cassation n'exerce qu'un simple contrôle, pour s'assurer que ces derniers ont motivé leur décision.

Cass. ass. plén., 11 décembre 1992, *Bull. civ.*, n° 13 (arrêt n° 1)

Sur le moyen unique :

Vu l'article 8 de la Convention européenne de sauvegarde des droits de l'homme et des libertés fondamentales, les articles 9 et 57 du Code civil et le principe de l'indisponibilité de l'état des personnes ;

Attendu que lorsque, à la suite d'un traitement médico-chirurgical, subi dans un but thérapeutique, une personne présentant le syndrome du transsexualisme ne possède plus tous les caractères de son sexe d'origine et a pris une apparence physique la rapprochant de l'autre sexe, auquel correspond son comportement social, le principe du respect dû à la vie privée justifie que son État civil indique désormais le sexe dont elle a l'apparence ; que le principe de l'indisponibilité de l'état des personnes ne fait pas obstacle à une telle modification ;

Attendu que M. René X..., né le 3 mars 1957, a été déclaré sur les registres de l'État civil comme étant du sexe masculin ; que, s'étant depuis l'enfance considéré comme une fille, il

Préparation

1 Identifier

2 Analyser

3 Apprécier l'arrêt

4 Élaborer un plan

s'est, dès l'âge de 20 ans, soumis à un traitement hormonal et a subi, à 30 ans, l'ablation de ses organes génitaux externes avec création d'un néo-vagin ; qu'à la suite de cette opération, il a saisi le tribunal de grande instance de demandes tendant à la substitution, sur son acte de naissance, de la mention « sexe féminin » à celle de « sexe masculin » ainsi qu'au changement de son prénom ; que le Tribunal a décidé que M. X... se prénommerait Renée, mais a rejeté ses autres prétentions ; que l'arrêt attaqué a confirmé la décision des premiers juges aux motifs que la conviction intime de l'intéressé d'appartenir au sexe féminin et sa volonté de se comporter comme tel ne sauraient suffire pour faire reconnaître qu'il était devenu une femme, et que le principe de l'indisponibilité de l'état des personnes s'opposait à ce qu'il soit tenu compte des transformations obtenues à l'aide d'opérations volontairement provoquées ;

Attendu, cependant, que la cour d'appel a d'abord constaté, en entérinant les conclusions de l'expert-psychiatre commis par le Tribunal, que M. X... présentait tous les caractères du transsexualisme et que le traitement médico-chirurgical auquel il avait été soumis lui avait donné une apparence physique telle que son nouvel état se rapprochait davantage du sexe féminin que du sexe masculin ; qu'elle a énoncé, ensuite, que l'insertion sociale de l'intéressé était conforme au sexe dont il avait l'apparence ; d'où il suit qu'en statuant comme elle l'a fait, elle n'a pas tiré de ses constatations les conséquences légales qui s'en déduisaient ;

Et attendu qu'il y a lieu, conformément à l'article 627, alinéa 2, du nouveau Code de procédure civile, de mettre fin au litige en appliquant la règle de droit appropriée ;

PAR CES MOTIFS :
CASSE ET ANNULE, l'arrêt rendu le 15 novembre 1990, entre les parties, par la cour d'appel d'Aix-en-Provence ;
DIT n'y avoir lieu à renvoi ;
DIT que Renée X..., née le 3 mars 1957 sera désignée à l'État civil comme de sexe féminin.

1 Identification de l'arrêt

Date. Le 11 décembre 1992.

Juridiction. L'Assemblée plénière de la Cour de cassation.
Il s'agit donc :

- d'un arrêt tranchant une question de droit délicate ;
- d'un arrêt datant de plus d'une vingtaine d'années.

Rappel : L'Assemblée plénière est une formation de la Cour de cassation comprenant des représentants des cinq chambres civiles et de la chambre criminelle, sous la présidence du Premier président. Sa saisine peut être obligatoire ou facultative.

- **Obligatoire : lorsque la juridiction de renvoi ne s'est pas inclinée devant la position de la Cour de cassation et qu'un second pourvoi est formé, fondé sur les mêmes moyens que le premier ;**
- **Facultative : lorsqu'il existe des divergences entre les solutions des juges du fond ou entre les juges du fond et la Cour de cassation.**

La décision prise par l'Assemblée plénière s'impose à la juridiction de renvoi.

2 Analyse de l'arrêt

Structure de l'arrêt L'analyse de l'arrêt consiste à en rechercher la structure pour constituer la « fiche de l'arrêt » ou « fiche de jurisprudence ».

Cass. ass. Plén., 11 décembre 1992, *Bull. civ.*, n° 13 (arrêt n° 1)

L'action a 1 seul fondement	Sur le moyen unique :
Visa	Vu l'article 8 de la Convention européenne de sauvegarde des droits de l'homme et des libertés fondamentales, les articles 9 et 57 du Code civil et le principe de l'indisponibilité de l'état des personnes ;
Attendu de principe	Attendu que lorsque, à la suite d'un traitement médico-chirurgical, subi dans un but thérapeutique, une personne présentant le syndrome du transsexualisme ne possède plus tous les caractères de son sexe d'origine et a pris une apparence physique la rapprochant de l'autre sexe, auquel correspond son comportement social, le principe du respect dû à la vie privée justifie que son État civil indique désormais le sexe dont elle a l'apparence ; que le principe de l'indisponibilité de l'état des personnes ne fait pas obstacle à une telle modification ;
Faits	Attendu que M. René X..., né le 3 mars 1957, a été déclaré sur les registres de l'État civil comme étant du sexe masculin ; que, s'étant depuis l'enfance considéré comme une fille, il s'est, dès l'âge de 20 ans, soumis à un traitement hormonal et a subi, à 30 ans, l'ablation de ses organes génitaux externes avec création d'un néo-vagin ;
Initiative de la procédure	qu'à la suite de cette opération, il a saisi le tribunal de grande instance
Objet de la requête	de demandes tendant à la substitution, sur son acte de naissance, de la mention « sexe féminin » à celle de « sexe masculin » ainsi qu'au changement de son prénom ;
Solution du Tribunal	que le Tribunal a décidé que M. X... se prénommerait Renée, mais a rejeté ses autres prétentions ;
Solution de la Cour d'appel	que l'arrêt attaqué a confirmé la décision des premiers juges
Argument de la Cour d'appel	aux motifs que la conviction intime de l'intéressé d'appartenir au sexe féminin et sa volonté de se comporter comme tel ne sauraient suffire pour faire reconnaître qu'il était devenu une femme, et que le principe de l'indisponibilité de l'état des personnes s'opposait à ce qu'il soit tenu compte des transformations obtenues à l'aide d'opérations volontairement provoquées ;
Éléments retenus par la Cour d'appel et examinés par la Cour de cassation	Attendu, cependant, que la cour d'appel a d'abord constaté, en entérinant les conclusions de l'expert-psychiatre commis par le Tribunal, que M. X... présentait tous les caractères du transsexualisme et que le traitement médico-chirurgical auquel il avait été soumis lui avait donné une apparence physique telle que son nouvel état se rapprochait davantage du sexe féminin que du sexe masculin ; qu'elle a énoncé, ensuite, que l'insertion sociale de l'intéressé était conforme au sexe dont il avait l'apparence ;
Solution de la Cour de cassation	d'où il suit qu'en statuant comme elle l'a fait, elle n'a pas tiré de ses constatations les conséquences légales qui s'en déduisaient ; Et attendu qu'il y a lieu, conformément à l'article 627, alinéa 2, du nouveau Code de procédure civile, de mettre fin au litige en appliquant la règle de droit appropriée ;
Dispositif	PAR CES MOTIFS : CASSE ET ANNULE, l'arrêt rendu le 15 novembre 1990, entre les parties, par la cour d'appel d'Aix-en-Provence ; DIT n'y avoir lieu à renvoi ; DIT que Renée X..., née le 3 mars 1957 sera désignée à l'État civil comme de sexe féminin.

Fiche de l'arrêt

(Cinq rubriques, quelle que soit la décision à commenter)

1 Faits

René X..., né le 3 mars 1957, a été déclaré sur les registres de l'État civil comme étant du sexe masculin. Dès l'enfance, il s'est considéré comme une fille. À partir de l'âge de 20 ans, il s'est soumis à un traitement hormonal. À 30 ans, il a subi l'ablation de ses organes génitaux externes avec création d'un néo-vagin.

2 Procédure

À la suite de cette opération, René X... a demandé que son état civil soit doublement modifié :

1. que la mention « sexe masculin » soit remplacée par la mention « sexe féminin » ;
2. que son prénom masculin soit remplacé par un prénom féminin.

→ Le tribunal a accepté de changer le prénom René en Renée mais a refusé de modifier la mention du sexe à l'état civil.

→ La Cour d'appel a confirmé le jugement du tribunal.

→ Renée X... s'est pourvu(e) en cassation.

3 Arguments des parties (les héritiers)

a. Arguments de la cour d'appel et du défendeur au pourvoi (le procureur)

- la conviction intime de l'intéressé d'appartenir au sexe féminin et sa volonté de se comporter comme tel ne suffisent pas pour faire reconnaître qu'il est devenu une femme ;
- le principe de l'indisponibilité de l'état des personnes s'oppose à ce qu'il soit tenu compte des transformations obtenues à l'aide d'opérations volontairement provoquées.

b. Arguments du demandeur au pourvoi (Renée X...)

- le refus de modifier la mention de son sexe, sur son état civil, porte atteinte au principe du respect de la vie privée (article 8 de la Convention européenne de sauvegarde des droits de l'homme et des libertés fondamentales et article 9 du Code civil) ;
- le principe de l'indisponibilité de l'état des personnes ne fait pas obstacle à une telle modification.

4 Problème juridique

L'arrêt comportant un attendu de principe, vous pouvez mettre celui-ci à la forme interrogative, même si cela aboutit à un problème juridique de plusieurs lignes. Dans tous les cas, veillez à employer des termes juridiques.
Le problème juridique doit être une question de droit et non une question de fait. Par exemple, la question : « Renée X... a-t-elle le droit de voir la mention de son sexe modifiée sur son état civil ? » est une question de fait et non une question de droit. Ce n'est pas un problème juridique.

Lorsque, à la suite d'un traitement médico-chirurgical, subi dans un but thérapeutique, une personne présentant le syndrome du transsexualisme ne possède plus tous les caractères de son sexe d'origine et a pris une apparence physique la rapprochant de l'autre sexe, auquel correspond son comportement social, le refus de modifier la mention de son sexe, sur son état civil, porte-t-il atteinte au principe du respect dû à la vie privée et au principe de l'indisponibilité de l'état des personnes ?

.../...

5 Solution

Lorsqu'à la suite d'un traitement médico-chirurgical subi dans un but thérapeutique, une personne présentant le syndrome du transsexualisme ne possède plus tous les caractères de son sexe d'origine et a pris une apparence physique la rapprochant de l'autre sexe, auquel correspond son comportement social, le principe du respect dû à la vie privée justifie que son état civil indique désormais le sexe dont elle a l'apparence, le principe de l'indisponibilité de l'état des personnes ne fait pas obstacle à une telle modification.

Dans un premier temps, la cour d'appel a, d'une part, constaté que René X... présentait tous les caractères du transsexualisme et que le traitement médico-chirurgical auquel il avait été soumis lui avait donné une apparence physique telle que son nouvel état se rapprochait davantage du sexe féminin que du sexe masculin, et a, d'autre part, énoncé que l'insertion sociale de l'intéressé était conforme au sexe dont il avait l'apparence.

Or, dans un second temps, la cour a refusé la modification de la mention du sexe sur l'état civil.

Par conséquent, elle n'a pas tiré les conséquences légales de ses constatations. La Cour de cassation a cassé et annulé l'arrêt de la cour d'appel d'Aix-en-Provence du 15 novembre 1990. Les hauts magistrats ont mis fin au litige. Ils n'ont pas renvoyé l'affaire devant une autre cour d'appel et ont ordonné que l'état civil de Renée X... comporte désormais la mention « sexe féminin ».

3 Appréciation de l'arrêt

À l'aide de ce que vous avez appris en cours et de l'ensemble de vos connaissances, vous devez déterminer le sens, la valeur et la portée de l'arrêt.

Le sens de l'arrêt

? Qu'est-ce que les juges ont décidé ? Qu'ont-ils déclaré ? Qu'ont-ils répondu aux parties ? Ont-ils sanctionné ou approuvé la décision de la cour d'appel ou du tribunal ?

Par cet arrêt, la Cour de cassation reconnaît aux transsexuels le droit de modifier leur prénom et la mention de leur sexe sur leur état civil. Elle a cassé l'arrêt attaqué au motif que la cour d'appel n'avait pas tiré les conséquences légales de ses constatations.

Comme l'article 627, alinéa 2, du Code de procédure civile le lui permet, la Cour de cassation a mis fin au litige. Elle n'a pas renvoyé l'affaire à une autre cour d'appel et a ordonné la modification de l'état civil de Renée. À présent, l'état civil de cette dernière portera la mention « sexe féminin ».

La valeur de l'arrêt

? Pourquoi les juges ont-ils pris cette décision ? Pouvaient-ils juger autrement ? Quelles règles ont-ils appliquées ? Était-ce prévisible ? Est-ce un revirement de jurisprudence, une décision isolée ?

Pendant longtemps, la Cour de cassation a refusé aux transsexuels le droit de modifier leur état civil (sexe et/ou prénom). Cette attitude a valu à la France d'être condamnée, en mars 1992, par la Cour européenne des droits de l'homme pour violation de l'article 8 (respect de la vie privée) de la Convention européenne des droits de l'homme.

L'arrêt du 11 décembre 1992 est donc un revirement de jurisprudence.

Officieusement, la Cour de cassation a opéré ce revirement pour ne plus être condamnée par la Cour européenne des droits de l'homme.

Officiellement, les hauts magistrats ont estimé que le refus de modifier le prénom portait atteinte au respect dû à la vie privée et au principe de l'indisponibilité de l'état des personnes.

Ils se sont fondés sur :

- l'article 8 de la Convention européenne de sauvegarde des droits de l'homme et des libertés fondamentales ;
- les articles 9 et 57 du Code civil ;
- le principe de l'indisponibilité de l'état des personnes.

Les juges ont toutefois posé de strictes conditions pour accepter la modification de l'état civil. Le demandeur :

- doit avoir subi un traitement médico-chirurgical dans un but thérapeutique ;
- ne doit plus posséder tous les caractères de son sexe d'origine ;
- doit avoir pris une apparence physique le rapprochant de l'autre sexe ;
- doit avoir le comportement social de l'autre sexe.

La portée de l'arrêt

**? Quelles vont être les conséquences de l'arrêt ? Que va-t-il se passer pour les prochaines affaires similaires ? Les parties seront-elles mieux protégées, plus libres ? Sera-t-il plus opportun de se prévaloir d'autres règles de droit ?
Quelle va être la réaction du législateur ? Va-t-il devoir légiférer ?
La jurisprudence risque-t-elle de changer ?**

La reconnaissance du droit des transsexuels a posé et pose encore de nombreux problèmes pratiques et juridiques.
Pendant plusieurs années, la jurisprudence a dû répondre à plusieurs questions. Il a été admis que :

- la rectification de l'état civil d'un transsexuel n'entraînait pas la modification d'autres documents tel l'acte de naissance de l'enfant du transsexuel, établi avant le changement de sexe de ce dernier ;
- un transsexuel pouvait épouser une personne de son sexe d'origine ;
- le changement de sexe d'un époux constituait « une violation grave des obligations et devoirs du mariage rendu impossible du fait de son apparence et de son état physique » et pouvait justifier le prononcé d'un divorce pour faute, aux torts du transsexuel.

Puis, la loi du 18 novembre 2016, de modernisation de la justice du XXIe siècle, a fixé les conditions et les effets du changement de sexe. Les conditions médico-thérapeutiques ont été supprimées. Le fait de ne pas avoir subi des traitements médicaux, une opération chirurgicale ou une stérilisation ne peut motiver le refus de faire droit à la demande (art. 61-6, C. civ.). L'article 61-7 du Code civil prévoit que les modifications de prénoms (la modification du sexe n'est pas visée) corrélatives à une décision de modification de sexe ne sont portées en marge des actes de l'état civil des conjoints et enfants qu'avec le consentement des intéressés ou de leurs représentants légaux.

4 Élaboration du plan

Cet arrêt constitue un revirement de jurisprudence particulièrement important puisqu'il a été rendu par l'Assemblée plénière de la Cour de cassation. Cela doit impérativement ressortir dans le **I**. Classiquement, vous pouvez étudier la nouvelle solution dans le **I B** et le droit antérieur dans le **I A**.

La solution remontant déjà à quelques années, ses conséquences ont déjà apparu. Dans un premier temps, il est revenu à la jurisprudence d'apporter certaines précisions et de poser certaines limites. En 2016, le législateur a fini par énoncer ces effets, dans le Code civil. Vous pouvez les étudier dans le **II**. Pour distinguer le **II A** et le **II B**, vous pouvez trier les conséquences ou les limites immédiates et médiates, celles relatives au transsexuel et celles concernant son entourage.

Le plan

I. L'évolution de la reconnaissance des transsexuels
- A. Le refus de modification du sexe sur l'état civil des transsexuels
- B. L'acceptation de la modification du sexe sur l'état civil des transsexuels

II. Les limites à la reconnaissance des transsexuels
- A. Les limites relatives au transsexuel
- B. Les limites relatives à l'entourage du transsexuel

Introduction

L'introduction reprend les éléments exposés dans la fiche de l'arrêt en faisant en sorte qu'ils s'enchaînent.

ÉTAPES

① Phrase d'accroche

Après plusieurs années de débats, c'est par un arrêt rendu en Assemblée plénière que la délicate question du changement d'état civil des transsexuels fut finalement tranchée.

② Faits

René X..., né le 3 mars 1957, a été déclaré sur les registres de l'État civil comme étant du sexe masculin. Dès l'enfance, il s'est considéré comme une fille. À partir de l'âge de 20 ans, il s'est soumis à un traitement hormonal. À 30 ans, il a subi l'ablation de ses organes génitaux externes avec création d'un néo-vagin.

③ Procédure

À la suite de cette opération, René X... a demandé que son prénom et la mention de son sexe soient modifiés sur son état civil. Le tribunal a accepté de changer le prénom René en Renée mais a refusé de modifier la mention du sexe à l'état civil. La Cour d'appel ayant confirmé le jugement, dans un arrêt du 15 novembre 1990, Renée X... s'est pourvu(e) en cassation.

④ Arguments des parties

Selon le demandeur au pourvoi, le refus de modifier la mention de son sexe, sur son état civil, portait atteinte au principe du respect de la vie privée (article 8 de la Convention européenne de sauvegarde des droits de l'homme et des libertés fondamentales et article 9 du Code civil) et le principe de l'indisponibilité de l'état des personnes ne faisait pas obstacle à une telle modification. En acceptant le changement de prénom, les juges du fond ont reconnu le transsexualisme de Renée X... Ils n'ont pas tiré les conséquences légales de leur constatation en refusant de modifier la mention relative au sexe.

⑤ Problème juridique

L'Assemblée plénière de la Cour de cassation a eu à répondre à la question suivante : lorsque, à la suite d'un traitement médico-chirurgical, subi dans un but thérapeutique, une personne présentant le syndrome du transsexualisme ne possède plus tous les caractères de son sexe d'origine et a pris une apparence physique la rapprochant de l'autre sexe, auquel correspond son comportement social, le refus de modifier la mention de son sexe, sur son état civil, porte-t-il atteint au principe du respect dû à la vie privée et au principe de l'indisponibilité de l'état des personnes ?

⑥ Solution de l'arrêt à commenter

La Cour de cassation a répondu par l'affirmative.
Les hauts magistrats ont cassé et annulé l'arrêt de la cour d'appel. Ils ont mis fin au litige et ordonné que l'état civil de Renée X... comportât désormais la mention « sexe féminin ».

⑦ Annonce du plan

Cet arrêt est un tournant dans l'évolution de la reconnaissance des transsexuels **(I)**. La jurisprudence, puis la loi, durent en fixer les limites **(II)**.

Développement

I. L'évolution de la reconnaissance des transsexuels

Après plusieurs années de refus, la jurisprudence a accepté, à partir de cet arrêt, de modifier la mention du sexe sur l'état civil des transsexuels.

A. Le refus de modification du sexe sur l'état civil des transsexuels

Au début des années 1970, les médecins n'étaient pas capables de changer le sexe d'une personne, anatomiquement. Les transsexuels se contentaient donc de demander le changement de leur prénom, afin que celui-ci correspondît à leur apparence physique. Cependant, leurs demandes étaient systématiquement rejetées.

Peu à peu, les progrès de la médecine permirent les changements de sexe, anatomiquement. Les transsexuels demandèrent alors la modification de leur prénom et de la mention de leur sexe sur leur état civil. Les juges refusèrent le changement de la mention relative au sexe mais cédèrent pour le prénom. Ils reconnurent l'intérêt légitime des transsexuels à faire coïncider leur prénom avec leur apparence physique à condition, toutefois, qu'il se fut agi d'un prénom neutre c'est-à-dire mixte (CA Paris, 24 février 1978, *JCP*, 1979, II, 19202).

Pendant plusieurs années donc, la Cour de cassation refusa d'accorder aux transsexuels la modification de leur sexe sur leur état civil et limita la modification de leur prénom (Cass. 1re civ., 21 mai 1990, 4 espèces, *JCP*, 1990, II, 21588). Cette attitude valut à la France d'être condamnée par la Cour européenne des droits de l'homme, pour violation de l'article 8 (respect de la vie privée) de la convention européenne des droits de l'homme (CEDH, 25 mars 1992, *D.*, 1993, Jurisp. p. 101).

Par l'arrêt du 11 décembre 1992, l'Assemblée plénière de la Cour de cassation a opéré un revirement de jurisprudence.

B. L'acceptation de modification du sexe sur l'état civil des transsexuels

En 1992, la Cour de cassation a reconnu aux transsexuels le droit de modifier leur prénom et la mention de leur sexe sur leur état civil. La condamnation de la France par la Cour européenne des droits de l'homme, neuf mois auparavant, n'y est probablement pas étrangère.

En constatant, d'une part, que la demanderesse présentait tous les caractères du transsexualisme (traitement médico-chirurgical lui ayant donné une apparence physique la rapprochant davantage du sexe féminin que du sexe masculin – insertion sociale conforme au sexe apparent) et en énonçant, d'autre part, que la conviction intime de l'intéressé(e) d'appartenir au sexe féminin et sa volonté de se comporter comme tel ne suffisait pas pour faire reconnaître qu'il était devenu une femme et que le principe de l'indisponibilité de l'état des personnes s'opposait à ce qu'il soit tenu compte des transformations obtenues à l'aide d'opérations volontairement provoquées, la cour d'appel n'a pas tiré les conséquences légales de ses constatations.

Les hauts magistrats ont estimé que le refus de modifier la mention du sexe portait atteinte au respect dû à la vie privée (article 8 de la Convention européenne de sauvegarde des droits de l'homme et des libertés fondamentales, articles 9 et 57 du Code civil) et que le principe de l'indisponibilité de l'état des personnes ne faisait pas obstacle à cette modification. Il paraissait en effet incohérent d'empêcher une personne de changer la mention de son sexe à l'état civil alors que la science et la justice lui avaient respectivement permis d'abandonner les caractéristiques anatomiques et le prénom correspondant à son sexe d'origine.

Comme l'article 627, alinéa 2, du Code de procédure civile le lui permet, la Cour de cassation a mis fin au litige. Elle n'a pas renvoyé l'affaire devant une autre cour d'appel et a ordonné la modification de l'état civil de Renée. À présent, l'état civil de cette dernière portera la mention « sexe féminin ».

Cette reconnaissance du droit des transsexuels à modifier leur état civil souleva de nombreuses interrogations. La jurisprudence dut en fixer les limites.

N'oubliez pas que l'exercice qui vous est demandé est un commentaire d'arrêt et non une dissertation sur le transsexualisme. Il faut donc, dans le II A au moins, que vous reveniez au cas d'espèce.

II. Les limites à la reconnaissance des transsexuels

Les limites à la reconnaissance des transsexuels concernent l'intéressé, lui-même **(A)**, et son entourage **(B)**.

A. Les limites relatives au transsexuel

Les juges n'ont pas permis aux transsexuels de modifier leur prénom et la mention de leur sexe sur leur état civil dans n'importe quels cas. La rectification de l'état civil des transsexuels est strictement limitée.

Selon la jurisprudence, le demandeur devait :

- avoir subi un traitement médico-chirurgical dans un but thérapeutique ;
- ne plus posséder tous les caractères de son sexe d'origine ;
- avoir pris une apparence physique le rapprochant de l'autre sexe ;
- avoir le comportement social de l'autre sexe.

En l'espèce, les magistrats ont retenu que René X... s'était considéré comme une fille dès l'enfance. À partir de l'âge de 20 ans, il s'est soumis à un traitement hormonal. À 30 ans, il a subi l'ablation de ses organes génitaux externes avec création d'un néo-vagin. Le demandeur présentait ainsi tous les caractères du transsexualisme. Le traitement médico-chirurgical auquel il avait été soumis lui avait donné une apparence physique telle que son nouvel état se rapprochait davantage du sexe féminin que du sexe masculin et son insertion sociale était conforme au sexe dont il avait l'apparence.

René X..., qui avait déjà obtenu la modification de son prénom, remplissait également toutes les conditions pour obtenir la modification de la mention de son sexe sur son état civil.

Pendant plusieurs années, les juges respectèrent strictement ces conditions. Dans des affaires où un transsexuel n'avait pas eu recours à la chirurgie et pour lequel, par conséquent, la transformation physique n'était pas irréversible, les juges ont rejeté la demande de changement de prénom (Cass. 1re civ., 13 février 2013, *Bull. civ.* I, nos 13 et 14).

Puis, en 2016, le législateur a allégé les conditions de changement de sexe. Il a inséré dans le Code civil un article 61-5 selon lequel « Toute personne majeure ou mineure émancipée qui démontre par une réunion suffisante de faits que la mention relative à son sexe dans les actes de l'état civil ne correspond pas à celui dans lequel elle se présente et dans lequel elle est connue peut en obtenir la modification. Les principaux de ces faits, dont la preuve peut être rapportée par tous moyens, peuvent être :

1° Qu'elle se présente publiquement comme appartenant au sexe revendiqué ;

2° Qu'elle est connue sous le sexe revendiqué de son entourage familial, amical ou professionnel ;

3° Qu'elle a obtenu le changement de son prénom afin qu'il corresponde au sexe revendiqué ».

Les conditions médico-thérapeutiques ont été supprimées. Le fait de ne pas avoir subi des traitements médicaux, une opération chirurgicale ou une stérilisation ne peut motiver le refus de faire droit à la demande (art. 61-6, C. civ.)

B. Les limites relatives à l'entourage du transsexuel

Le changement de prénom et de sexe sur l'état civil des transsexuels emporte de nombreuses conséquences. Les juges ont eu à se prononcer sur certaines d'entre elles, notamment à propos des enfants et du conjoint du transsexuel.

→ *S'agissant des enfants* que le transsexuel a pu avoir avant son changement de sexe, les juges ont décidé que la rectification de l'état civil de leur parent n'entraînait pas la modification de leur propre acte de naissance (CA Rennes, 16 octobre 2012, n° 11/08743). Cette solution, qui doit être approuvée, a été reprise, à l'article 61-8 du Code civil, créé par la loi du 18 novembre 2016. Cela évite que l'enfant du transsexuel apparaisse comme né de deux femmes ou de deux hommes, ce qui peut porter atteinte à sa vie privée. Selon ce même raisonnement, l'article 61-7 du Code civil prévoit que les modifications de prénoms (la modification du sexe n'est pas visée) corrélatives à une décision de modification de sexe ne sont portées en marge des actes de l'état civil des conjoints et enfants qu'avec le consentement des intéressés ou de leurs représentants légaux. Pour les enfants que le transsexuel souhaite avoir après son changement de sexe, rien ne semble interdire, notamment depuis l'ouverture du mariage aux couples homosexuels, de faire droit à une demande conjointe d'adoption ou de procréation médicalement assistée. La situation particulière, désormais possible, où une femme, devenue homme à l'état civil, conçoit, porte et met au monde un enfant ne semble pas s'être encore présentée. En revanche, dans une affaire où un homme, devenu femme à l'état civil, avait conservé et utilisé ses capacités reproductives masculines pour concevoir un enfant avec son épouse, une cour d'appel avait imaginé, pour la transcription de cette filiation à l'état civil, la mention « parent biologique ». En septembre 2020, la Cour de cassation a cassé cette décision (Cass. 1re civ., 16 septembre 2020, nos 18-50.080 et 19-11.251).

→ *S'agissant du conjoint* que le transsexuel a pu avoir avant de changer de sexe, la question s'est posée de savoir si ce dernier pouvait demander la nullité du mariage ou le divorce.

- Pour la nullité du mariage, la réponse est négative. Dès lors que toutes les conditions de formation ont été respectées lors de sa célébration, celui-ci ne peut pas être annulé.
- Pour le divorce, les juges ont fait preuve de compréhension. Si le transsexuel ne veut pas divorcer à l'amiable, ils ont permis à son conjoint de demander un divorce pour faute. Sans poser expressément le transsexualisme comme une faute, les juges ont énoncé (à l'époque où le mariage homosexuel était interdit) qu'il fallait « *un responsable à l'obligatoire séparation qui ne peut être que le transsexuel, quand bien même sa volonté n'y serait pour rien* » (CA Nîmes, 7 juin 2000, *Dr. fam.*, 2001, n° 4). Ce n'est pas le transsexualisme en lui-même qui constitue une faute, mais l'absence de prise en compte des implications conjugales générées par le nouveau statut (TGI Caen, 28 mai 2001, *Dr. fam.*, 2002, n° 42).

Concernant l'époux que le transsexuel peut avoir, après son changement de sexe, la Cour européenne des droits de l'homme a admis qu'il pouvait s'agir d'une personne du sexe d'origine du transsexuel (CEDH, 11 juillet 2002, *D.*, 2002, IR p. 2305).
Dans les rapports de couple, seul le nouveau sexe du transsexuel est pris en compte. S'agissant des rapports parents-enfants, en revanche, le sexe d'origine du transsexuel n'est pas totalement occulté.

3 Cas pratique

sur le prénom, le nom et ses accessoires

Monsieur et Madame Lellaifan ont deux fils

Il y a plusieurs années, Arthur Lellaifan a eu un fils avec sa secrétaire, Loana. À sa naissance, l'enfant ne fut reconnu que par sa mère. Ayant beaucoup d'humour (et pensant que son patron ne reconnaîtrait pas l'enfant), celle-ci décida de le prénommer Babar. Ce n'est que deux ans plus tard que Babar prit le nom de famille d'Arthur, celui-ci s'étant décidé à épouser sa secrétaire.

À cause de son prénom et de son nom, l'enfant fut l'objet de railleries dès la maternelle. L'année prochaine, la famille va déménager dans une autre région. Babar compte profiter de ce changement de collège pour retrouver un peu d'anonymat. Il veut bien conserver son nom de famille mais tient absolument à changer de prénom.

Arthur et Loana sont sur le point d'avoir un second fils. Loana tient absolument à l'appeler Tom, en hommage à son propre père, récemment décédé. Cependant, Loana n'a plus autant d'humour qu'à l'époque de la naissance de Babar. Elle craint que ce prénom ne soit pas accepté à cause du jeu de mots : « Lellaifan Tom = Le laid fantôme » !

Brillant collaborateur dans un célèbre cabinet d'avocat, vous recevez Arthur pour une consultation. Celui-ci souhaiterait savoir si son premier fils peut changer de prénom et s'il peut prénommer son second enfant Tom. Il vous informe que si cela n'était pas possible, il envisagerait de changer de nom de famille.

Préparation

1 Analyser les faits

2 Rechercher les problèmes juridiques

3 Rechercher les éléments de réponse

1 Analyse des faits

Repérage des faits importants

Il y a plusieurs années, Arthur Lellaifan a eu un fils avec sa secrétaire, Loana. À sa naissance, l'enfant ne fut reconnu que par sa mère. Ayant beaucoup d'humour (et pensant que son patron ne reconnaîtrait pas l'enfant), celle-ci décida de le prénommer Babar. Ce n'est que deux ans plus tard que Babar prit le nom de famille d'Arthur, celui-ci s'étant décidé à épouser sa secrétaire.

À cause de son prénom et de son nom, l'enfant fut l'objet de railleries dès la maternelle. L'année prochaine, la famille va déménager dans une autre région. Babar compte profiter de ce changement de collège pour retrouver un peu d'anonymat. Il veut bien conserver son nom de famille mais tient absolument à changer de prénom.

Arthur et Loana sont sur le point d'avoir un second fils. Loana tient absolument à l'appeler Tom, en hommage à son propre père, récemment décédé. Cependant, Loana n'a plus autant d'humour qu'à l'époque de la naissance de Babar. Elle craint que ce prénom ne soit pas accepté à cause du jeu de mots : « Lellaifan Tom = Le laid fantôme » !

Brillant collaborateur dans un célèbre cabinet d'avocat, vous recevez Arthur pour une consultation. Celui-ci souhaiterait savoir si son premier fils peut changer de prénom et s'il peut prénommer son second enfant Tom. Il vous informe que si cela n'était pas possible, il envisagerait de changer de nom de famille.

Qualification juridique des faits

- **Arthur a eu un fils avec sa secrétaire :** enfant né d'un couple non marié
- **l'enfant ne fut reconnu que par sa mère :** enfant n'ayant pas, à sa naissance, de filiation paternelle – enfant portant le nom de sa mère (raison pour laquelle l'officier d'état civil a pu accepter le prénom « Babar » : absence de jeu de mots)
- **deux ans plus tard, Babar prit le nom de famille d'Arthur, celui-ci s'étant décidé à épouser sa secrétaire :** enfant probablement légitimé par le mariage de ses parents et ayant pris le nom de son père
- **l'objet de railleries dès la maternelle :** intérêt légitime à changer de prénom
- **Babar compte profiter de ce changement de collège :** l'enfant a entre onze et quinze ans, environ, c'est un mineur
- **[le mineur] tient absolument à changer de prénom :** volonté du mineur de changer de prénom
- **que ce prénom ne soit pas accepté à cause du jeu de mots :** « Lellaifan Tom = Le laid fantôme » ! : prénom et nom du nouveau-né pouvant paraître contraire à l'intérêt de l'enfant, officier de l'état civil risquant d'en aviser le procureur de la République

2 Recherche des (ou du) problèmes juridiques

Babar Lellaifan, jeune adolescent, souhaite changer de prénom.
Question : À quelles conditions un mineur peut-il changer de prénom ?

Monsieur et Madame Lellaifan veulent appeler leur prochain enfant Tom.
Question : Les parents sont-ils totalement libres dans le choix des prénoms de leur enfant ?

Monsieur Lellaifan est prêt à changer de nom pour que ses fils ne soient pas ou plus ridicules.
Question : À quelles conditions un individu peut-il changer de nom de famille ?

3 Recherche des éléments de réponse

Le changement de prénom d'un mineur

Art. 60 C. civ. « Toute personne peut demander à l'officier de l'état civil à changer de prénom. La demande est remise à l'officier de l'état civil du lieu de résidence ou du lieu où l'acte de naissance a été dressé. S'il s'agit d'un mineur ou d'un majeur en tutelle, la demande est remise par son représentant légal. L'adjonction, la suppression ou la modification de l'ordre des prénoms peut également être demandée.

Si l'enfant est âgé de plus de treize ans, son consentement personnel est requis.

La décision de changement de prénom est inscrite sur le registre de l'état civil.

S'il estime que la demande ne revêt pas un intérêt légitime, en particulier lorsqu'elle est contraire à l'intérêt de l'enfant ou aux droits des tiers à voir protéger leur nom de famille, l'officier de l'état civil saisit sans délai le procureur de la République. Il en informe le demandeur. Si le procureur de la République s'oppose à ce changement, le demandeur, ou son représentant légal, peut alors saisir le juge aux affaires familiales. »

Exemples de jurisprudence

Changements admis

Théophane en Stéphane, rareté du prénom entraînant des erreurs chez les tiers.

CA Basse-Terre, 8 décembre 1997, Juris-data n° 055004.

Rosette en Nelly, jeune fille habitant à Lyon, où la rosette est un saucisson réputé, les tiers l'appelant depuis longtemps Nelly.

CA Paris, 22 mars 2001, *RTD civ.*, 2001, p. 559.

Mélanie en Cynthia, peu après la naissance, les parents (d'origine libanaise et de confession orthodoxe) ayant réalisé que le prénom Mélanie était synonyme de malheur en grec et que sa prononciation, au Liban, évoquait une grosse femme.

TGI Lille, 18 décembre 2003, *D.*, 2004, Jurisp. p. 2675.

Brigitte en Bibi-Marie, personne ayant la double nationalité (Française et Suisse), changement déjà admis en Suisse.

Cass. 1re civ., 25 octobre 2005, *Gaz. Pal.*, 2005, n° 364-365, p. 2.

Changements refusés

Jean en Charles, « Jean » n'étant pas considéré comme ridicule, même si le demandeur vivait en Angleterre où Jean est un prénom féminin.

Cass. 1re civ., 22 février 1972, *Bull. civ.* I, n° 55.

Édith Catherine en Ed-Cath, refus de substituer un diminutif au prénom même si la demanderesse a toujours été appelée ainsi.

Cass. 1re civ., 20 février 1996, *Bull. civ.* I, n° 98.

Grâce Marie en Miriam, le fait de porter un prénom français n'interdisant pas de pratiquer la religion hébraïque et de revenir à ses racines.

Cass. 1re civ., 18 janvier 2007, *RJPF*, 2007-4/14.

Le choix du prénom du nouveau-né

Art. 57 C. civ. « (...) Les prénoms de l'enfant sont choisis par ses père et mère. (...) L'officier de l'état civil porte immédiatement sur l'acte de naissance les prénoms choisis. Tout prénom inscrit dans l'acte de naissance peut être choisi comme prénom usuel.

Lorsque ces prénoms ou l'un d'eux, seul ou associé aux autres prénoms ou au nom, lui paraissent contraires à l'intérêt de l'enfant ou au droit des tiers à voir protéger leur (L. n° 2002-304 du 4 mars 2002) « nom de famille », l'officier de l'état civil en avise sans délai le procureur de la République. Celui-ci peut saisir le juge aux affaires familiales.

« Si le juge estime que le prénom n'est pas conforme à l'intérêt de l'enfant ou méconnaît le droit des tiers à voir protéger leur (L. n° 2002-304 du 4 mars 2002) « nom de famille », il en ordonne la suppression sur les registres de l'état civil. Il attribue, le cas échéant, à l'enfant un autre prénom qu'il détermine lui-même à défaut par les parents d'un nouveau choix qui soit conforme aux intérêts susvisés. Mention de la décision est portée en marge des actes de l'état civil de l'enfant. »

Exemples de jurisprudence

Prénoms admis

Tokalie, dénomination d'un monument religieux, dépourvu de toute consonance ridicule, ou péjorative, ou complexe.

CA Caen, 30 avril 1998, *BICC*, n° 490, arrêt n° 422 ; *RTD civ.* 1999, p. 813.

Zébulon, pas d'apparence ridicule, péjorative ou grossière, pas complexe, pas de référence à un personnage déconsidéré de l'histoire ou de la littérature.

CA Besançon, 18 novembre 1999, *D.*, 2001, Jurisp. p. 1133.

Mégane, choisi par les parents sans arrière-pensée, même si, associé au nom patronymique Renault, rappelle un modèle de voiture, inconvénient appelé à disparaître alors que le changement serait préjudiciable à l'enfant.

CA Rennes, 4 mai 2000, *JCP*, 2001, IV, 2655.

Fañch, dès lors que cette orthographe ne porte atteinte ni au principe de rédaction des actes publics en langue française ni à l'article 2 de la Constitution française.

CA Rennes, 19 novembre 2018, n° 17/07569.

Prénoms refusés

Gillou et *Titeuf,* trop enfantins.

CA Lyon, 3 mars 1981, *RTD civ.*, 1981, p. 831 ; Cass. 1re civ., 15 février 2012, *Bull. civ.* I, n° 32.

Martí, « i » avec un accent non conforme à l'alphabet romain utilisé dans les actes authentiques.

CA Montpellier, 26 novembre 2001, *Dr. fam.*, 2002, n° 120.

Lagarosse, ce vocable, en réalité le nom de famille de la compagne de la mère homosexuelle, ayant été jugé « étrange ».

TGI Bordeaux, 20 mars 2008, *RTD civ.*, 2008, p. 270.

MJ, dès lors qu'il ne s'agit pas d'un prénom mais de « lettres » ou d'« initiales »

CA Amiens, 13 décembre 2012, RG : 12/02281.

Le changement de nom de famille

Art. 61 C. civ. « Toute personne qui justifie d'un intérêt légitime peut demander à changer de nom.

La demande de changement de nom peut avoir pour objet d'éviter l'extinction du nom porté par un ascendant ou un collatéral du demandeur jusqu'au quatrième degré.

Le changement de nom est autorisé par décret. »

Art. 61-1 C. civ. « Tout intéressé peut faire opposition devant le Conseil d'État au décret portant changement de nom dans un délai de deux mois à compter de sa publication au Journal officiel.

Un décret portant changement de nom prend effet, s'il n'y a pas eu d'opposition, à l'expiration du délai pendant lequel l'opposition est recevable ou, dans le cas contraire, après le rejet de l'opposition. »

Art. 61-2 C. civ. « Le changement de nom s'étend de plein droit aux enfants du bénéficiaire lorsqu'ils ont moins de treize ans. »

Art. 61-3 C. civ. « Tout changement de nom de l'enfant de plus de treize ans nécessite son consentement personnel lorsque ce changement ne résulte pas de l'établissement ou d'une modification d'un lien de filiation.

L'établissement ou la modification du lien de filiation n'emporte cependant le changement du (L. n° 2002-304 du 4 mars 2002) « nom de famille » des enfants majeurs que sous réserve de leur consentement. »

Art. 61-4 C. civ. « Mention des décisions de changement de prénoms et de nom est portée en marge des actes de l'état civil de l'intéressé et, le cas échéant, de ceux de son conjoint, de son partenaire lié par un pacte civil de solidarité et de ses enfants. (...) »

Exemples de jurisprudence

Changements admis

Monsieur Salope, nom jugé grossier.

CE 6 avril 1979, *Rec.*, p. 738.

Messieurs Couillon et Troccon, noms jugés grossiers.

Décret 25 mars 2003, portant changement de nom, *JO*, 27 mars, p. 5445.

Changements refusés

Madame Blaszezykowska, nom étranger.

Décret 25 mars 2003, précité.

Monsieur Brestovschi, nom jugé non ridicule.

CAA Paris, 9 février 1999, n° 97PA03640.

Introduction

L'introduction (assez courte) comporte plusieurs étapes.

ÉTAPES

① **Annonce du thème visé par le cas pratique**

La formule « Monsieur et Madame ont un fils », à l'origine de nombreuses devinettes, peut parfois conduire devant le juge.

② **Résumé et qualification juridique des faits**

Monsieur et Madame Lellaifan ont un fils et vont en avoir un second. Le premier, Babar, ne supporte plus les moqueries de ses camarades. Il souhaite changer de prénom. Pour le second, pas encore né, le couple tient absolument au prénom Tom, mais craint que le jeu de mots « Le laid fantôme » ne soit un obstacle à ce choix. Si Babar ne peut pas changer de prénom et si le cadet ne peut se prénommer « Tom », le couple envisage de changer de nom de famille.

③ **Problème posé par les faits**

Ces évènements ont conduit le père des enfants, Arthur, à consulter un professionnel afin d'obtenir des informations sur les conditions de changement de nom et de prénom, ainsi que sur l'étendue du libre choix, par les parents, du prénom de leur nouveau-né.

④ **Annonce du plan**

Il conviendra donc de répondre à Arthur en envisageant le changement du prénom de Babar **(I)**, la possibilité de prénommer le second enfant « Tom » **(II)** et, enfin, le changement de nom de la famille **(III)**.

Le cas pratique étant présenté sous forme de consultation, vous ne devez pas faire un plan théorique en deux parties et quatre sous-parties, mais répondre à la personne qui vient vous demander conseil en reprenant ses questions, une à une.

Dans tous les cas, vous devez justifier vos réponses. Celles-ci doivent être construites en trois parties :
- **les faits de l'espèce ;**
- **la règle de droit applicable ;**
- **la solution.**

Développement

I. Le changement de prénom de Babar

Les faits de l'espèce
À cause de son nom et surtout de son prénom, Babar a fait l'objet de railleries, de la part de ses camarades, dès l'école maternelle. À présent, il est au collège et souffre de cette situation. S'il supporte son nom de famille, il tient à changer de prénom.

La règle de droit applicable
Selon l'article 60 du Code civil : « Toute personne peut demander à l'officier de l'état civil à changer de prénom. La demande est remise à l'officier de l'état civil du lieu de résidence ou du lieu où l'acte de naissance a été dressé. S'il s'agit d'un mineur ou d'un majeur en tutelle, la demande est remise par son représentant légal. L'adjonction, la suppression ou la modification de l'ordre des prénoms peut également être demandée.
Si l'enfant est âgé de plus de treize ans, son consentement personnel est requis.
La décision de changement de prénom est inscrite sur le registre de l'état civil.
S'il estime que la demande ne revêt pas un intérêt légitime, en particulier lorsqu'elle est contraire à l'intérêt de l'enfant ou aux droits des tiers à voir protéger leur nom de famille, l'officier de l'état civil saisit sans délai le procureur de la République. Il en informe le demandeur. Si le procureur de la République s'oppose à ce changement, le demandeur, ou son représentant légal, peut alors saisir le juge aux affaires familiales. »

Selon l'article 57, alinéa 2, du Code civil, in fine : « Tout prénom inscrit dans l'acte de naissance peut être choisi comme prénom usuel. ».

Selon la jurisprudence, l'intérêt légitime est constitué lorsque l'enfant porte un prénom ridicule. La cour d'appel de Paris a admis, par exemple, que Rosette, qui habitait la région lyonnaise où la rosette est un saucisson réputé, prenne le prénom de Nelly (CA Paris, 22 mars 2001, *RTD civ.* 2001, p. 559).

La solution
Il est fort probable que l'officier de l'état civil admette que le prénom Babar est ridicule et que le collégien a un intérêt légitime à l'abandonner.
Le Code civil opère une distinction selon que l'enfant a plus ou moins de treize ans. Dans le premier cas, son consentement est requis. En l'espèce, l'âge de Babar n'est pas indiqué. Toutefois, même si ce dernier a plus de treize ans, il consentira certainement au changement puisqu'il est à l'origine de la demande.
Si l'officier de l'état civil, le procureur et le juge aux affaires familiales refusent de supprimer le prénom « Babar » de l'état civil de l'enfant, celui-ci pourra toujours, conformément à l'alinéa 2 de l'article 57 du Code civil, choisir comme prénom usuel un autre prénom inscrit sur son acte de naissance.

II. Le choix du prénom de Tom

Les faits de l'espèce
Monsieur et Madame Lellaifan vont avoir un fils. Ils veulent absolument l'appeler Tom. Cependant, ils craignent que le jeu de mots résultant de l'association de ce prénom avec leur nom de famille (Le laid fantôme) soit un obstacle à ce choix.

La règle de droit applicable
En principe, les parents choisissent librement le prénom de leur enfant.
Selon les alinéas 3 et 4 de l'article 57 du Code civil : Lorsque les prénoms choisis par les parents ou l'un d'eux, seul ou associé aux autres prénoms ou au nom, lui paraissent contraires à l'intérêt de l'enfant ou au droit des tiers à voir protéger leur nom de famille, l'officier de l'état civil en avise sans délai le procureur de la République. Celui-ci peut saisir le juge aux affaires familiales.
Si le juge estime que le prénom n'est pas conforme à l'intérêt de l'enfant ou méconnaît le droit des tiers à voir protéger leur nom de

famille, il en ordonne la suppression sur les registres de l'état civil. Il attribue à l'enfant, le cas échéant, un autre prénom qu'il détermine lui-même à défaut par les parents d'un nouveau choix qui soit conforme aux intérêts susvisés. Mention de la décision est portée en marge des actes de l'état civil de l'enfant.

Selon la jurisprudence, l'intérêt de l'enfant relève de l'appréciation souveraine des juges du fond. Les magistrats lyonnais ont estimé que le prénom Gillou ou Titeuf, trop enfantin, était contraire à l'intérêt de l'enfant (CA Lyon, 3 mars 1981, *RTD civ.*, 1981, p. 831 ; Cass. 1re civ., 15 février 2012, *Bull. civ.* I, n° 32). En revanche, d'autres juges ont considéré que Zébulon n'était pas un prénom d'apparence ridicule, péjorative ou grossière, faisant référence à un personnage déconsidéré de l'histoire ou de la littérature et que, par conséquent, il n'était pas contraire à l'intérêt de l'enfant (CA Besançon, 18 novembre 1999, *D.*, 2001. Jurisp. p. 1133). S'agissant du cas particulier de l'association du nom et du prénom, Monsieur et Madame Renault ont été autorisés à prénommer leur fille Mégane dès lors qu'ils avaient choisi ce prénom sans arrière-pensée. Même si, associé au nom de famille Renault, cela rappelle un modèle de voiture, les juges ont estimé que cet inconvénient était appelé à disparaître (CA Rennes, 4 mai 2000, *JCP*, 2001, IV, 2655).

La solution

Le prénom « Tom », largement répandu, n'est absolument pas ridicule. Le nom « Lellaifan » peut prêter à sourire, qu'il soit associé ou pas au prénom Tom. L'acceptation ou le refus de maintenir le prénom « Tom », sur les registres de l'état civil, dépendra de l'appréciation de trois personnes :

1. l'officier de l'état civil qui peut aviser le procureur de la République si le prénom qu'il a inscrit sur l'acte de naissance de l'enfant lui paraît contraire à l'intérêt de ce dernier ;
2. le procureur de la République qui, pour les mêmes raisons que l'officier de l'état civil, peut saisir le juge aux affaires familiales ;
3. le juge aux affaires familiales qui apprécie, souverainement, si le prénom est contraire à l'intérêt de l'enfant.

Au regard de la jurisprudence récente, il est peu probable que l'association du prénom « Tom » au nom « Lellaifan », même si elle peut prêter à sourire, soit jugée contraire à l'intérêt de l'enfant au point que le juge aux affaires familiales décide de supprimer ce prénom de l'état civil du nouveau-né.

La loi du 4 mars 2002, relative au nom de famille, complétée par la loi du 18 juin 2003, pourrait permettre au couple de donner à Tom le nom de sa mère ou un nom composé du nom de son père et du nom de sa mère, afin que le jeu de mots soit moins « visible » (art. 311-21 C. civ.). Cependant, aucun élément dans le cas pratique ne vous suggère une telle solution. Vous pouvez signaler cette possibilité sans toutefois vous étendre sur le sujet. En effet, vous risquez de perdre du temps à développer une telle hypothèse qui, si elle n'est pas attendue par le correcteur, n'est pas prévue au barème et ne vous rapportera aucun point.

III. Le changement de nom de la famille Lellaifan

Les faits de l'espèce

Monsieur et Madame Lellaifan ont un fils, Babar, et vont en avoir un second, probablement Tom. Babar ne supporte plus de porter un tel prénom qui, seul ou associé avec son nom, déclenche l'hilarité de ses camarades. S'agissant de leur second enfant, les époux Lellaifan veulent absolument l'appeler Tom. Si Babar ne peut pas changer de prénom et si son frère ne peut être prénommé Tom, le couple est prêt à changer de nom de famille.

La règle de droit applicable
Alors que la procédure de changement de prénom est judiciaire, celle relative au changement de nom est administrative. Elle est néanmoins prévue par le Code civil.

Selon l'article 61 du Code civil, « Toute personne qui justifie d'un intérêt légitime peut demander à changer de nom. »

Selon la jurisprudence : les magistrats apprécient souverainement si un nom présente un caractère ridicule conférant au requérant un intérêt légitime à demander son changement (CE, 29 septembre 2003, *Gaz. Pal.*, 2004, Somm. p. 1360). Outre les noms à consonance étrangère, ils acceptent, en principe, le changement de nom grossier ou ridicule. Ainsi, Monsieur Salope put changer de nom (CE, 6 avril 1979, *Rec.*, p. 738), alors que Monsieur Brestovschi ne le put pas (CAA Paris, 9 février 1999, n° 97PA03640).

Pour les enfants du bénéficiaire du changement, le législateur a distingué deux cas :
- s'ils ont moins de treize ans, le changement de nom s'étend de plein droit à eux (art. 61-2 C. civ.) ;
- s'ils ont plus de treize ans, leur consentement est nécessaire pour que leur nom soit changé (art. 61-3 C. civ.).

Le changement de nom est autorisé par décret (art. 61, al. 3, C. civ.). Pendant un délai de deux mois à compter de la publication de ce décret au Journal officiel, tout intéressé peut faire opposition devant le Conseil d'État (art. 61-1, al. 1, C. civ.).

La solution
Le nom « Lellaifan » n'est ni grossier ni ridicule. C'est l'association des prénoms des fils du couple et de ce nom qui constitue un jeu de mots pouvant paraître ridicule. D'ailleurs, ni Arthur ni Loana ne semble regretter de porter ce nom.
Au regard de la jurisprudence, il est peu probable que les conseillers acceptent de modifier le nom « Lellaifan ». Cela est d'autant plus vraisemblable que Babar, membre de la famille souffrant le plus de la situation, pourra abandonner ce prénom.
Si, toutefois, les conseillers acceptaient de changer le nom « Lellaifan », le changement serait étendu de plein droit à Babar s'il a moins de treize et supposerait son consentement dans le cas contraire.
S'agissant de Tom, le changement lui serait automatiquement applicable.

En conclusion, Arthur peut donc être partiellement rassuré. Son fils aîné, Babar, va probablement pouvoir changer de prénom et son second fils pourra certainement s'appeler Tom. Le couple pourra conserver le nom « Lellaifan » sans que les enfants en souffrent trop.

La conclusion est facultative. Demandez à vos futurs correcteurs (professeurs et chargés de TD) s'ils en souhaitent une.

Chapitre 3

La protection de la personne

1 Commentaire d'article

sur l'émancipation

> **Art. 413-2 C. civ.**
>
> *(L. n° 64-1230 du 14 décembre 1964 ; L. n° 2007-308 du 5 mars 2007)* *(L. n° 74-631 du 5 juillet 1974)* Le mineur, même non marié, pourra être émancipé lorsqu'il aura atteint l'âge de seize ans révolus.
> *(L. n° 93-22 du 8 janvier 1993)* « Après audition du mineur, » cette émancipation sera prononcée, s'il y en a de justes motifs, par le juge des tutelles, à la demande des père et mère ou de l'un d'eux.
>
> Lorsque la demande sera présentée par un seul des parents, le juge décidera, après avoir entendu l'autre, à moins que ce dernier soit dans l'impossibilité de manifester sa volonté. [Ancien article 477 jusqu'au 1er janvier 2009]

Préparation

1 Identifier
2 Analyser
3 Apprécier l'article
4 Élaborer un plan

1 Identification de l'article

Un article est identifié par sa date, son auteur et son support.

Support. Le Code civil.

Date. Tel qu'il est présenté, cet article a été rédigé en plusieurs étapes.

D'abord : l'article à commenter et l'ensemble du chapitre relatif à l'émancipation ont été modifiés par la loi n° 64-1230 du 14 décembre 1964 relative à la tutelle et à l'émancipation (cette loi est référencée au début de l'article dans le Code civil LexisNexis et au début du chapitre dans le Code civil Dalloz).

Ensuite :

- *le premier alinéa* a été modifié par la loi n° 74-631 du 5 juillet 1974 fixant à dix-huit ans l'âge de la majorité (vous trouverez cette information à la fin du Code civil) ;
- pour *le deuxième et troisième alinéa,* vous devez être vigilant. La loi référencée entre parenthèses ne concerne que le passage entre guillemets.

Cela signifie que :

- *dans le deuxième alinéa,* le passage « Après audition du mineur » a été ajouté par la loi n° 93-22 du 8 janvier 1993 relative à l'état civil, à la famille et aux droits de l'enfant, ainsi qu'au juge aux affaires familiales ;
- *le reste du deuxième alinéa et le troisième* ont été rédigés en même temps que le premier, par la loi du 5 juillet 1974.

Enfin : la loi n° 2007-308 du 5 mars 2007 relative à la réforme de la protection juridique des majeurs, entrée en vigueur le 1er janvier 2009, a modifié la numérotation de plusieurs passages du Code civil relatifs à la minorité et à la protection juridique des majeurs.

Auteur. Les législateurs de 1974 (pour l'essentiel), de 1993 (pour une précision) et de 2009 (pour la numérotation).

2 Analyse de l'article

L'analyse de l'article consiste à définir ses principaux termes (la glose), dans le sens courant et juridique, et à décortiquer sa structure grammaticale et logique.

La glose

- **Le mineur, :** exclusion des majeurs
- **même non marié, :** tous les mineurs sont concernés, même ceux qui ne sont pas mariés (Rappel : art. 413-1 C. civ. : Le mineur est émancipé de plein droit par le mariage)
- **pourra être émancipé :** simple faculté – absence d'obligation
- **lorsqu'il aura atteint l'âge de seize ans révolus. :** 1re condition (objective) : âge du mineur supérieur à seize ans
- **« Après audition du mineur, » :** 2e condition (à la fois objective et subjective) : recueil du point de vue du mineur obligatoire
- **cette émancipation sera prononcée, :** nécessité d'un jugement
- **s'il y en a de justes motifs, :** 3e condition (subjective) : obligation de motiver la demande – notion floue laissant au juge une marge de manœuvre importante – appréciation souveraine
- **par le juge des tutelles, :** compétence matérielle – juge des tutelles protecteur des incapables
- **à la demande des père et mère :** 4e condition (objective) : personnes compétentes pour initier la procédure
- **ou :** alternatif
- **de l'un d'eux. :** alternative à la 4e condition
- **Lorsque :** annonce une hypothèse
- **la demande sera présentée par un seul des parents, :** renvoi à l'alternative à la 4e condition
- **le juge décidera, :** nécessité d'une décision du juge des tutelles
- **après avoir entendu l'autre, :** condition relative au cas particulier où la demande est présentée par un seul des parents – obligation d'entendre les deux parents
- **moins que ce dernier soit dans l'impossibilité de manifester sa volonté. :** exception au principe de l'audition des deux parents

La structure grammaticale et logique

Analyse grammaticale

L'article est constitué de trois phrases.

La première phrase est composée :

– d'une proposition principale : **« le mineur pourra être émancipé »**

– et de deux subordonnées :
1. **« même non marié »**,
2. **« lorsqu'il aura atteint l'âge de seize ans révolus »**.

La deuxième phrase comporte :

– une proposition principale : **« cette émancipation sera prononcée »**

– et quatre compléments :
1. **« Après audition du mineur, »**
2. **« s'il y en a de justes motifs, »**
3. **« par le juge des tutelles, »**
4. **« à la demande des père et mère ou de l'un d'eux. »**

La troisième phrase est composée :

– d'une proposition principale : **« le juge décidera »** (sous-entendu : d'émanciper le mineur ou pas)

– et de trois compléments :
1. **« Lorsque la demande sera présentée par un seul des parents »**
2. **« après avoir entendu l'autre »**
3. **« à moins que ce dernier soit dans l'impossibilité de manifester sa volonté »**.

Analyse logique

– *Le premier alinéa* énonce la condition pour que la procédure d'émancipation puisse être lancée : le mineur doit avoir atteint l'âge de **« seize ans révolus »**, et apporte une précision : l'émancipation peut être demandée et prononcée **« même s'il est marié »**.

– *Le deuxième alinéa* concerne la procédure d'émancipation. L'initiative doit venir **« des père et mère ou de l'un d'eux »**, la compétence revient au **« juge des tutelles »**, ce dernier doit impérativement procéder à **« l'audition du mineur »** et s'assurer que l'émancipation est demandée pour **« de justes motifs »**.

– *Le troisième alinéa* vise un cas particulier : **« Lorsque la demande sera présentée par un seul des parents, »**. Le législateur a maintenu le principe d'une procédure coparentale : le juge ne peut statuer sans **« avoir entendu l'autre »** parent, en apportant toutefois une exception à ce principe : sauf si ce second parent est **« dans l'impossibilité de manifester sa volonté »**.

3 Appréciation de l'article

Pourquoi cet article a-t-il été écrit ou modifié ?

Parce qu'il est une personne vulnérable, peu à même de gérer son patrimoine, l'enfant est privé de la capacité d'exercice pendant les premières années de sa vie. Il est alors soumis à l'autorité parentale.

Tel était déjà le cas dans le droit romain et sous l'Ancien droit où régnait le *pater familias*. Or, à cette époque déjà, il était apparu nécessaire, dans certains cas, de soustraire le « grand enfant » à la puissance paternelle. Deux modes d'émancipation existaient : l'émancipation par mariage et l'émancipation résultant de la lettre de bénéfice d'âge.

En 1804, les rédacteurs du Code civil y insérèrent le principe de l'émancipation en distinguant également l'émancipation légale (par mariage) et l'émancipation judiciaire (à la demande des parents).

La raison d'être de l'article 413-2 du Code civil (lors de sa première rédaction, comme lors des réformes ultérieures), est de préciser à quelles conditions, de fond comme de forme, un mineur peut être judiciairement émancipé.

Cet article fut progressivement modifié afin de s'adapter à l'évolution de la société.

Quelle solution l'article a-t-il apportée au problème ?

Dès 1804, l'article 413-2 (qui était alors l'article 477) du Code civil a fixé :

- à quel âge un mineur pouvait être émancipé ;
- à la demande de quelle(s) personne(s) ;
- devant quel juge.

Il disposait :

« Le mineur, même non marié, pourra être émancipé par son père, ou, à défaut de père, par sa mère, lorsqu'il aura atteint l'âge de quinze ans révolus.

Cette émancipation s'opérera par la seule déclaration du père ou de la mère, reçue par le juge de paix assisté de son greffier. »

Peu à peu, cet article fut modifié afin de s'adapter à l'évolution de la société (autorité parentale conjointe – majorité fixée à dix-huit ans) et pour insister sur le rôle du juge et l'audition du mineur.

À présent, l'article 413-2 du Code civil prévoit que :

- l'âge minimum, pour être émancipé, est de seize ans révolus ;
- la demande peut provenir des deux parents ou de l'un d'eux, mais les deux doivent être entendus, dans la mesure du possible. Il importe peu que l'autorité parentale soit exercée par les deux parents, conjointement, ou par un seul ;
- le rôle du juge n'est plus limité au simple enregistrement de la demande parentale. Il lui appartient de prononcer l'émancipation. Si le juge estime que cela n'est pas opportun, le mineur n'est pas émancipé. Pour apprécier cette opportunité, le juge doit examiner s'il existe de justes motifs. Cela relève de son appréciation souveraine ;
- le rôle du mineur a également été renforcé. Alors qu'il a pu être totalement écarté de la procédure pendant près de deux siècles, le mineur doit, depuis 1993, être auditionné par le juge.

Comment ont réagi la jurisprudence, la doctrine, les professionnels ?

L'émancipation concerne quelques centaines d'adolescents par an. Le contentieux est peu important. La décision d'émanciper un mineur relevant de l'appréciation souveraine du juge des tutelles, la Cour de cassation est rarement saisie de telles affaires. En pratique, il semble que les magistrats apprécient de plus en plus souplement l'existence de justes motifs, condition indispensable pour qu'un mineur soit émancipé.

4 Élaboration du plan

L'article est composé de trois alinéas d'inégale importance. Vous ne pouvez pas vous inspirer de cette structure pour élaborer le plan du commentaire.

La raison d'être de cet article est de fixer à quelle(s) condition(s) un mineur peut être émancipé. Vous devez donc dresser la liste de ces conditions et les organiser en deux groupes, qui correspondront aux deux parties de votre commentaire.

> *« Le mineur, même non marié, pourra être émancipé lorsqu'il aura atteint l'âge de seize ans révolus* ***(1re condition)****.*
> *Après audition du mineur* ***(2e condition)****, cette émancipation sera prononcée, s'il y en a de justes motifs* ***(3e condition)****, par le juge des tutelles, à la demande des père et mère ou de l'un d'eux* ***(4e condition)****.*
> *Lorsque la demande sera présentée par un seul des parents, le juge décidera, après avoir entendu l'autre, à moins que ce dernier soit dans l'impossibilité de manifester sa volonté* ***(cas particulier de la 4e condition)****. »*

Quatre conditions sont donc nécessaires pour qu'un mineur puisse être émancipé.

Certaines ont trait à la demande : **I** (**A** : un mineur ayant atteint l'âge de seize ans révolu – **B** : l'existence de justes motifs) ;

D'autres concernent la procédure : **II** (**A** : une demande présentée par les deux parents ou l'un d'eux – **B** : l'audition du mineur).

Le plan

I. Les conditions relatives à la recevabilité de l'action
   - A. Un mineur ayant atteint l'âge de seize ans révolus
   - B. Une demande présentée par les deux parents ou l'un d'eux

II. Les conditions relatives au succès de l'action
   - A. L'audition du mineur
   - B. L'existence de justes motifs

Ou :

I. Les conditions de la demande d'émancipation
   - A. Un mineur ayant atteint l'âge de seize ans révolus
   - B. L'existence de justes motifs

II. Les conditions de la procédure d'émancipation
   - A. Une demande présentée par les deux parents ou l'un d'eux
   - B. L'audition du mineur

Introduction

L'introduction (environ 1/3 du devoir) comporte plusieurs étapes.

ÉTAPES

① **Annonce du thème visé par l'article**

Chaque individu est un mineur avant de devenir un majeur. Certains, entre-temps, deviennent des mineurs émancipés.

② **Problème posé au législateur et résolu par l'article – raison pour laquelle l'article fut écrit**

Parce qu'il est une personne vulnérable, peu à même de gérer son patrimoine, l'enfant est privé de la capacité d'exercice pendant les premières années de sa vie. Il est alors soumis à l'autorité parentale. Tel était déjà le cas dans le droit romain et sous l'Ancien droit où régnait le *pater familias*.
Or, à cette époque déjà, il était apparu nécessaire, dans certains cas, de soustraire le « grand enfant » à la puissance paternelle. Deux modes d'émancipation existaient : l'émancipation par mariage et l'émancipation résultant de la lettre de bénéfice d'âge.
Lors de l'élaboration du Code civil, ses rédacteurs reprirent la distinction entre l'émancipation légale (par mariage) et l'émancipation judiciaire (à la demande des parents). La première, très simple, est envisagée à l'article 413-1 du Code civil. Elle n'a guère évolué depuis 1804. La seconde, au contraire, est soumise à des conditions particulières qui furent modifiées au fur et à mesure de l'évolution de la société. Elle est envisagée à l'article 413-2 du Code civil.

③ **Citation et situation de l'article dans le temps et l'espace**

Situé dans le chapitre III « De l'émancipation », du titre X « De la minorité et de l'émancipation » du livre Premier « Des personnes » du Code civil, cet article dispose à présent : « *Le mineur, même non marié, pourra être émancipé lorsqu'il aura atteint l'âge de seize ans révolus. Après audition du mineur, cette émancipation sera prononcée, s'il y en a de justes motifs, par le juge des tutelles, à la demande des père et mère ou de l'un d'eux. Lorsque la demande sera présentée par un seul des parents, le juge décidera, après avoir entendu l'autre, à moins que ce dernier soit dans l'impossibilité de manifester sa volonté.* » Cette version de l'article date, pour l'essentiel, de 1964. Elle a été légèrement modifiée en 1974 et 1993.

④ **Annonce du plan**

Le législateur a ainsi fixé les conditions de la demande **(I)** et de la procédure **(II)** de l'émancipation judiciaire.

Développement

I. Les conditions de la demande d'émancipation

L'émancipation d'un mineur suppose, d'une part, que celui-ci ait atteint l'âge de seize ans révolus **(A)** et, d'autre part, qu'il existe de justes motifs **(B)**.

A. Un mineur ayant atteint l'âge de seize ans révolus

Pour pouvoir être émancipé, le mineur doit avoir atteint un minimum de maturité. La détermination de l'âge à partir duquel le mineur dispose de la maturité suffisante pour être émancipé a fluctué depuis 1804.

D'abord, lors de l'élaboration du Code civil, cet âge a été fixé à quinze ans. Ensuite, la loi n° 64-1230 du 14 décembre 1964, relative à la tutelle et à l'émancipation, a porté cette limite à dix-huit ans. Enfin, lorsqu'il a abaissé l'âge légal de la majorité, par la loi n° 74-631 du 5 juillet 1974, le législateur, après avoir hésité sur le maintien même d'une telle institution, a décidé de fixer l'âge légal de l'émancipation à seize ans.

Cette limite présente l'intérêt de coïncider avec la fin de l'obligation scolaire et l'entrée, pour certains, dans la vie professionnelle.

Cet abaissement de la limite d'âge fut contrebalancé par l'obligation, faite au juge, de constater l'existence de justes motifs pour pouvoir émanciper un mineur.

B. L'existence de justes motifs

L'obligation de constater l'existence de justes motifs a modifié le rôle du juge. Celui-ci n'est plus passif mais actif. Il ne se contente plus d'enregistrer les justes motifs énoncés arbitrairement par les parents. Il doit lui-même les constater.

La notion de justes motifs est entendue souplement. Le plus souvent, l'émancipation est justifiée par le besoin, pour le mineur, d'accéder à la capacité juridique, pour des raisons professionnelles ou pratiques. Il en est par exemple ainsi lorsqu'un lycéen obtient son baccalauréat avant l'âge de dix-huit ans et part étudier dans une ville éloignée du domicile parental. Certains objectifs particuliers peuvent également justifier une émancipation. Il en fut ainsi, sous l'empire de la législation antérieure, de la simplification des formalités de règlement d'une succession (Cass. 1re civ., 7 juillet 1981, *Bull. civ.* I, n° 252). Dans tous les cas, le juge veille à ce que l'intention des parents ne soit pas de se décharger de la responsabilité d'un enfant à problèmes.

Outre les conditions relatives à la demande d'émancipation, l'article 413-2 du Code civil pose les conditions relatives à la procédure d'émancipation.

II. Les conditions de la procédure d'émancipation

L'émancipation allège la responsabilité des parents et alourdit celle de l'enfant. Le juge doit être saisi par les premiers **(A)** et auditionner le second **(B)**.

A. Une demande présentée par les deux parents ou l'un d'eux

L'émancipation judiciaire a pour origine une demande parentale ou, si le mineur n'a ni père ni mère, une demande du conseil de famille (art. 413-3 C. civ.).

L'article 413-2 du Code civil distingue la demande présentée par les deux parents, conjointement, de la demande présentée par un seul.

Si la demande est présentée par les deux parents, le juge se prononce directement. Il n'est pas tenu de les entendre. Il s'agit de la situation la plus simple.

Si la demande est présentée par un seul des parents, le juge doit, avant de se prononcer, entendre l'autre. Cette précaution permet d'éviter qu'un seul parent puisse décider de l'émancipation, en laissant l'autre dans l'ignorance ou en passant outre son désaccord. Néanmoins, si l'autre parent est dans l'impossibilité de manifester sa volonté, le juge se passe de son audition. Il ne faut pas, *a contrario*, que l'absence ou l'incapacité d'un parent empêche toute émancipation.

Outre les deux parents, le juge doit auditionner le mineur.

B. L'audition du mineur

Jusqu'en 1993, un mineur pouvait être émancipé sans avoir été entendu par le juge. Cela était rare mais possible.

Depuis l'entrée en vigueur de la loi n° 93-22 du 8 janvier 1993, relative à l'état civil, à la famille et aux droits de l'enfant, ainsi qu'au juge aux affaires familiales, cela est impossible. Le juge ne peut plus émanciper un mineur sans l'avoir auditionné. L'objectif du législateur fut d'harmoniser les dispositions du Code civil avec celle de la Convention internationale des droits de l'enfant dont l'article 12 permet au mineur capable de discernement d'être entendu dans toute procédure le concernant.

Cette audition a un double intérêt pour le juge. D'une part, elle lui permet de s'assurer que l'émancipation est conforme au souhait du mineur et qu'elle ne procède pas de la seule volonté de ses représentants légaux de se décharger de leur responsabilité. D'autre part, elle lui donne l'opportunité d'évaluer si le mineur présente une maturité suffisante pour jouir d'une pleine capacité civile.

Dans tous les cas, l'article 413-2 du Code civil subordonne l'émancipation d'un mineur à son audition préalable mais non à son consentement. Celui-ci ne dispose pas d'un droit de veto.

Les conséquences juridiques de l'émancipation étant particulièrement lourdes, ni les parents ni le mineur ne peuvent l'imposer. Le pouvoir d'émanciper un mineur appartient au juge.

sur les mineurs

Cass. 1re civ., 12 novembre 1998, pourvoi n° 97-13248

Sur le moyen unique, pris en ses trois dernières branches :

Vu les articles 389-3, 1307 et 1312 du Code civil ;

Attendu que, pour condamner M. X... à payer à la BNP la somme de 86 799,15 francs avec intérêts au taux légal, la cour d'appel énonce que M. X... était mineur lors de l'ouverture, le 9 février 1987, de son compte à la BNP, mais qu'il avait alors déclaré être né le 15 novembre 1966 au lieu du 15 novembre 1970 ;

Attendu qu'en statuant ainsi, sans caractériser à son encontre des manœuvres dolosives, ni rechercher si l'ouverture d'un compte bancaire avec remise de carnets de chèques ou d'une « carte bleue » sans autorisation de son représentant était un acte de la vie courante, ni constater que ce qui avait été payé avait tourné à son profit, la cour d'appel n'a pas donné de base légale à sa décision ;

PAR CES MOTIFS, et sans qu'il y ait lieu de statuer sur la première branche du moyen :

CASSE ET ANNULE, dans toutes ses dispositions, l'arrêt rendu le 21 janvier 1997, entre les parties, par la cour d'appel de Paris ; remet, en conséquence, la cause et les parties dans l'état où elles se trouvaient avant ledit arrêt et, pour être fait droit, les renvoie devant la cour d'appel de Paris, autrement composée ;

Préparation

1 Identifier

2 Analyser

3 Apprécier l'arrêt

4 Élaborer un plan

1 Identification de l'arrêt

Un arrêt est identifié par sa date et par la juridiction qui l'a rendu.

Date. Le 12 novembre 1998.

Juridiction. La première chambre civile de la Cour de cassation.

En principe, lorsque l'arrêt est référencé par le numéro de son pourvoi, cela sous-entend qu'il n'a pas été publié au Bulletin de la Cour de cassation. Vous pouvez en déduire que l'arrêt ne tranche pas une question fondamentale ou n'apporte pas une solution nouvelle. Il s'agit d'un arrêt d'espèce.

2 Analyse de l'arrêt

Structure de l'arrêt L'analyse de l'arrêt consiste à en rechercher la structure pour constituer la « fiche de l'arrêt » ou « fiche de jurisprudence »

Remarque. Cet arrêt a une structure particulière. Il ne respecte par l'enchaînement classique : fait – procédure – position de la cour d'appel – position de la Cour de cassation

Cass. 1re civ., 12 novembre 1998, pourvoi n° 97-13.248

L'action a 1 seul fondement divisé en 3 arguments — Sur le moyen unique, pris en ses trois dernières branches :

Visa — Vu les articles 389-3, 1307 et 1312 du Code civil ;

Décision de la cour d'appel — Attendu que, pour condamner M. X... à payer à la BNP la somme de 86 799,15 francs avec intérêts au taux légal,

Argument de la cour d'appel — la cour d'appel énonce que M. X... était mineur lors de l'ouverture, le 9 février 1987, de son compte à la BNP, mais qu'il avait alors déclaré être né le 15 novembre 1966 au lieu du 15 novembre 1970 ;

Argument du demandeur au pourvoi repris par la Cour de cassation — Attendu qu'en statuant ainsi, sans caractériser à son encontre des manœuvres dolosives, ni rechercher si l'ouverture d'un compte bancaire avec remise de carnets de chèques ou d'une « carte bleue » sans autorisation de son représentant était un acte de la vie courante, ni constater que ce qui avait été payé avait tourné à son profit,

Solution de la Cour de cassation — la cour d'appel n'a pas donné de base légale à sa décision ;

PAR CES MOTIFS, et sans qu'il y ait lieu de statuer sur la première branche du moyen :

Dispositif — CASSE ET ANNULE, dans toutes ses dispositions, l'arrêt rendu le 21 janvier 1997, entre les parties, par la cour d'appel de Paris ; remet, en conséquence, la cause et les parties dans l'état où elles se trouvaient avant ledit arrêt et, pour être fait droit, les renvoie devant la cour d'appel de Paris, autrement composée ;

Fiche de l'arrêt

(Cinq rubriques, quelle que soit la décision à commenter)

1 Faits

Les faits ne sont pas résumés au début de l'arrêt, vous devez les chercher dans toute la décision.

Le 9 février 1987, un mineur, âgé de 16 ans, a ouvert un compte à la BNP. Il a fait croire qu'il était majeur en déclarant être né le 15 novembre 1966 au lieu du 15 novembre 1970. Il a dépensé beaucoup d'argent.

2 Procédure

La BNP a demandé au mineur, devenu majeur, le remboursement des sommes dépensées.
La cour d'appel de Paris, le 21 janvier 1997, a fait droit à la demande de la banque. Elle a condamné le mineur à rembourser la somme de 86 799,15 francs avec intérêts au taux légal.

3 Arguments des parties (les héritiers)

Le mineur, demandeur au pourvoi, avance trois arguments :

- les juges n'ont pas caractérisé à son encontre des manœuvres dolosives ;
- ils n'ont pas recherché si l'ouverture d'un compte bancaire, avec remise de carnets de chèques ou d'une « carte bleue », sans autorisation de son représentant était un acte de la vie courante ;
- ils n'ont pas constaté que ce qui avait été payé avait tourné à son profit.

4 Problème juridique

Un mineur ayant menti sur son âge pour se faire ouvrir un compte bancaire peut-il être condamné à rembourser à la banque les sommes dépensées ?
Plus généralement, cela revient à se demander quelle est la nature juridique de l'ouverture d'un compte bancaire.

5 Solution

La cour d'appel n'a pas donné de base légale à sa décision.
Elle ne peut pas condamner un mineur à rembourser les sommes qu'il a dépensées sans caractériser à son encontre des manœuvres dolosives, sans rechercher si l'ouverture du compte bancaire avec remise de carnets de chèques ou d'une « carte bleue » sans autorisation de son représentant légal était un acte de la vie courante, et sans constater que ce qui avait été payé avait tourné à son profit.
L'arrêt est renvoyé devant la cour d'appel de Paris, autrement composée.

En principe, la Cour de cassation renvoie les arrêts qu'elle casse à une autre cour d'appel que celle qui a rendu l'arrêt cassé. Exceptionnellement, elle peut renvoyer à la même cour d'appel, autrement composée.

3 Appréciation de l'arrêt

À l'aide de ce que vous avez appris en cours et de l'ensemble de vos connaissances, vous devez déterminer le sens, la valeur et la portée de l'arrêt.

Attention ! L'administration légale des biens des mineurs et le droit des contrats ont été modifiés par l'ordonnance n° 2015-1288 du 15 octobre 2015 portant simplification et modernisation du droit de la famille et l'ordonnance n° 2016-131 du 10 février 2016 portant réforme du droit des contrats, du régime général et de la preuve des obligations.

Le sens de l'arrêt

? Qu'est-ce que les juges ont décidé ? Qu'ont-ils déclaré ? Qu'ont-ils répondu aux parties ? Ont-ils sanctionné ou approuvé la décision de la cour d'appel ou du tribunal ?

La Cour de cassation a considéré que la cour d'appel n'avait pas donné de base légale à sa décision en condamnant un mineur, ayant menti sur son âge pour se faire ouvrir un compte bancaire, à rembourser les sommes qu'il avait dépensées, sans caractériser à son encontre des manœuvres dolosives, sans rechercher si l'ouverture du compte bancaire avec remise de carnets de chèques ou d'une « carte bleue » sans autorisation de son représentant était un acte de la vie courante, et sans constater que ce qui avait été payé avait tourné à son profit.

En l'absence de telles constatations, le mineur n'avait pas à rembourser les sommes dépensées.

La valeur de l'arrêt

? Pourquoi les juges ont-ils pris cette décision ? Pouvaient-ils juger autrement ? Quelles règles ont-ils appliquées ? Était-ce prévisible ? Est-ce un revirement de jurisprudence, une décision isolée ?

En principe, les mineurs sont frappés d'une incapacité générale d'exercice. Néanmoins, il est apparu inadapté de leur interdire tous les actes de la vie courante jusqu'à leurs dix-huit ans. Il existe donc des cas où la loi ou l'usage autorisent le mineur à agir seul (anc. art. 389-3, dont les dispositions ont été reprises à l'article 388-1-1 et art. 408 C. civ.). Cette autonomie se limite aux actes conservatoires et à certains actes de la vie courante.

Si un mineur accomplit seul un acte d'administration ou de disposition, celui-ci peut être rescindé ou annulé. Les parties doivent restituer ce qu'elles ont perçu. En principe, la nullité est rétroactive. L'annulation d'un acte a pour conséquence de remettre les parties dans l'état où elles se trouvaient avant la conclusion du contrat.

Le législateur a toutefois prévu deux exceptions pour le mineur :

- *Anc. art. 1310 C. civ. (voir à présent : art. 1149 C. civ.)* Le cocontractant du mineur ne lui restituera rien si ce dernier a accompli des manœuvres frauduleuses pour tromper son contractant sur sa capacité.

- *Anc. art. 1312 C. civ. (dont le principe a été repris à l'article 1352-4 du Code civil)* Le remboursement de ce que le mineur a reçu ne peut être exigé, à moins qu'il ne soit prouvé que ce qui a été payé a tourné à son profit.

Dans tous les cas, l'article 1307 du Code civil, dont les dispositions ont été reprises à l'article 1146, prévoyait que « La simple déclaration de majorité, faite par le mineur, ne fait point obstacle à sa restitution. »

En l'espèce, les juges d'appel ont fondé leur décision sur les anciens articles 389-3, 1307 et 1312 du Code civil mais ils n'ont pas :

- précisé quelle était la nature juridique de l'ouverture d'un compte et notamment s'il s'agissait d'un acte de la vie courante ou d'un acte conservatoire pouvant être accompli par le mineur, seul (anc. art. 389-3 C. civ.) ;
- caractérisé, à l'encontre du mineur, des manœuvres dolosives (anc. art. 1307 C. civ.) ;
- constaté que ce qui avait été payé avait tourné au profit du mineur (anc. art. 1312 C. civ.).

La cour d'appel a donc visé des articles mais ne s'est pas assurée que les conditions posées par ceux-ci étaient remplies. La Cour de cassation, qui vérifie si la règle de droit a bien été appliquée par les juges du fond, ne pouvait que casser l'arrêt pour défaut de base légale.

La portée de l'arrêt

? Quelles vont être les conséquences de l'arrêt ? Que va-t-il se passer pour les prochaines affaires similaires ? Les parties seront-elles mieux protégées, plus libres ? Sera-t-il plus opportun de se prévaloir d'autres règles de droit ? Quelle va être la réaction du législateur ? Va-t-il devoir légiférer ? La jurisprudence risque-t-elle de changer ?

Les juges du fond doivent déterminer si l'ouverture d'un compte est un acte de la vie courante que le mineur peut valablement faire seul.

Si l'ouverture d'un compte bancaire est un acte usuel que le mineur peut faire seul, l'acte est valable (anc. art. 389-3 et art. 408 C. civ.). Les sommes dépensées doivent être remboursées.

Si l'ouverture d'un compte bancaire n'est pas un acte usuel que le mineur peut faire seul, l'acte peut être annulé. Le mineur bénéficie toutefois des dispositions de l'ancien article 1312 du Code civil. Les restitutions qu'il doit sont limitées à l'enrichissement conservé.

Ce principe admet une exception. Le mineur ne peut pas demander la nullité pour incapacité de l'engagement contracté s'il a trompé son cocontractant en usant de manœuvres dolosives. Le législateur a précisé, toujours dans le but de protéger le mineur, que « La simple déclaration de majorité, faite par le mineur, ne fai[sait] point obstacle à sa restitution » (anc. art. 1307 C. civ.).

En sanctionnant la cour d'appel, la Cour de cassation entend également sanctionner certains banquiers, peu scrupuleux. Même s'ils sont de potentiels futurs clients majeurs, les mineurs restent des incapables.

4 Élaboration du plan

Le thème principal de l'arrêt est la capacité, pour un mineur, d'ouvrir un compte bancaire sans autorisation et sans assistance. Cela doit être traité dans le **I B**. Avant de présenter le cas particulier de l'ouverture d'un compte bancaire, vous devez exposer, dans le **I A**, le principe de l'incapacité d'exercice du mineur.

En sanctionnant la cour d'appel, la Cour de cassation rappelle non seulement que le mineur est incapable mais, en plus, que cette incapacité a pour but de le protéger (**II A**). Cela est d'autant plus justifié que l'ouverture d'un compte bancaire n'est pas un acte comme les autres (**II B**). Les conséquences peuvent être très importantes.

Le plan

I. L'incapacité d'exercice du mineur
   - A. Le principe de l'incapacité d'exercice du mineur
   - B. Le cas particulier de l'ouverture d'un compte bancaire

II. La protection du mineur
   - A. Le principe de la protection du mineur
   - B. Le cas particulier de l'ouverture d'un compte bancaire

Introduction

L'introduction reprend les éléments exposés dans la fiche de l'arrêt en faisant en sorte qu'ils s'enchaînent.

ÉTAPES

1 Phrase d'accroche

Les adolescents sont de plus en plus indépendants et autonomes. Cela concerne-t-il aussi leurs rapports avec leur banquier ?

2 Faits

Le 9 février 1987, un mineur, âgé de 16 ans, a ouvert un compte à la BNP. Il a déclaré être majeur et être né le 15 novembre 1966 au lieu du 15 novembre 1970. Il a dépensé beaucoup d'argent.

3 Procédure

La BNP a demandé au mineur, devenu majeur, le remboursement des sommes dépensées.
Dix ans plus tard, le 21 janvier 1997, la cour d'appel de Paris a fait droit à la demande de la banque. Elle a condamné le mineur à rembourser la somme de 86 799,15 francs avec intérêts au taux légal.

4 Arguments des parties

Le mineur, demandeur au pourvoi, a avancé trois arguments. D'abord, les juges n'avaient pas caractérisé à son encontre des manœuvres dolosives. Ensuite, ils n'avaient pas recherché si l'ouverture d'un compte bancaire avec remise de carnets de chèques ou d'une « carte bleue », sans autorisation de son représentant légal, était un acte de la vie courante. Enfin, ils n'avaient pas constaté que ce qui avait été payé avait tourné au profit de l'adolescent.

5 Problème juridique

Globalement, cette affaire soulevait la question de la nature juridique de l'ouverture d'un compte bancaire. Plus précisément, la question posée à la Cour de cassation était de savoir à quelles conditions un mineur, ayant menti sur son âge pour se faire ouvrir un compte bancaire, pouvait être condamné à rembourser à la banque les sommes dépensées.

6 Solution de l'arrêt à commenter

La Cour de cassation a énoncé ces conditions et estimé que la cour d'appel, en l'espèce, n'avait pas vérifié si celles-ci étaient réunies pour condamner le mineur. L'arrêt a donc été cassé, pour défaut de base légale. L'affaire a été renvoyée devant la cour d'appel de Paris, autrement composée.

7 Annonce du plan

Dans cette affaire, la Cour de cassation a rappelé que les mineurs étaient en principe privés de la capacité d'exercice **(I)** car ils doivent être protégés **(II)**.

Développement

I. L'incapacité d'exercice des mineurs

En principe, le mineur est privé de la capacité d'exercice **(A)**. Qu'en est-il du cas particulier de l'ouverture d'un compte bancaire **(B)** ?

A. Le principe de l'incapacité d'exercice des mineurs

Le mineur est titulaire de droits, il dispose de la capacité de jouissance. Cependant, privé de la capacité d'exercice, il ne peut pas, en principe, accomplir seul les actes relatifs à la gestion de son patrimoine.

Si un mineur accomplit seul un acte d'administration ou de disposition, celui-ci peut être annulé. Chaque partie doit alors restituer ce qu'elle a perçu. En principe, la nullité est rétroactive. Elle a pour conséquence de remettre les parties dans l'état où elles se trouvaient avant la conclusion du contrat.

Le législateur a toutefois prévu deux exceptions pour le mineur. D'une part, le cocontractant du mineur ne lui restitue rien si ce dernier a accompli des manœuvres frauduleuses pour tromper son contractant sur sa capacité (anc. art. 1310 C. civ., voir nouv. art. 1149 C. civ.). D'autre part, le remboursement de ce que le mineur a reçu ne peut être exigé, à moins qu'il ne soit prouvé que ce qui a été payé a tourné à son profit (anc. art. 1312 C. civ., voir nouv. art. 1352-4 C. civ.). Dans tous les cas, l'ancien article 1307 du Code civil, dont les dispositions ont été reprises au 2e alinéa du nouvel article 1149, prévoyait que « La simple déclaration de majorité, faite par le mineur, ne fait point obstacle à sa restitution. »

Néanmoins, il est apparu inadapté d'interdire aux mineurs tous les actes de la vie courante jusqu'à leurs dix-huit ans. Il existe donc des cas où la loi ou l'usage autorisent le mineur à agir seul (anc. art. 389-3 voir nouv. art. 388-1-1 C. civ. et art. 408 C. civ.). Cette autonomie se limite aux actes conservatoires, telle l'inscription d'une hypothèque, et à certains les actes de la vie courante, c'est-à-dire d'un faible montant, pour lesquels une éventuelle lésion serait peu importante (achat de vêtements, d'un titre de transport).

À quelles catégories d'acte juridique appartient l'ouverture d'un compte bancaire ?

B. Le cas particulier de l'ouverture d'un compte bancaire

Depuis quelques décennies, les banques proposent des comptes bancaires aux mineurs. Même si la plupart d'entre eux ne gagnent pas encore leur vie, les mineurs sont perçus comme de futurs clients qui, de plus, disposent déjà d'argent de poche. S'il est admis que les mineurs peuvent être titulaires d'un compte bancaire, peuvent-ils pour autant l'ouvrir seul, sans l'autorisation et l'assistance de leur représentant légal ?

En 1990, dans une affaire où un mineur avait contracté avec une banque, sans autorisation ni assistance, pour l'ouverture d'un compte de dépôt, puis avait invoqué la nullité de la convention pour défaut de capacité, la cour d'appel de Versailles avait considéré que les restitutions dues étaient limitées à l'enrichissement conservé, lequel était inexistant en l'espèce puisque le mineur avait dilapidé les fonds en utilisant les chèques mis à sa disposition (CA Versailles, 26 octobre 1990, *D.*, 1993, Somm. p. 125).

Dans l'affaire qui a donné lieu à l'arrêt à commenter, au contraire, la cour d'appel de Paris avait condamné le mineur à rembourser les sommes perçues, sans se préoccuper de l'éventuel enrichissement conservé.

C'est pour cette raison, notamment, que la Cour de cassation a considéré que cet arrêt manquait de base légale. Selon les hauts magistrats, les juges du fond ne pouvaient pas condamner un mineur, ayant menti sur son âge pour se faire ouvrir un compte bancaire, à rembourser les sommes dépensées sans caractériser à son encontre des manœuvres dolosives ; sans rechercher si l'ouverture du compte bancaire avec remise de carnets de chèques ou d'une « carte bleue », sans autorisation de son représentant légal, était un acte de la vie courante ; et sans constater que ce qui avait été payé avait tourné à son profit.

Le mineur pouvait donc être condamné à rembourser les sommes dépensées à condition, toutefois, que certaines preuves soient réunies. Cela résulte du fait que le mineur est une personne protégée.

II. La protection des mineurs

Le mineur est une personne vulnérable en principe protégée **(A)**. Cela semble d'autant plus important pour l'ouverture d'un compte bancaire, acte particulièrement lourd de conséquences **(B)**.

A. Le principe de la protection des mineurs

La Cour de cassation a sanctionné la cour d'appel pour n'avoir pas appliqué les règles posant, spécifiquement, la protection du mineur.

En effet, les juges d'appel ont fondé leur décision sur :

- l'ancien article 389-3 du Code civil, selon lequel les mineurs peuvent valablement passer les actes que la loi ou l'usage autorise, la jurisprudence considérant qu'il s'agit d'actes conservatoires ou d'actes de la vie courante (art. 408 C. civ.) ;
- l'ancien article 1307 du Code civil prévoyant que « La simple déclaration de majorité, faite par le mineur, ne fait point obstacle à sa restitution » ;
- l'ancien article 1312 du Code civil limitant le remboursement de ce que le mineur a reçu à ce qui a tourné à son profit.

Or, la cour d'appel n'a pas :

- précisé quelle était la nature juridique de l'ouverture d'un compte et notamment s'il s'agissait d'un acte de la vie courante ou d'un acte conservatoire pouvant être accompli par le mineur, seul (anc. art. 389-3 C. civ.) ;
- caractérisé, à l'encontre du mineur, des manœuvres dolosives (anc. art. 1307 C. civ.) ;
- constaté que ce qui avait été payé avait tourné au profit du mineur (anc. art. 1312 C. civ.).

La cour d'appel a donc visé des articles mais ne s'est pas assurée que les conditions posées par ceux-ci étaient remplies. La Cour de cassation, qui vérifie si la règle de droit a bien été appliquée par les juges du fond, ne pouvait que casser l'arrêt pour défaut de base légale.
Les hauts magistrats ont ainsi rappelé aux juges du fond que les mineurs étaient des incapables ayant besoin de protection. Une telle solution était d'autant plus souhaitable que l'ouverture d'un compte bancaire est un acte particulièrement lourd de conséquences.

B. Le cas particulier de l'ouverture d'un compte bancaire

Les juges du fond doivent déterminer si l'ouverture d'un compte est un acte de la vie courante que le mineur peut valablement faire seul.

→ *Si l'ouverture d'un compte bancaire est un acte usuel que le mineur peut faire seul,* l'acte est valable (anc. art. 389-3 et art. 408 C. civ.). Les sommes dépensées doivent être remboursées.

→ *Si l'ouverture d'un compte bancaire n'est pas un acte usuel que le mineur peut faire seul,* l'acte peut être annulé. Le mineur peut également être condamné à rembourser les sommes dépensées mais à certaines conditions. En effet, il bénéficie dans ce cas des dispositions de l'ancien article 1312 du Code civil (voir nouv. art. 1352-4 C. civ.). Les restitutions qu'il doit sont limitées à l'enrichissement conservé. S'il a tout dilapidé, il ne restitue rien.
Ce principe admet une exception. Le mineur ne peut pas demander la nullité de l'engagement contracté pour incapacité s'il a trompé son cocontractant en usant de manœuvres dolosives (présentation d'un acte de naissance falsifié). Le législateur a précisé, toujours dans le but de protéger le mineur, que « La simple déclaration de majorité, faite par le mineur, ne fai[sait] point obstacle à sa restitution » (anc. art. 1307 C. civ., voir nouv.

art. 1142, al. 2). Le simple fait de mentir sur son âge, sans autres manœuvres, n'anéantit pas la protection accordée au mineur.

En principe, un acte est considéré comme faisant partie de la vie courante lorsqu'il est communément admis qu'il peut être accompli par l'ensemble des mineurs du même âge, en toute indépendance, et que l'opinion commune estime que cela est normal voire nécessaire.
L'ouverture d'un compte bancaire avec remise de chèques ou d'une carte de paiement ne peut pas être considérée comme un acte nécessaire que tous les mineurs du même âge devraient pouvoir accomplir en toute indépendance.

D'ailleurs, selon l'annexe 1 du décret n° 2008-1484 du 22 décembre 2008, relatif à la gestion du patrimoine des personnes placées en curatelle ou en tutelle, l'ouverture du premier compte ou livret au nom ou pour le compte de la personne protégée est un acte d'administration.

En pratique, il est donc recommandé que les banquiers vérifient l'âge des jeunes personnes souhaitant ouvrir un compte bancaire et, si celui-ci est inférieur à dix-huit ans, qu'ils imposent l'assistance d'un représentant légal. Dans tous les cas, pour les uns comme pour les autres, le système du compte bloqué, limitant le montant des sommes pouvant être dépensées, est fortement souhaitable.

sur les majeurs

Riche comme Crazus

Monsieur Crazus a 88 ans. Il est veuf et vit seul depuis une dizaine d'années. Tous les mercredis, il met son plus beau costume et rejoint ses amis au foyer des anciens combattants, avec sa vieille « 4L ». Le soir, en rentrant chez lui, il valide sa grille de loto au bar du village. Il en est ainsi depuis plusieurs années.

Or, le mois dernier, il a gagné ! Il a coché tous les numéros, même le complémentaire ! La super-cagnotte fut pour lui !

Depuis, sa vie a changé. Il est devenu la coqueluche du village. Sa maison est rarement vide. Il s'est acheté un nouveau costume et une nouvelle voiture, une « Smart ». Il envisage, pour l'été prochain, de financer l'installation de la climatisation dans le foyer des anciens combattants. Enfin, il va pouvoir réaliser son rêve : s'acheter un âne et faire, seul avec lui, le chemin jusqu'à Saint-Jacques-de-Compostelle.

Tout irait très bien pour Monsieur Crazus s'il n'avait pas appris, par l'un de ses cousins, que son fils, avec lequel il est fâché depuis des années, envisage de le faire placer en tutelle, en curatelle ou sous habilitation familiale. Il se demande si cela est vraiment possible. Il craint que ses récents achats et ses projets ne soient annulés.

Préparation

1 Analyser les faits

2 Rechercher les problèmes juridiques posés

3 Rechercher les éléments de réponse

1 Analyse des faits

Repérage des faits importants

Monsieur Crazus a 88 ans. Il est veuf et vit seul depuis une dizaine d'années. Tous les mercredis, il met son plus beau costume et rejoint ses amis au foyer des anciens combattants, avec sa vieille « 4L ». Le soir, en rentrant chez lui, il valide sa grille de loto au bar du village. Il en est ainsi depuis plusieurs années.

Or, le mois dernier, il a gagné ! Il a coché tous les numéros, même le complémentaire ! La super-cagnotte fut pour lui !

Depuis, sa vie a changé. Il est devenu la coqueluche du village. Sa maison est rarement vide. Il s'est acheté un nouveau costume et une nouvelle voiture, une « Smart ». Il envisage, pour l'été prochain, de financer l'installation de la climatisation dans le foyer des anciens combattants. Enfin, il va pouvoir réaliser son rêve : s'acheter un âne et faire, seul avec lui, le chemin jusqu'à Saint-Jacques-de-Compostelle.

Tout irait très bien pour Monsieur Crazus s'il n'avait pas appris, par l'un de ses cousins, que son fils, avec lequel il est fâché depuis des années, envisage de le faire placer en tutelle, en curatelle ou sous habilitation familiale. Il se demande si cela est vraiment possible. Il craint que ses récents achats et ses projets ne soient annulés.

Qualification juridique des faits

- **88 ans :** homme âgé
- **veuf :** impossibilité de confier l'éventuelle tutelle ou curatelle au conjoint
- **vit seul depuis une dizaine d'années :** gestion apparemment correcte du patrimoine depuis plusieurs années
- **Tous les mercredis, il met son plus beau costume :** usage du costume toutes les semaines
- **ses amis au foyer des anciens combattants :** les personnes pour lesquelles il envisage de faire des dépenses sont ses amis, depuis plusieurs années
- **avec sa vieille « 4L » :** vieille voiture qu'il n'est peut-être pas superflu de changer
- **La super-cagnotte fut pour lui ! :** patrimoine de l'intéressé devenu important
- **coqueluche du village. Sa maison est rarement vide :** risque de susciter la convoitise de personnes mal intentionnées
- **s'est acheté un nouveau costume et une nouvelle voiture, une « Smart » :** dépenses non déraisonnables ou disproportionnées
- **de financer l'installation de la climatisation dans le foyer :** dépense importante pouvant être justifiée par les liens l'unissant aux membres du foyer
- **rêve : s'acheter un âne :** projet non déraisonnable
- **et faire, seul avec lui, le chemin jusqu'à Saint-Jacques-de-Compostelle :** projet peut-être risqué, eu égard à l'âge de l'intéressé, mais n'ayant pas de conséquences importantes sur son patrimoine
- **son fils, avec lequel il est fâché depuis des années, envisage de le faire placer en tutelle, en curatelle ou sous habilitation familiale :** mauvaise relation entre le père et le fils, intention du fils pouvant être justifiée par le nouveau patrimoine du père

2 Recherche des (ou du) problèmes juridiques

Ce cas pratique n'est pas présenté sous la forme d'une consultation chez un avocat et ne comporte pas de questions précises. Les problèmes posés sont suggérés dans les dernières phrases. À vous d'en déduire les problèmes juridiques auxquels vous devez répondre.

« Il se demande si cela est vraiment possible. »
Question : À quelles conditions un fils peut-il faire placer son père en tutelle, en curatelle ou sous habilitation familiale ?

« Il craint que ses récents achats et ses projets ne soient annulés. »
Question : Les actes accomplis par un majeur, avant l'ouverture d'une tutelle, d'une curatelle ou d'une habilitation familiale, peuvent-ils être annulés après le placement sous protection ? Quel(s) type(s) d'actes (conservatoires/d'administration/de disposition) peu(ven)t être accompli(s) par un majeur placé en tutelle, en curatelle ou sous habilitation familiale ?

3 Recherche des éléments de réponse

Le placement sous une mesure de protection

La tutelle et la curatelle

Art. 425 C. civ. « Toute personne dans l'impossibilité de pourvoir seule à ses intérêts en raison d'une altération, médicalement constatée, soit de ses facultés mentales, soit de ses facultés corporelles de nature à empêcher l'expression de sa volonté peut bénéficier d'une mesure de protection juridique prévue au présent chapitre.
S'il n'en est disposé autrement, la mesure est destinée à la protection tant de la personne que des intérêts patrimoniaux de celle-ci. Elle peut toutefois être limitée expressément à l'une de ces deux missions. »

Art. 428 C. civ. « La mesure de protection judiciaire ne peut être ordonnée par le juge qu'en cas de nécessité et lorsqu'il ne peut être suffisamment pourvu aux intérêts de la personne par la mise en œuvre du mandat de protection future conclu par l'intéressé, par l'application des règles du droit commun de la représentation, de celles relatives aux droits et devoirs respectifs des époux et des règles des régimes matrimoniaux, en particulier celles prévues aux articles 217, 219, 1426 et 1429 ou, par une autre mesure de protection moins contraignante.
La mesure est proportionnée et individualisée en fonction du degré d'altération des facultés personnelles de l'intéressé. »

Art. 430 C. civ. « La demande d'ouverture de la mesure peut être présentée au juge par la personne qu'il y a lieu de protéger ou, selon le cas, par son conjoint, le partenaire avec qui elle a conclu un pacte civil de solidarité ou son concubin, à moins que la vie commune ait cessé entre eux, ou par un parent ou un allié, une personne entretenant avec le majeur des liens étroits et stables, ou la personne qui exerce à son égard une mesure de protection juridique.
Elle peut être également présentée par le procureur de la République soit d'office, soit à la demande d'un tiers. »

Art. 431, al. 1er, C. civ. « La demande est accompagnée, à peine d'irrecevabilité, d'un certificat circonstancié rédigé par un médecin choisi sur une liste établie par le procureur de la République. (...) »

Art. 440 C. civ. « La personne qui, sans être hors d'état d'agir elle-même, a besoin, pour l'une des causes prévues à l'article 425, d'être assistée ou contrôlée d'une manière continue dans les actes importants de la vie civile peut être placée en curatelle.
La curatelle n'est prononcée que s'il est établi que la sauvegarde de justice ne peut assurer une protection suffisante.
La personne qui, pour l'une des causes prévues à l'article 425, doit être représentée d'une manière continue dans les actes de la vie civile, peut être placée en tutelle.
La tutelle n'est prononcée que s'il est établi que ni la sauvegarde de justice, ni la curatelle ne peuvent assurer une protection suffisante. »

L'habilitation familiale

Art. 494-1, al. 1er, C. civ. « Lorsqu'une personne est dans l'impossibilité de pourvoir seule à ses intérêts en raison d'une altération, médicalement constatée soit de ses facultés mentales, soit de ses facultés corporelles de nature à empêcher l'expression de sa volonté, le juge des tutelles peut habiliter une ou plusieurs personnes choisies parmi ses ascendants ou descendants, frères et sœurs ou, à moins que la communauté de vie ait cessé entre eux, le conjoint, le partenaire auquel elle est liée par un pacte civil de solidarité ou le concubin à la représenter, à l'assister dans les conditions prévues à l'article 467 ou à passer un ou des actes en son nom dans les conditions et selon les modalités prévues à la présente section et à celles du titre XIII du livre III qui ne lui sont pas contraires, afin d'assurer la sauvegarde de ses intérêts.
La personne habilitée doit remplir les conditions pour exercer les charges tutélaires. Elle exerce sa mission à titre gratuit. »

Art. 494-2 C. civ. « L'habilitation familiale ne peut être ordonnée par le juge qu'en cas de nécessité et lorsqu'il ne peut être suffisamment pourvu aux intérêts de la personne par l'application des règles du droit commun de la représentation, de celles relatives aux droits et devoirs respectifs des époux et des règles des régimes matrimoniaux, en particulier celles prévues aux articles 217, 219, 1426 et 1429, ou par les stipulations du mandat de protection future conclu par l'intéressé. »

Art. 494-3 C. civ. « La demande aux fins de désignation d'une personne habilitée peut être présentée au juge par la personne qu'il y a lieu de protéger, par l'une des personnes mentionnées à l'article 494-1 ou par le procureur de la République à la demande de l'une d'elles.
La demande est introduite, instruite et jugée conformément aux règles du code de procédure civile et dans le respect des dispositions des articles 429 et 431.
La désignation d'une personne habilitée est également possible à l'issue de l'instruction d'une requête aux fins d'ouverture d'une mesure de protection judiciaire ou lorsque, en application du troisième alinéa de l'article 442, le juge des tutelles substitue une habilitation familiale à une mesure de curatelle ou de tutelle. »

Art. 494-4 C. civ. « La personne à l'égard de qui l'habilitation est demandée est entendue ou appelée (...). Toutefois, le juge peut, par décision spécialement motivée et sur avis du médecin mentionné à l'article 431, décider qu'il n'y a pas lieu de procéder à son audition si celle-ci est de nature à porter atteinte à sa santé ou si la personne est hors d'état de s'exprimer.
Le juge s'assure de l'adhésion ou, à défaut, de l'absence d'opposition légitime à la mesure d'habilitation et au choix de la personne habilitée des proches mentionnés à l'article 494-1 qui entretiennent des liens étroits et stables avec la personne ou qui manifestent de l'intérêt à son égard et dont il connaît l'existence au moment où il statue. »

Les actes effectués avant l'ouverture du régime de protection

La tutelle et la curatelle

Art. 464 C. civ. « Les obligations résultant des actes accomplis par la personne protégée moins de deux ans avant la publicité du jugement d'ouverture de la mesure de protection peuvent être réduites sur la seule preuve que son inaptitude à défendre ses intérêts, par suite de l'altération de ses facultés personnelles, était notoire ou connue du cocontractant à l'époque où les actes ont été passés.

Ces actes peuvent, dans les mêmes conditions, être annulés s'il est justifié d'un préjudice subi par la personne protégée. (...)

Jurisprudence

La condition de notoriété est souverainement appréciée par les juges du fond.

Cass. 1re civ., 19 juillet 1977, *Bull. civ.* I, n° 346.

L'habilitation familiale

Art. 494-9, al. 3, C. civ. « Les obligations résultant des actes accomplis par une personne à l'égard de qui une mesure d'habilitation familiale a été prononcée moins de deux ans avant le jugement délivrant l'habilitation peuvent être réduits ou annulés dans les conditions prévues à l'article 464. »

Dans tous les cas

Art. 414-1 C. civ. « Pour faire un acte valable, il faut être sain d'esprit. C'est à ceux qui agissent en nullité pour cette cause de prouver l'existence d'un trouble mental au moment de l'acte. »

Les actes effectués après l'ouverture du régime de protection

La tutelle

Art. 473 C. civ. « Sous réserve des cas où la loi ou l'usage autorise la personne en tutelle à agir elle-même, le tuteur la représente dans tous les actes de la vie civile.

Toutefois, le juge peut, dans le jugement d'ouverture ou ultérieurement, énumérer certains actes que la personne en tutelle aura la capacité de faire seule ou avec l'assistance du tuteur. »

Selon les articles 503 et suivants du Code civil, le tuteur peut faire seul les actes conservatoires, les actes d'administration et les actes en justice patrimoniaux. Il a en revanche besoin de l'autorisation du conseil de famille ou du juge des tutelles pour les actions en justice extrapatrimoniales et les actes de disposition.

Selon le décret n° 2008-1484 du 22 décembre 2008 relatif aux actes de gestion du patrimoine des personnes placées en curatelle ou en tutelle, et pris en application des articles 452, 496 et 502 du Code civil :

« Constituent des actes d'administration les actes d'exploitation ou de mise en valeur du patrimoine de la personne protégée dénués de risque anormal » (art. 1er) ;

« Constituent des actes de disposition les actes qui engagent le patrimoine de la personne protégée, pour le présent ou l'avenir, par une modification importante de son contenu, une dépréciation significative de sa valeur en capital ou une altération durable des prérogatives de son titulaire » (art. 2) ;

« Les actes conservatoires (...) permettent de sauvegarder le patrimoine ou de soustraire un bien à un péril imminent ou à une dépréciation inévitable sans compromettre aucune prérogative du propriétaire » (art. 3).

La curatelle

Art. 467 C. civ. « La personne en curatelle ne peut, sans l'assistance du curateur, faire aucun acte qui, en cas de tutelle, requerrait une autorisation du juge ou du conseil de famille.

Lors de la conclusion d'un acte écrit, l'assistance du curateur se manifeste par l'apposition de sa signature à côté de celle de la personne protégée.

À peine de nullité, toute signification faite à cette dernière l'est également au curateur. »

Art. 471 C. civ. « À tout moment, le juge peut, par dérogation à l'article 467, énumérer certains actes que la personne en curatelle a la capacité de faire seule ou, à l'inverse, ajouter d'autres actes à ceux pour lesquels l'assistance du curateur est exigée. »

L'habilitation familiale

Art. 494-6 C. civ. « L'habilitation peut porter sur :
– un ou plusieurs des actes que le tuteur a le pouvoir d'accomplir, seul ou avec une autorisation, sur les biens de l'intéressé (...).
Si l'intérêt de la personne à protéger l'implique, le juge peut délivrer une habilitation générale (...) ».

Art. 494-8, al. 1er, C. civ. « La personne à l'égard de qui l'habilitation a été délivrée conserve l'exercice de ses droits autres que ceux dont l'exercice a été confié à la personne habilitée à le représenter (...) »

Dans tous les cas

Art. 1148 C. civ. « Toute personne incapable de contracter peut néanmoins accomplir seule les actes courants autorisés par la loi ou l'usage, pourvu qu'ils soient conclus à des conditions normales. »

Introduction

L'introduction (assez courte) comporte plusieurs étapes.

ÉTAPES

① **Annonce du thème visé par le cas pratique**

Avec l'âge, les capacités physiques et intellectuelles des individus peuvent diminuer. Le législateur a alors prévu des mesures de protection. Il appartient aux juges de s'assurer que celles-ci ne sont pas détournées de leur finalité.

② **Résumé et qualification juridique des faits**

Un vieil homme, M. Crazus, âgé de 88 ans, gagne au loto. Il effectue quelques achats et échafaude plusieurs projets. Son fils, avec lequel il est fâché, envisage de demander son placement sous un régime de protection.

③ **Problème posé par les faits**

La réaction du fils de M. Crazus conduit ce dernier à se demander à quelles conditions une personne peut être placée en tutelle, en curatelle ou sous habilitation familiale, quelles sont les conséquences d'un tel placement sur les actes passés et sur les actes futurs.

④ **Annonce du plan**

Les interrogations de M. Crazus conduisent à envisager l'opportunité **(I)** et les conséquences **(II)** du placement de ce dernier sous un régime de protection.

Le plan du cas pratique n'est pas obligatoirement constitué de deux parties avec quatre sous-parties. La présentation du cas pratique correspond aux différentes questions soulevées par les faits et les sous-parties marquent, pour chaque question, les différentes étapes de votre raisonnement. En l'espèce, les questions posées peuvent être réparties en deux groupes : l'opportunité d'un placement en tutelle ou curatelle d'une part, et les conséquences d'un tel placement d'autre part.

La présentation du cas pratique peut donc être

soit :

I. L'opportunité du placement de M. Crazus sous un régime de protection ;
II. Les conséquences du placement de M. Crazus sous un régime de protection.

soit :

I. Le placement de M. Crazus sous un régime de protection.
II. Le sort des achats effectués par M. Crazus.
III. Le sort des projets de M. Crazus.

Dans tous les cas, les réponses doivent être justifiées.
Pour cela, elles doivent être construites en trois parties :

- **les faits de l'espèce ;**
- **la règle de droit applicable ;**
- **la solution.**

Développement

I. L'opportunité du placement de M. Crazus sous un régime de protection

Les faits de l'espèce

Un homme, âgé de 88 ans, veuf, gère seul son patrimoine, depuis une dizaine d'années au moins, apparemment sans difficultés. Il gagne au loto. Il s'achète un costume et une petite voiture. Il envisage de financer la climatisation du foyer des anciens combattants dont il fait partie. Il projette d'acheter un âne et de partir avec lui sur le chemin de Saint-Jacques-de-Compostelle. Son fils, avec lequel il est fâché depuis plusieurs années, veut le faire placer en tutelle, en curatelle ou sous habilitation familiale.

Le placement sous sauvegarde de justice n'est ni clairement envisagé, ni même suggéré par le cas pratique. Vous ne devez donc pas, vous non plus, l'envisager. Cela vous ferait perdre du temps et ne vous rapporterait aucun point.

La règle de droit applicable

Selon l'article 425 du Code civil, toute personne dans l'impossibilité de pourvoir seule à ses intérêts en raison d'une altération soit de ses facultés mentales, soit de ses facultés corporelles de nature à empêcher l'expression de sa volonté, peut bénéficier d'une mesure de protection juridique.

Le juge ne peut ordonner une telle mesure qu'en cas de nécessité et lorsqu'il ne peut être suffisamment pourvu aux intérêts de la personne par l'application soit du droit commun de la représentation ou des droits et devoirs respectifs des époux, soit d'une autre mesure de protection judiciaire moins contraignante ou par le mandat de protection future conclu par l'intéressé. La mesure doit être proportionnée et individualisée en fonction du degré d'altération des facultés personnelles de l'intéressé (art. 428 C. civ.).

La curatelle est prononcée lorsque la personne a besoin, pour l'une des causes prévues à l'article 425, d'être assistée ou contrôlée d'une manière continue dans les actes importants de la vie civile (art. 440, al. 1er, C. civ.).

La tutelle est prononcée lorsque la personne a besoin, pour l'une des causes prévues à l'article 425, d'être représentée d'une manière continue dans les actes de la vie civile (al. 3).

Dans les deux cas, la demande d'ouverture de la mesure peut être présentée par la personne qu'il y a lieu de protéger, son conjoint, le partenaire avec qui elle a conclu un pacte civil de solidarité, son concubin (à moins que la vie commune ait cessé entre eux), un parent ou un allié, une personne entretenant avec le majeur des liens étroits et stables, la personne qui exerce à son égard une mesure de protection juridique, ou par le procureur de la République (art. 430 C. civ.). Elle doit être accompagnée d'un certificat médical (art. 431 C. civ.).

L'habilitation familiale est ouverte lorsqu'une personne est dans l'impossibilité de pourvoir seule à ses intérêts en raison d'une altération, médicalement constatée soit de ses facultés mentales, soit de ses facultés corporelles de nature à empêcher l'expression de sa volonté (art. 494-1 al. 1er).

La demande d'ouverture peut être présentée par les ascendants, descendants, frères et sœurs, le conjoint, partenaire d'un pacte civil de solidarité ou concubin. Le juge des tutelles peut habiliter une ou plusieurs de ces personnes à représenter la personne vulnérable ou à passer un ou des actes en son nom, afin d'assurer la sauvegarde de ses intérêts.

L'habilitation familiale ne peut être ordonnée par le juge qu'en cas de nécessité et lorsqu'il ne peut être suffisamment pourvu aux intérêts de la personne par l'application des règles du droit commun de la représentation, de celles relatives aux droits et devoirs respectifs des époux et des règles des régimes matrimoniaux, ou par les stipulations du mandat de protection future conclu par l'intéressé (art. 494-2 C. civ.).

La solution

M. Crazus gère seul son patrimoine, depuis plusieurs années. Le fait d'avoir gagné au loto lui a permis d'effectuer quelques achats. Ses nouvelles dépenses (un costume, une Smart) et ses projets (installation de la climatisation, achat d'un âne et pèlerinage à Saint-Jacques-de-Compostelle) n'apparaissent pas déraisonnables ou disproportionnés par rapport à son train de vie et à son patrimoine. Ses facultés mentales et/ou corporelles ne semblent pas altérées.

M. Crazus ne semble pas avoir besoin d'être représenté de manière continue ou d'être conseillé ou contrôlé dans les actes de la vie civile. Son fils, certes compétent pour demander l'ouverture d'une tutelle, d'une curatelle ou d'une habilitation familiale, n'obtiendra probablement pas gain de cause. De plus, cette soudaine volonté de placer son père sous protection, alors qu'il est fâché avec lui depuis des années, semble davantage inspirée par la crainte de voir dilapider le gain que par la volonté de protéger son père.

Si, toutefois, un médecin attestait du besoin de protection et qu'un juge accédait à la demande du fils de M. Crazus, quelles seraient les conséquences d'un tel placement ?

II. Les conséquences du placement de M. Crazus sous un régime de protection

A. Les actes passés

- **Les faits de l'espèce**

Après avoir gagné au loto, M. Crazus a changé sa vieille 4L. Il s'est offert une Smart. Il s'est également acheté un nouveau costume pour mettre notamment le mercredi, lorsqu'il se rend au foyer des anciens combattants de son village.

- **La règle de droit applicable**

En cas de tutelle ou de curatelle. Selon l'article 464 du Code civil : « Les obligations résultant des actes accomplis par la personne protégée moins de deux ans avant la publicité du jugement d'ouverture de la mesure de protection peuvent être réduites sur la seule preuve que son inaptitude à défendre ses intérêts, par suite de l'altération de ses facultés personnelles, était notoire ou connue du cocontractant à l'époque où les actes ont été passés. Ces actes peuvent, dans les mêmes conditions, être annulés s'il est justifié d'un préjudice subi par la personne protégée. Par dérogation à l'article 2252, l'action doit être introduite dans les cinq ans de la date du jugement d'ouverture de la mesure. » La condition de notoriété est souverainement appréciée par les juges du fond (Cass. 1re civ., 19 juillet 1977, *Bull. civ.* I, n° 346).

En cas d'habilitation familiale. L'article 494-9, alinéa 3, du Code civil dispose que « Les obligations résultant des actes accomplis par une personne à l'égard de qui une mesure d'habilitation familiale a été prononcée moins de deux ans avant le jugement délivrant l'habilitation peuvent être réduits ou annulés dans les conditions prévues à l'article 464. »

Dans tous les cas. Qu'il soit ultérieurement question d'un placement sous protection ou pas, l'article 414-1 du Code civil prévoit que : « Pour faire un acte valable, il faut être sain d'esprit. C'est à ceux qui agissent en nullité pour cette cause de prouver l'existence d'un trouble mental au moment de l'acte. »

- **La solution**

Aucun élément ne laisse penser qu'au moment où il a acheté son costume et sa voiture M. Crazus était inapte à défendre ses intérêts, par suite de l'altération de ses facultés personnelles, et que cela était notoire ou connue du cocontractant (art. 464, al. 1er, C. civ.), qu'il a subi un préjudice (al. 2) ou qu'il n'était pas sain d'esprit (art. 414-1 C. civ.).

Même si son fils réussit à le faire placer en tutelle, en curatelle ou sous habilitation familiale, il est probable que les achats antérieurement effectués par M. Crazus restent valables.

B. Les actes futurs

- **Les faits de l'espèce**

Grâce à l'argent qu'il a gagné, M. Crazus entend réaliser deux projets :

1. financer la climatisation du foyer des anciens combattants de son village.
2. acheter un âne et partir avec lui en pèlerinage sur la route de Saint-Jacques-de-Compostelle.

- **La règle de droit applicable**

La personne en curatelle peut faire seule les actes conservatoires, les actes d'administration et les actes en justice patrimoniaux. Elle a en revanche besoin de

l'autorisation du conseil de famille ou du juge des tutelles pour les actions en justice extrapatrimoniales et les actes de disposition (art. 467 C. civ.).
Le juge peut, par dérogation à ces règles, énumérer certains actes que la personne en curatelle a la capacité de faire seule ou, à l'inverse, ajouter d'autres actes à ceux pour lesquels l'assistance du curateur est exigée (art. 471 C. civ.).

La personne en tutelle doit être représentée dans tous les actes de la vie civile, sous réserve des cas où la loi ou l'usage l'autorisent à agir elle-même. Néanmoins, dans le jugement d'ouverture ou ultérieurement, le juge peut énumérer certains actes que la personne en tutelle aura la capacité de faire seule ou avec l'assistance du tuteur (art. 473 C. civ.).

L'habilitation familiale est une mesure plus « souple ». L'habilitation peut porter sur un ou plusieurs des actes que le tuteur a le pouvoir d'accomplir, seul ou avec une autorisation, sur les biens et/ou la personne de l'intéressé. Si l'intérêt de la personne à protéger l'implique, le juge peut délivrer une habilitation générale. La personne à l'égard de qui l'habilitation a été délivrée conserve l'exercice de ses droits autres que ceux dont l'exercice a été confié à la personne habilitée (art. 494-8 C. civ.)

Dans tous les cas, « Toute personne incapable de contracter peut néanmoins accomplir seule les actes courants autorisés par la loi ou l'usage, pourvu qu'ils soient conclus à des conditions normales. » (art. 1148 C. civ.)

• La solution

1. L'achat de la climatisation et de l'âne
Le financement de la climatisation d'un foyer et l'achat d'un âne ne sont pas des actes courants. Certes, M. Crazus venant de gagner au loto, ces actes n'altèrent pas gravement son patrimoine. Cependant, ils le modifient irrévocablement et peuvent, pour cette raison, faire partie des actes de disposition.

- Si M. Crazus est placé en tutelle, il ne pourra pas accomplir lui-même de tels actes. Ceux-ci seront nuls. Seul son tuteur le pourra, avec l'autorisation du conseil de famille ou du juge des tutelles.
- Si M. Crazus est placé en curatelle, il pourra accomplir lui-même ces actes, avec l'assistance de son curateur. S'il se passe de l'assistance du curateur, ce dernier pourra demander la nullité des actes.
- Si M. Crazus est placé sous habilitation familiale, il pourra peut-être accomplir ces actes, seul, selon ce que le juge aura prévu.

2. Le voyage à Saint-Jacques-de-Compostelle
Le voyage à Saint-Jacques-de-Compostelle n'est pas « un » acte mais une « multitude » d'actes. S'il part seul avec son âne, M. Crazus suivra probablement un chemin « connu » avec des étapes prévues dans des monastères et des auberges. Il devra régulièrement louer une chambre et payer un repas. Ces actes peuvent être assimilés à des actes de la vie courante qu'un majeur, même sous protection, peut faire seul (art. 1148 C. civ.).
Il est donc probable que M. Crazus, même placé sous un régime de protection, puisse effectuer, seul avec son âne, le voyage jusqu'à Saint-Jacques-de-Compostelle.

En conclusion, si M. Crazus est placé sous un régime de protection, les actes passés resteront valables. S'agissant de ses projets d'achats, il ne pourra pas les réaliser seul s'il est placé en tutelle ou en curatelle. Il devra être représenté par son tuteur ou assisté par son curateur. Si la mesure ouverte est une habilitation familiale, les actes que M. Crazus pourra accomplir ou pas seront clairement prévus par le juge. Il faudra donc se référer à la décision de celui-ci. Néanmoins, tout ceci suppose qu'un médecin ait constaté une altération de ses facultés et qu'un juge des tutelles ait accepté de le placer sous un régime de protection ce qui, au regard des faits, est peu probable. Dans tous les cas, le voyage à Saint-Jacques-de-Compostelle n'est pas compromis.

TITRE 2

La famille

Chapitre 1

L'union

Commentaire d'article 1

Le concubinage

Commentaire d'arrêt 2

Le mariage

Cas pratique 3

Les fiançailles, le concubinage et le PACS

Retrouvez dans le manuel
Droit de la famille
les éléments de réponse
aux exercices de cette Partie.

1 Commentaire d'article

sur le concubinage

Art. 515-8 C. civ.
(L. n° 99-944 du 15 novembre 1999)

Le concubinage est une union de fait, caractérisée par une vie commune présentant un caractère de stabilité et de continuité, entre deux personnes, de sexe différent ou de même sexe, qui vivent en couple.

Préparation

1 Identifier
2 Analyser
3 Apprécier l'article
4 Élaborer un plan

1 Identification de l'article

Trois informations permettent d'identifier un article : sa date, son auteur et son support.

Support. Le Code civil.

Date. Cet article a été inséré dans le Code civil par la loi n° 99-944 du 15 novembre 1999, relative au Pacte civil de solidarité. Vous pouvez déduire cette information de la référence située au début du chapitre contenant l'article (Code Dalloz) ou au début même de l'article (Code LexisNexis).

Auteur. Le législateur de 1999.

2 Analyse de l'article

L'analyse de l'article consiste à définir ses principaux termes (la glose) et à décortiquer sa structure grammaticale et logique.

La glose

- **Le concubinage :** également appelé l'union libre
- **est :** annonce une définition
- **une union de fait, :** définition du concubinage – situation simple, pas de formalités à remplir pour la formation de l'union, opposition à l'union de droit qu'est le mariage ou le PACS
- **caractérisée par :** définie par – précision sur l'union de fait et donc sur la définition du concubinage
- **une vie commune :** communauté de vie, l'article 515-1 du Code civil, relatif au PACS, utilise également l'expression « vie commune » et l'article 215 du Code civil, concernant le mariage, se réfère à la communauté de vie
- **présentant un caractère de stabilité et de continuité, :** spécificités de la vie commune caractérisant le concubinage ; exclusion de l'union éphémère ou temporaire
- **entre deux personnes, :** pas de concubinage « de groupe » – union concernant les « couples » au sens strict du terme, soit deux personnes
- **de sexe différent ou de même sexe, :** champ d'application du concubinage, union concernant les couples homosexuels et hétérosexuels, comme pour le PACS et contrairement au mariage
- **qui vivent en couple. :** union supposant des relations charnelles – exclusion du concubinage entre frère et sœur ou entre parent et enfant

La structure grammaticale et logique

Analyse grammaticale

L'article est composé d'une seule phrase. Celle-ci est constituée :

- d'une proposition principale : « **Le concubinage est une union de fait,** » ;
- et de plusieurs compléments séparés par des virgules :
  - « **caractérisée par une vie commune présentant un caractère de stabilité et de continuité,** » : complément de « **union de fait** »,
  - « **entre deux personnes,** » : complément de « **union de fait** »,
  - « **de sexe différent ou de même sexe,** » : complément de « **deux personnes** »,
  - « **qui vivent en couple.** » : complément de « **deux personnes** ».

Analyse logique

L'article est composé d'un seul alinéa qui énonce la définition du concubinage : **« une union de fait, caractérisée par une vie commune présentant un caractère de stabilité et de continuité »**, en précisant la qualité de concubins : **« deux personnes, de sexe différent ou de même sexe, qui vivent en couple »**.

3 Appréciation de l'article

Pourquoi cet article a-t-il été écrit ou modifié ?

Pendant longtemps, le concubinage ne fut qu'un mode d'union marginal. Les rédacteurs du Code civil l'ont ignoré. En cas de problèmes, l'application du droit commun devait suffire. Or, dans la seconde moitié du XXe siècle, le nombre de concubins augmenta. Le législateur a alors, dans certains cas, assimilé les concubins aux époux. La jurisprudence aussi a ponctuellement reconnu que le concubinage produisait certains effets.

À la fin du vingtième siècle, la conception de la famille a évolué. Les concubins ont été de plus en plus nombreux. L'absence de définition précise du concubinage est devenue souvent problématique.

Quelle solution l'article a-t-il apportée au problème ?

La loi n° 99-944 du 15 novembre 1999, relative au PACS, a inséré l'article 515-8 dans le Code civil. Contrairement au PACS, qu'il a réglementé en y consacrant plusieurs articles, le législateur s'est contenté de définir le concubinage dans un seul article. Ce dernier fixe les éléments constitutifs du concubinage mais ne donne pas un statut juridique aux concubins. Il s'agit d'*« une union de fait, caractérisée par une vie commune présentant un caractère de stabilité et de continuité, entre deux personnes, de sexe différent ou de même sexe, qui vivent en couple. »*.

Comment ont réagi la jurisprudence, la doctrine, les professionnels ?

D'abord, la principale conséquence de cette définition fut de consacrer la diversité des hypothèses d'union libre et, notamment, le concubinage homosexuel. Les juges durent ainsi appliquer aux couples homosexuels les règles jurisprudentielles dégagées pour les concubins hétérosexuels, avant 1999.

Ensuite, de manière plus générale, en posant expressément les éléments constitutifs du concubinage, le législateur limita les divergences entre les tribunaux quant à l'existence d'une telle union.

4 Élaboration du plan

Attention ! L'article n'envisage que les éléments constitutifs de l'union libre. Les effets du concubinage, dégagés par la jurisprudence (société créée de fait, théorie de l'apparence), ne doivent pas apparaître dans le commentaire.

La raison d'être de l'article 515-8 du Code civil est d'énoncer les éléments constitutifs du concubinage. La lecture de l'article permet d'en relever quatre :

*« Le concubinage est une **union de fait (1)**, caractérisée par une **vie commune présentant un caractère de stabilité et de continuité (2)**, entre **deux personnes, de sexe différent ou de même sexe (3)**, qui **vivent en couple (4)**. »*

Le plan du commentaire d'article ne devant comporter que deux parties, vous devez analyser ces éléments constitutifs et les regrouper (2 et 2 ; 3 et 1 ou 1 et 3), selon leur particularité.

Il ressort justement de l'analyse de ces éléments constitutifs que :

- *les deux premiers* concernent l'union elle-même : une union de fait (1), caractérisée par une vie commune présentant un caractère de stabilité et de continuité (2) ;
- *les deux derniers* ont trait aux concubins : deux personnes, de sexe différent ou de même sexe (1), qui vivent en couple (2).

Vous pouvez donc étudier :

- *dans la première partie :* les éléments constitutifs du concubinage relatifs à l'union ou les caractéristiques du concubinage ;
- *dans la seconde partie :* les éléments constitutifs du concubinage relatifs aux concubins ou les caractéristiques des concubins.

Le plan

I. Les caractéristiques du concubinage

A. Une union de fait

B. Une union stable et continue caractérisant la vie commune

II. Les caractéristiques des concubins

A. Deux personnes de sexe différent ou de même sexe

B. Deux personnes vivant en couple

Introduction

L'introduction (environ 1/3 du devoir) comporte plusieurs étapes.

ÉTAPES

① Annonce du thème visé par l'article

Le concubinage est un mode d'union qui a toujours existé mais qui ne fut que tardivement défini.

② Problème posé au législateur et résolu par l'article – raison pour laquelle l'article fut écrit

Pendant longtemps, le concubinage ne fut qu'une situation marginale. Alors que le droit romain en avait fait une union d'ordre inférieur, le Code civil l'a ignoré. Les rédacteurs de celui-ci ont considéré que les concubins n'avaient besoin d'aucun statut. L'union et la désunion étaient libres. Il n'existait aucun droit ou devoir entre concubins. En cas de problèmes, l'application du droit commun devait suffire.
Or, dans la seconde moitié du XXe siècle, le nombre de concubins augmenta. Le droit ne pouvait plus les ignorer. Ponctuellement, le législateur a alors assimilé les concubins aux mariés : octroi d'une allocation aux compagnes de militaires décédés (Loi n° 55-1476 du 12 novembre 1955), extension de la protection sociale du concubin (Loi n° 78-2 du 2 janvier 1978), maintien du bail au profit du concubin (Loi n° 89-462 du 6 juillet 1989)... De même, la jurisprudence reconnut, dans certains cas, que le concubinage produisait des effets, qu'il s'agisse de rapports entre les concubins eux-mêmes (indemnité en cas de rupture, existence d'une société créée de fait) ou avec les tiers (application de la théorie de l'apparence, réparation du dommage subi par l'un des concubins en cas de décès accidentel de l'autre).
À la fin du dernier millénaire, la famille évolua dans le sens d'une plus grande liberté individuelle. Le nombre de couples vivant en concubinage fut de plus en plus important. L'absence de définition précise du concubinage devint souvent problématique. Face à la pression des couples homosexuels, plusieurs propositions de lois furent déposées afin de créer un contrat ou un partenariat civil. Lorsqu'il institua le PACS, en 1999, le législateur en profita pour préciser, dans le Code civil, les éléments constitutifs du concubinage.

③ Citation et situation de l'article dans le temps et l'espace

Seul article du chapitre II « Du concubinage », inséré dans le titre XIII « Du Pacte civil de solidarité et du concubinage », du livre premier du Code civil, relatif aux personnes, l'article 515-8 dispose : « *Le concubinage est une union de fait, caractérisée par une vie commune présentant un caractère de stabilité et de continuité, entre deux personnes, de sexe différent ou de même sexe, qui vivent en couple.* »

④ Annonce du plan

Avec cet article, le législateur a énoncé les caractéristiques du concubinage. Certaines concernent l'union elle-même **(I)**, d'autres ont trait aux concubins **(II)**.

Développement

I. Les caractéristiques du concubinage

Le concubinage est une union de fait **(A)**, caractérisée par une vie commune présentant un caractère de stabilité et de continuité **(B)**.

A. Une union de fait

Contrairement au mariage et au PACS, le concubinage ne se contracte pas. Les concubins ne sont pas unis juridiquement. Il en résulte essentiellement deux conséquences.

D'une part, les partenaires n'ont pas d'obligations l'un envers l'autre. La Cour de cassation rappelle régulièrement que les concubins ne sont pas tenus de contribuer aux charges de leur union (inapplication de l'article 214 du Code civil – Cass. 1re civ., 19 décembre 2018, pourvoi n° 18-12.311) et qu'ils ne sont pas solidaires pour les dettes ménagères (inapplication de l'article 220 du Code civil – Cass. 1re civ., 7 novembre 2012, *Bull. civ.* I, n° 236).

D'autre part, la rupture du concubinage est libre. Ce n'est que si elle constitue une faute que le concubin qui en est à l'origine peut être condamné à verser des dommages et intérêts à l'autre (Cass. 1re civ., 31 janvier 1978, *Bull. civ.* I, n° 39).

L'absence de formalisme, pour constituer le concubinage, permet d'inclure une large gamme d'union et, notamment, de combiner une union de droit et une union de fait. Un individu peut vivre en concubinage même s'il est marié ou pacsé avec une autre personne. Il y a une trentaine d'années, la maîtresse qui connaissait l'existence du mariage de son amant était jugée fautive (Cass. 2e civ., 2 avril 1979, *Bull. civ.* II, n° 110). À présent, les juges estiment que « le seul fait d'entretenir une liaison avec un homme marié ne constitue par une faute de nature à engager la responsabilité » (Cass. 2e civ., 5 juillet 2001, *Bull. civ.* II, n° 136).

Une simple union de fait ne suffit toutefois pas à établir le concubinage. L'article 515-8 du Code civil impose que l'union soit caractérisée par une vie commune présentant un caractère de stabilité et de continuité.

B. Une union stable et continue caractérisant la vie commune

Comme le mariage et le PACS, le concubinage suppose une communauté de vie entre les partenaires. Cela signifie qu'ils doivent partager leur logement, leurs ressources, leurs intérêts... c'est-à-dire leur existence. La vie commune était déjà une condition nécessaire, avant 1999, pour que le concubinage produise certains effets. Il en était ainsi, par exemple, pour le maintien du contrat de location du logement commun (art. 14, loi n° 89-462 du 6 juillet 1989) ou pour le bénéfice de la protection sociale du concubin (art. 13, loi n° 78-2 du 2 janvier 1978).

Cependant, une simple communauté de vie ne suffit pas pour caractériser le concubinage. Des personnes qui partagent un appartement peuvent être des colocataires, sans être des concubins. La vie commune constitue une union de fait, au sens de l'article 515-8 du Code civil, à condition d'être stable et continue. En pratique, la stabilité et la continuité du concubinage sont difficiles à démontrer. Les juges tiennent davantage compte de la durée de l'union qui, par ricochet, prouve souvent sa stabilité et sa continuité. Ces conditions étaient déjà imposées par la jurisprudence, avant 1999 (Cass. crim., 2 mars 1982, *Bull. crim.*, n° 64). Il a ainsi été jugé que la cohabitation d'un homme et d'une femme, tous deux d'accord pour avoir respectivement des amants et des maîtresses, n'était qu'une aventure. Même si elle durait depuis un certain temps, cette relation n'était pas stable (CA Montpellier, 8 juin 1982, *D.*, 1983, Jurisp. p. 607).

Parfois, la durée du concubinage est imposée par le législateur. Ainsi, l'article 14 de la loi n° 89-462 du 6 juillet 1989 subordonne le maintien du contrat de bail au profit du concubin à l'existence d'une communauté de vie « d'au moins un an ». De même, si un couple de concubin souhaite avoir recours à la procréation médicalement assistée, l'article L. 2141-2 du Code de la Santé publique leur impose d'apporter la preuve d'une vie commune depuis deux ans.

Les caractéristiques du concubinage avaient déjà, pour l'essentiel, été consacrées par la jurisprudence, avant 1999. Les caractéristiques des concubins, au contraire, ont été bouleversées avec l'introduction de l'article 515-8 dans le Code civil.

II. Les caractéristiques des concubins

Les concubins peuvent être de même sexe ou de sexe différent **(A)** mais doivent vivre en couple **(B)**.

A. Des personnes de sexe différent ou de même sexe

Avant 1999, la jurisprudence estimait que le concubinage ne pouvait résulter que d'une relation stable et continue ayant l'apparence du mariage et, donc, entre un homme et une femme. La Cour de cassation faisait un parallèle avec l'ancien article 144 du Code civil, relatif au mariage (Cass. soc., 11 juillet 1989, *Bull. civ.* V, n° 515). Fut par exemple annulé, pour cause d'immoralité, le legs consenti par un homosexuel au profit de trois hommes, plus jeunes que lui, avec lesquels il vivait en concubinage (TGI Paris, 28 juin 1985, *Gaz. Pal.*, 1986, 1, Somm. p. 45). Sur le plan européen, il fut jugé que le refus, par un employeur, d'octroyer une réduction sur le prix des transports en faveur de la personne, de même sexe, avec laquelle un travailleur entretenait une relation stable, alors qu'une telle réduction était en principe accordée en faveur du conjoint du travailleur ou de la personne, de sexe opposé, avec laquelle celui-ci entretenait une relation stable hors mariage, ne constituait pas une discrimination (CJCE, 17 février 1998, *D.*, 1998, IR p. 85).

La précision apportée par l'article 515-8 du Code civil, selon laquelle le concubinage peut être hétérosexuel ou homosexuel, est incontestablement la plus importante. À présent, toutes les règles prévues ou dégagées pour les couples hétérosexuels s'appliquent également aux couples homosexuels. Cela est d'autant plus logique depuis que le mariage est ouvert aux couples de même sexe.

Si le concubinage peut être formé par des personnes de sexe différent ou de même sexe, il ne concerne pas pour autant toutes les personnes vivant ensemble. Pour que le concubinage soit constitué, au sens de l'article 515-8 du Code civil, les personnes doivent vivre ensemble et « en couple ».

B. Des personnes vivant en couple

En posant que les concubins devaient être « des personnes qui vivent en couple », le législateur a sous-entendu que les concubins sont « des personnes susceptibles d'entretenir des relations sexuelles ».

Certes, contrairement aux époux, il n'existe pas de devoir conjugal entre les concubins. Certes encore, le concubinage peut exister, au sens de l'article 515-8 du Code civil, même si les partenaires n'ont pas de relations charnelles. Cependant, dans l'esprit du législateur, les concubins sont des personnes susceptibles d'avoir des relations sexuelles. Cela ressort du fait, par exemple, que les concubins hétérosexuels peuvent demander à bénéficier d'une assistance médicale à la procréation (art. 311-20 C. civ.). De même, sous l'empire de législations antérieures, le concubinage des père et mère était pris en considération pour déclarer judiciairement la paternité hors mariage (anc. art. 340 C. civ.) ou pour l'attribution conjointe de l'autorité parentale sur l'enfant du couple (anc. art. 372 C. civ.).

Ainsi, en pratique, rien n'interdit à un frère et une sœur ou à une mère et son fils de vivre ensemble. Cependant, ils ne peuvent pas bénéficier d'une PMA, et être considérés comme les père et mère d'un même enfant. Ils ne sont donc pas concubins, au sens de l'article 515-8 du Code civil.

En posant expressément les éléments constitutifs du concubinage, l'article 515-8 du Code civil a largement atténué le contentieux relatif à la formation de l'union. En ne posant expressément que les éléments constitutifs du concubinage, l'article 515-8 du Code civil a laissé intact le contentieux relatif aux effets de l'union.

Civ. 1re, 13 décembre 2005, *Bull. civ.* I, n° 495

Sur le moyen unique, pris en ses deux branches :

Attendu que M. X... et Mme Y... se sont mariés le 11 décembre 1995 ; que Mme Y... a engagé une action en nullité du mariage sur le fondement de l'article 180, alinéa 2, du Code civil en soutenant avoir découvert, le soir de son mariage, que son mari entretenait une liaison avec une femme mariée ;

Attendu que Mme Y... fait grief à l'arrêt confirmatif attaqué (Paris, 20 décembre 2001) de l'avoir déboutée de sa demande, alors, selon le moyen :

1/ que l'erreur sur les qualités « substantielles » de la personne ne saurait s'apprécier de façon purement abstraite, sans considération pour les convictions religieuses ou philosophiques qui ont pu déterminer le consentement de l'autre partie, qu'en refusant de prononcer la nullité du mariage contracté par Mme Y... au motif « qu'en l'état actuel des mœurs » la liaison durablement entretenue par M. X... avec une femme mariée ne pouvait pas constituer une cause de nullité du mariage, sans rechercher si, au regard des convictions religieuses très ancrées de Mme Y...,

Préparation

1 Identifier

2 Analyser

3 Apprécier l'arrêt

4 Élaborer un plan

apparemment partagées par M. X... et communes à tout leur environnement social, cette liaison adultérine cachée à Mme Y... n'avait pas pu caractériser une erreur déterminante du consentement de celle-ci, la cour d'appel n'a pas légalement justifié sa décision au regard de l'article 180 du Code civil ;
2/ qu'il était soutenu, et de surcroît non contesté, que la liaison que M. X... entretenait depuis sept ans avec une femme mariée s'était prolongée au moins jusqu'au matin même de son mariage civil avec Mme Y..., qu'en se bornant à énoncer que Mme Y... « ne prouve pas » que M. X... ait eu l'intention de continuer à entretenir cette liaison après son mariage, sans rechercher si le comportement de M. X... n'était pas objectivement incompatible avec la fidélité due au lien matrimonial et la loyauté des époux qui constituaient les qualités essentielles sur la foi desquelles Mme Y... avait donné son consentement, la cour d'appel a privé sa décision de base légale au regard de l'article 180 du Code civil ;

Mais attendu que la cour d'appel, qui s'est livrée à la recherche prétendument omise, a relevé que si M. X... reconnaissait avoir entretenu avant son mariage des relations avec une autre femme, il n'était pas démontré qu'il ait eu l'intention de poursuivre cette liaison après son mariage, en dépit des allégations malveillantes de cette personne sur la persistance de leur relation jusqu'au jour du mariage ; qu'elle a pu en déduire que le fait pour M. X... d'avoir caché à son épouse l'existence de cette relation antérieure ne constituait pas une tromperie sur ses qualités essentielles et a souverainement estimé que les convictions religieuses de Mme Y... ne permettaient pas d'établir que celle-ci n'aurait pas contracté mariage si elle avait eu connaissance de cette liaison passée de son mari dans la mesure où les aspirations de M. X... à une union durable n'étaient nullement mises à mal par cette circonstance ; qu'elle a ainsi légalement justifié sa décision ;
PAR CES MOTIFS :
REJETTE le pourvoi ;
Condamne Mme Y... aux dépens ;

1 Identification de l'arrêt

Date. Le 13 décembre 2005.

Juridiction. La première chambre civile de la Cour de cassation, généralement compétente pour les affaires relatives aux personnes ou à la famille. Notez que l'arrêt a été publié au *Bulletin civil de la Cour de cassation*, ce qui signifie qu'il est important.

2 Analyse de l'arrêt

Structure de l'arrêt

L'analyse de l'arrêt consiste à en rechercher la structure pour constituer la « fiche de l'arrêt » ou « fiche de jurisprudence ».

Civ. 1re, 13 décembre 2005, *Bull. civ.* I, n° 495

L'action a 1 seul fondement divisé en 2 arguments — Sur le moyen unique, pris en ses deux branches :

Faits — Attendu que M. X... et Mme Y... se sont mariés le 11 décembre 1995 ;

Initiative de la procédure — que Mme Y... a engagé une action en nullité du mariage

Fondement de l'action — sur le fondement de l'article 180, alinéa 2, du Code civil en soutenant avoir découvert, le soir de son mariage, que son mari entretenait une liaison avec une femme mariée ;

Demandeur au pourvoi — Attendu que Mme Y... fait grief

Solution de la cour d'appel — à l'arrêt confirmatif attaqué (Paris, 20 décembre 2001) de l'avoir déboutée de sa demande, alors, selon le moyen : *[Arrêt rendu le 20 décembre 2001 par la cour d'appel de Paris, voir : Dr. fam., 2002, n° 40]*

1er argument au pourvoi — 1/ que l'erreur sur les qualités « substantielles » de la personne ne saurait s'apprécier de façon purement abstraite, sans considération pour les convictions religieuses ou philosophiques qui ont pu déterminer le consentement de l'autre partie, *[Éléments retenus par le demandeur au pourvoi]* qu'en refusant de prononcer la nullité du mariage contracté par Mme Y... au motif « qu'en l'état actuel des mœurs » la liaison durablement entretenue par M. X... avec une femme mariée ne pouvait pas constituer une cause de nullité du mariage, sans rechercher si, au regard des convictions religieuses très ancrées de Mme Y..., apparemment partagées par M. X... et communes à tout leur environnement social, cette liaison adultérine cachée à Mme Y... n'avait pas pu caractériser une erreur déterminante du consentement de celle-ci, la cour d'appel n'a pas légalement justifié sa décision au regard de l'article 180 du Code civil ; *[Solution de la cour d'appel et reproche du demandeur au pourvoi]*

2nd argument au pourvoi — 2/ qu'il était soutenu, et de surcroît non contesté, que la liaison que M. X... entretenait depuis sept ans avec une femme mariée s'était prolongée au moins jusqu'au matin même de son mariage civil avec Mme Y..., *[Éléments retenus par le demandeur au pourvoi]* qu'en se bornant à énoncer que Mme Y... « ne prouve pas » que M. X... ait eu l'intention de continuer à entretenir cette liaison après son mariage, sans rechercher si le comportement de M. X... n'était pas objectivement incompatible avec la fidélité due au lien matrimonial et la loyauté des époux qui constituaient les qualités essentielles sur la foi desquelles Mme Y... avait donné son consentement, la cour d'appel a privé sa décision de base légale au regard de l'article 180 du Code civil ; *[Solution de la cour d'appel et reproche du demandeur au pourvoi]*

Solution de la Cour de cassation — Mais attendu que la cour d'appel, qui s'est livrée à la recherche prétendument omise, a relevé que si M. X... reconnaissait avoir entretenu avant son mariage des relations avec une autre femme, il n'était pas démontré qu'il ait eu l'intention de poursuivre cette liaison après son mariage, en dépit des allégations malveillantes de cette personne sur la persistance de leur relation jusqu'au jour du mariage ; qu'elle a pu en déduire que le fait pour M. X... d'avoir caché à son épouse l'existence de cette relation antérieure ne constituait pas une tromperie sur ses qualités essentielles et a souverainement estimé que les convictions religieuses de Mme Y... ne permettaient pas d'établir que celle-ci n'aurait pas contracté mariage si elle avait eu connaissance de cette liaison passée de son mari dans la mesure où les aspirations de M. X... à une union durable n'étaient nullement mises à mal par cette circonstance ; *[Réponse aux arguments du demandeur au pourvoi]* qu'elle a ainsi légalement justifié sa décision ; *[Appréciation de la décision de la cour d'appel]*

Dispositif — PAR CES MOTIFS :
REJETTE le pourvoi ;
Condamne Mme Y... aux dépens ;

Fiche de l'arrêt

(Cinq rubriques, quelle que soit la décision à commenter)

1 Faits

Un couple s'est marié le 11 janvier 1995. Le soir même du mariage, l'épouse a appris que son mari avait entretenu une liaison avec une femme mariée, depuis sept ans, et ce jusqu'au matin même de l'union.

2 Procédure

L'épouse demande la nullité du mariage, sur le fondement de l'article 180, alinéa 2, du Code civil, en invoquant une erreur sur les qualités essentielles de son mari.

La cour d'appel de Paris, dans un arrêt confirmatif du 20 décembre 2001, rejette la demande au motif :

- d'une part, que la liaison durablement entretenue par M. X... avec une femme mariée ne constitue pas, en l'état actuel des mœurs, une cause de nullité du mariage ;
- d'autre part, que l'épouse ne prouve pas que son mari ait eu l'intention de continuer à entretenir cette liaison après le mariage.

3 Arguments des parties (l'épouse)

D'abord, l'épouse argue que l'erreur sur les qualités substantielles de la personne ne saurait s'apprécier de façon purement abstraite, sans considération pour les convictions religieuses ou philosophiques qui ont pu déterminer le consentement de l'époux victime de l'erreur. Elle reproche à la cour d'appel d'avoir privé sa décision de base légale, au regard de l'article 180 du Code civil, en ne recherchant pas si, eu égard à ses convictions religieuses très ancrées, apparemment partagées par son époux et communes à tout leur environnement social, cette liaison adultérine cachée n'avait pas pu caractériser une erreur déterminante de son consentement.

Ensuite, l'épouse avance que la liaison que son mari entretenait depuis sept ans avec une femme mariée s'était prolongée jusqu'au matin même de son mariage civil, au moins. Elle estime alors que la cour d'appel a privé sa décision de base légale, au regard de l'article 180 du Code civil, en se bornant à énoncer que l'épouse ne prouvait pas que son mari avait eu l'intention de continuer à entretenir cette liaison après son mariage. La cour d'appel aurait dû rechercher si le comportement de l'époux n'était pas objectivement incompatible avec la fidélité due au lien matrimonial et la loyauté des époux qui constituaient les qualités essentielles sur la foi desquelles l'épouse avait donné son consentement.

4 Problème juridique

Succinctement : Le fait, pour un époux, d'avoir caché l'existence d'une relation antérieure au mariage constitue-t-il une tromperie sur ses qualités essentielles ?

Plus précisément : Une cour d'appel justifie-t-elle sa décision si elle rejette la demande en nullité du mariage, formée par une épouse, pour erreur sur les qualités essentielles de son époux, au motif que le fait, pour ce dernier, d'avoir caché l'existence d'une relation antérieure au mariage ne constituait pas une tromperie sur ses qualités essentielles, dès lors qu'il n'était pas démontré que l'époux ait eu l'intention de poursuivre cette liaison après son mariage, et que les convictions religieuses de l'épouse ne permettaient pas d'établir que celle-ci n'aurait pas contracté mariage si elle avait eu connaissance de cette liaison passée de son mari, dans la mesure où les aspirations de l'époux à une union durable n'étaient nullement mises à mal par cette circonstance ?

.../...

5 Solution

La réponse au problème posé succinctement est négative.

La Cour de cassation estime que la cour d'appel, qui a rejeté la demande de nullité du mariage, a légalement justifié sa décision dès lors :

- qu'elle a relevé qu'il n'était pas démontré que l'époux ait eu l'intention de poursuivre cette liaison après son mariage ;
- qu'elle en a déduit que le fait, pour le mari, d'avoir caché à son épouse l'existence de cette relation antérieure ne constituait pas une tromperie sur ses qualités essentielles ;
- qu'elle a souverainement estimé que les convictions religieuses de l'épouse ne permettaient pas d'établir que celle-ci n'aurait pas contracté mariage si elle avait eu connaissance de cette liaison passée de son mari, dans la mesure où les aspirations de l'époux à une union durable n'étaient nullement mises à mal par cette circonstance.

3 Appréciation de l'arrêt

À l'aide de ce que vous avez appris en cours et de l'ensemble de vos connaissances, vous devez déterminer le sens, la valeur et la portée de l'arrêt.

Le sens de l'arrêt

? **Qu'est-ce que les juges ont décidé ? Qu'ont-ils déclaré ? Qu'ont-ils répondu aux parties ? Ont-ils sanctionné ou approuvé la décision de la cour d'appel ou du tribunal ?**

La Cour de cassation a approuvé la cour d'appel d'avoir rejeté la demande en nullité du mariage, formée par l'épouse, pour erreur sur les qualités essentielles de son mari, lequel lui avait caché l'existence d'une relation avec une autre femme avant le mariage, dès lors :

- *d'une part,* qu'il n'était pas démontré que l'époux avait eu l'intention de poursuivre cette liaison après son mariage. Les aspirations du mari à une union durable n'étaient nullement mises à mal par cette relation.
- *d'autre part,* que les juges du fond avaient souverainement estimé que les convictions religieuses de l'épouse ne permettaient pas d'établir que celle-ci n'aurait pas contracté mariage si elle avait eu connaissance de cette liaison passée de son mari.

La valeur de l'arrêt

? **Pourquoi les juges ont-ils pris cette décision ? Pouvaient-ils juger autrement ? Quelles règles ont-ils appliquées ? Était-ce prévisible ? Est-ce un revirement de jurisprudence, une décision isolée ?**

L'époux qui souhaite demander la nullité de son mariage, sur le fondement de l'article 180 du Code civil, en invoquant une erreur sur les qualités essentielles de son conjoint, doit démontrer :

- qu'il n'aurait pas contracté mariage s'il avait eu connaissance du fait qu'il invoque ;
- que la qualité essentielle fait effectivement défaut depuis la célébration de l'union.

Or, en l'espèce, les juges du fond ont relevé :

- que l'épouse ne rapportait pas la preuve qu'elle aurait refusé de se marier si elle avait su que son futur époux entretenait une liaison, depuis sept ans, avec une autre femme ;
- qu'il n'était pas démontré que l'époux avait eu l'intention de poursuivre cette liaison après son mariage et que les aspirations de celui-ci à une union durable n'étaient pas remises en cause. La qualité essentielle que l'épouse reprochait à son mari de ne pas avoir (« la fidélité due au lien matrimonial et la loyauté des époux ») ne faisait pas défaut depuis la célébration de l'union.

L'épouse ne rapportait donc pas les preuves nécessaires pour demander la nullité du mariage sur le fondement de l'article 180 du Code civil. La cour d'appel ne pouvait que la débouter et la Cour de cassation ne pouvait que rejeter son pourvoi.

Rappel : la Cour de cassation statue seulement en droit. Elle ne peut pas apprécier les faits. Seuls les juges du fond le peuvent. La Cour de cassation ne recherche pas si ces derniers l'ont bien fait ou mal fait. Elle vérifie seulement s'ils l'ont fait. Si les juges du fond estiment que les preuves indispensables à une action ne sont pas rapportées, ils déboutent le demandeur et la Cour de cassation rejette le pourvoi.

Cette solution était d'autant plus prévisible que la jurisprudence s'était déjà prononcée ainsi dans des affaires similaires.

La portée de l'arrêt

? Quelles vont être les conséquences de l'arrêt ? Que va-t-il se passer pour les prochaines affaires similaires ? Les parties seront-elles mieux protégées, plus libres ? Sera-t-il plus opportun de se prévaloir d'autres règles de droit ?
Quelle va être la réaction du législateur ? Va-t-il devoir légiférer ?
La jurisprudence risque-t-elle de changer ?

D'un point de vue juridique, la solution était prévisible et doit être approuvée. Les juges ont appliqué strictement l'article 180 du Code civil.

D'un point de vue pratique, en revanche, la décision peut paraître sévère.
Dès lors qu'il n'est pas démontré que l'époux a eu l'intention de poursuivre sa liaison après son union et que l'épouse aurait refusé de se marier si elle avait eu connaissance de cette relation, la nullité du mariage ne peut être obtenue pour erreur sur les qualités essentielles du fiancé infidèle.

Dans de tels cas, il semble plus judicieux de demander le divorce plutôt que la nullité du mariage. Depuis le 1er janvier 2005, date d'entrée en vigueur de la loi du 26 mai 2004, réformant le divorce, le divorce peut être demandé si le lien conjugal entre les époux est définitivement altéré depuis deux ans. L'époux qui découvre que son conjoint a entretenu une liaison avant le mariage, et qui ne parvient pas à démontrer que celle-ci a perduré et qu'il n'aurait pas consenti à l'union s'il l'avait su, a intérêt à demander le divorce plutôt que la nullité du mariage.

4 Élaboration du plan

Le thème de cet arrêt, et de son commentaire, est l'erreur sur les qualités essentielles du conjoint ayant eu, avant le mariage, une liaison cachée.
L'apport de l'arrêt, et de son commentaire, est que l'époux tenu dans l'ignorance de la liaison entretenue par son conjoint, juste avant le mariage, ne peut pas obtenir facilement la nullité de celui-ci pour erreur sur les qualités essentielles.

Dans votre devoir, vous devez :

1. présenter l'action pour erreur sur les qualités essentielles d'un époux (en reprenant les éléments contenus dans votre cours) ;
2. insister sur le cas particulier du fiancé ayant eu une liaison avant le mariage (en parcourant la jurisprudence insérée dans le Code civil [Dalloz ou LexisNexis], sous l'article 180) ;
3. conclure que l'action en nullité du mariage n'est pas véritablement adaptée pour l'époux tenu dans l'ignorance de la liaison entretenue par son conjoint, avant le mariage.

Le plan

I. La possibilité d'obtenir la nullité du mariage pour erreur sur les qualités essentielles du futur époux infidèle

- **A.** Les conditions de l'action en nullité pour erreur sur les qualités essentielles
- **B.** Le cas particulier de l'action en nullité pour erreur sur les qualités essentielles du futur époux infidèle

II. La difficulté pour obtenir la nullité du mariage pour erreur sur les qualités essentielles du futur époux infidèle

- **A.** La complexité des preuves à rapporter pour obtenir la nullité du mariage
- **B.** Le contraste avec la simplicité des preuves à rapporter pour obtenir le divorce

Introduction

L'introduction reprend les éléments exposés dans la fiche de l'arrêt en faisant en sorte qu'ils s'enchaînent.

ÉTAPES

① **Phrase d'accroche**

Selon l'article 212 du Code civil, les époux se doivent fidélité. Qu'en est-il des futurs époux ?

② **Faits**

Un couple se maria le 11 janvier 1995. Le soir même du mariage, l'épouse apprit que son mari avait entretenu une liaison avec une femme mariée, pendant sept ans, et ce jusqu'au matin même de la cérémonie.

③ **Procédure**

L'épouse demanda la nullité du mariage, sur le fondement de l'article 180, alinéa 2, du Code civil, en invoquant une erreur sur les qualités essentielles de son mari.
La cour d'appel de Paris, dans un arrêt confirmatif du 20 décembre 2001, rejeta la demande. Elle estima, d'une part, que la liaison durablement entretenue par l'époux avec une femme mariée ne constituait pas, en l'état actuel des mœurs, une cause de nullité du mariage et, d'autre part, que l'épouse ne prouvait pas que son mari avait eu l'intention de continuer à entretenir cette liaison après le mariage.

④ **Arguments des parties**

L'épouse se pourvut en cassation, en avançant deux arguments.
D'abord, elle argua que l'erreur sur les qualités substantielles de la personne ne pouvait s'apprécier de façon purement abstraite, sans considération pour les convictions religieuses ou philosophiques qui avait pu déterminer le consentement de l'autre partie. Elle reprocha à la cour d'appel d'avoir privé sa décision de base légale, au regard de l'article 180 du Code civil, en ne recherchant pas si, eu égard à ses convictions religieuses très ancrées, partagées par les époux et communes à tout leur environnement social, cette liaison cachée n'avait pas pu caractériser une erreur déterminante du consentement de celle-ci.
Ensuite, l'épouse avança que la liaison que son mari entretenait, depuis sept ans, avec une femme mariée, s'était prolongée jusqu'au matin même de son mariage civil, au moins. Elle estima alors que la cour d'appel avait privé sa décision de base légale, au regard de l'article 180 du Code civil, en se bornant à énoncer que l'épouse ne prouvait pas que son mari avait eu l'intention de continuer à entretenir cette liaison après son mariage. La cour d'appel aurait dû rechercher si le comportement de l'époux n'était pas objectivement incompatible avec la fidélité due au lien matrimonial et la loyauté des époux qui constituaient les qualités essentielles sur la foi desquelles l'épouse avait donné son consentement.

⑤ **Problème juridique**

La question posée au juge était donc de savoir si le fait, pour un époux, d'avoir caché l'existence d'une relation antérieure au mariage, pouvait constituer une tromperie sur ses qualités essentielles ?

⑥ **Solution de l'arrêt à commenter**

Les magistrats de la cour d'appel considérèrent que cela était possible mais que tel n'était pas le cas en l'espèce et la Cour de cassation estima que ceux-ci avaient légalement justifié leur décision.

⑦ **Annonce du plan**

S'il est possible d'obtenir la nullité du mariage pour erreur sur les qualités essentielles du futur époux infidèle **(I)**, cela reste difficile **(II)**.

Développement

I. La possibilité d'obtenir la nullité du mariage pour erreur sur les qualités essentielles du futur époux infidèle

L'action en nullité du mariage, pour erreur sur les qualités essentielles d'un des conjoints, est soumise à des conditions particulières **(A)**, auxquelles n'échappe pas le cas particulier du futur époux infidèle **(B)**.

A. Les conditions de l'action en nullité pour erreur sur les qualités essentielles

Selon l'article 180 du Code civil, « Le mariage qui a été contracté sans le consentement libre des deux époux, ou de l'un d'eux, ne peut être attaqué que par les époux, ou par celui des deux dont le consentement n'a pas été libre, ou par le ministère public. L'exercice d'une contrainte sur les époux ou l'un d'eux, y compris par crainte révérencielle envers un ascendant, constitue un cas de nullité du mariage.

S'il y a eu erreur sur la personne, ou sur des qualités essentielles de la personne, l'autre époux peut demander la nullité du mariage. »

Dans ce cas, le ministère public ne peut pas agir.

Usuellement, deux types d'erreur sur les qualités essentielles sont invoqués pour demander la nullité d'un mariage, sur le fondement de ce texte : l'erreur sur la santé (troubles mentaux, inaptitude à avoir des relations sexuelles) et l'erreur sur les qualités civiles et morales (époux ayant caché sa qualité de divorcé ou de condamné, sa nationalité).

L'époux qui souhaite demander la nullité de son mariage, sur le fondement de l'article 180 du Code civil, en invoquant une erreur sur les qualités essentielles de son conjoint, doit démontrer :

1. qu'il n'aurait pas contracté mariage s'il avait eu connaissance du fait qu'il invoque ;
2. que la qualité essentielle fait effectivement défaut depuis la célébration de l'union.

Ces conditions doivent également être remplies lorsque la nullité du mariage est demandée pour erreur sur les qualités essentielles du futur époux infidèle.

B. Le cas particulier de l'action en nullité pour erreur sur les qualités essentielles du futur époux infidèle

S'agissant du cas particulier de l'infidélité du futur époux, il a été admis, par exemple, qu'il y avait erreur sur les qualités essentielles lorsque l'un des époux a été tenu dans l'ignorance d'une liaison que son conjoint n'avait nullement l'intention de rompre (TGI Le Mans, 7 décembre 1981, *JCP*, 1986, II, 20573 – CA Rennes, 11 décembre 2000, *Dr. fam.*, 2001, n° 67).

Dans l'affaire examinée par la Cour de cassation le 13 décembre 2005, la cour d'appel a rejeté la demande en nullité du mariage en retenant quatre arguments. *D'abord,* la liaison durablement entretenue par un futur époux, avec une femme mariée, ne peut pas constituer, en l'état actuel des mœurs, une cause de nullité. *Ensuite,* il n'était pas démontré que l'époux avait eu l'intention de poursuivre cette liaison après son mariage. *Puis,* les convictions religieuses de l'épouse ne permettaient pas d'établir que celle-ci n'aurait pas contracté mariage si elle avait eu connaissance de cette liaison passée de son mari. *Enfin,* les aspirations de l'époux à une union durable n'étaient nullement mises à mal par cette circonstance.

La Cour de cassation a considéré que la cour d'appel avait légalement justifié sa décision et a repris les trois derniers arguments.

L'épouse ne rapportait pas les preuves nécessaires pour demander la nullité du mariage sur le fondement de l'article 180 du Code civil. La cour d'appel ne pouvait que la débouter et la Cour de cassation ne pouvait que rejeter son pourvoi.

D'un point de vue juridique, la solution était prévisible et doit être approuvée. D'un point de vue pratique, en revanche, elle met le conjoint, ex-fiancé trompé, dans une situation difficile et peut paraître sévère.

II. La difficulté pour obtenir la nullité du mariage pour erreur sur les qualités essentielles du futur époux infidèle

La complexité des preuves à rapporter, pour obtenir la nullité du mariage **(A)**, contraste avec la simplicité de celles nécessaires pour obtenir le divorce **(B)**.

A. La complexité des preuves à rapporter pour obtenir la nullité du mariage

Dès lors qu'il n'est pas démontré que l'époux a eu l'intention de poursuivre sa liaison après la célébration de l'union et que l'épouse aurait refusé de se marier si elle avait eu connaissance de cette relation, la nullité du mariage ne peut être obtenue pour erreur sur les qualités essentielles du fiancé infidèle. Une femme doit excuser son fiancé infidèle, dès lors qu'il devient un époux modèle, à l'instant où il répond « oui » à la question posée par Monsieur le Maire !

Certes, l'obligation de fidélité s'impose aux époux (art. 212 C. civ.) et non aux futurs époux. Le lien matrimonial, la qualité d'époux et les obligations qui en découlent n'existent effectivement qu'à partir du jour de l'union. Cependant, il est permis de se demander si la personne qui entretient une liaison pendant plusieurs années, et ce jusqu'au matin même de son mariage, n'adopte pas un comportement « objectivement incompatible avec la fidélité due au [futur] lien matrimonial et la loyauté des [futurs] époux ». S'il n'y a pas erreur sur les qualités essentielles de l'époux, il y a néanmoins erreur sur les qualités essentielles du futur époux. Une épouse peut se sentir trahie lorsqu'elle apprend que son mari a eu une liaison, que celle-ci ait eu lieu après le mariage ou bien dans les mois (années en l'espèce) qui l'ont précédé, jusqu'à sa célébration. Or la preuve, imposée par l'article 180 du Code civil, que la relation a perduré après le mariage et, surtout, que l'épouse ne se serait pas mariée si elle avait eu connaissance de cette liaison, est malaisée à rapporter. La nullité du mariage est donc difficile à obtenir. L'ancien fiancé trompé est dans une situation délicate.

Cela contraste avec la simplicité des preuves à rapporter pour obtenir le divorce.

B. Le contraste avec la simplicité des preuves à rapporter pour obtenir le divorce

Dans de telles situations, il semble plus judicieux de demander le divorce. Certes, la liaison ayant été entretenue avant le mariage, elle ne peut pas constituer un cas d'adultère et justifier une requête en divorce pour faute. Cependant, d'autres cas de divorce peuvent être envisagés.

À défaut d'accord entre les époux ou de faute de l'un d'eux, le divorce peut être obtenu pour altération du lien conjugal, après deux ans de séparation (art. 238 C. civ.). L'époux qui découvre que son conjoint a entretenu une liaison avant le mariage, et qui ne parvient pas à démontrer qu'il n'aurait pas consenti à l'union s'il l'avait su, a intérêt à demander le divorce plutôt que la nullité du mariage. Il lui suffit de quitter son conjoint et d'attendre deux ans. La seule preuve de la séparation et du délai suffit alors pour obtenir le divorce. Or, il est plus facile de prouver que l'on a vécu séparément, pendant deux ans (élément objectif), plutôt que de prouver que l'on n'aurait pas consenti à se marier si on avait su que son fiancé avait une relation, avec une autre femme, jusqu'au matin même du mariage (élément subjectif).

En l'espèce, le couple, marié en 1995, l'était toujours le 13 décembre 2005 et l'est resté ensuite (le pourvoi étant rejeté, l'affaire est définitivement jugée). Sauf faute ou accord de son conjoint, le seul moyen pour l'épouse de ne plus être mariée est de demander le divorce pour altération définitive du lien conjugal. Or, les époux étant en procès depuis 1995, il est fort probable qu'ils vivent séparément depuis au moins deux ans. Cette action semble donc plus judicieuse, à moins que les convictions religieuses de l'épouse, qui ne lui ont pourtant pas permis d'obtenir la nullité du mariage, ne l'empêchent de s'engager dans cette voie. Elle restera alors encore mariée… pour le meilleur et pour le pire…

Fiancés, pacsés ou... séparés

Adriana et Mathieu se sont fiancés l'an der nier. Adriana a organisé, pour l'occasion, un grande fête, au cours de laquelle Mathieu lui offert une magnifique bague, qu'il tenait de s grand-mère maternelle.

Étant enceinte, Adriana souhaiterait offi cialiser leur union en passant devant le mair Or, il y a quelques années, Mathieu a failli s marier mais, le jour de la cérémonie, la futu mariée a changé d'avis et est partie élever de lamas au Pérou.

Préparation

1 Analyser les faits

2 Rechercher les problèmes juridiques posés

3 Rechercher les éléments de réponse

sur les fiançailles, le concubinage et le PACS

Depuis ce jour, Mathieu est réticent à l'idée de se marier. Pour faire plaisir à Adriana, qui avait déjà insisté pour les fiançailles, il a accepté de se pacser.

Avant de signer, il souhaiterait néanmoins savoir à quoi il s'engage réellement. Deux points l'inquiètent particulièrement. D'une part, Adriana est très dépensière. Mathieu pourra-t-il, en tant que pacsé, être tenu d'assumer les dépenses de sa partenaire ? D'autre part, le couple vit actuellement dans un appartement dont le bail est au nom de Mathieu. Celui-ci souhaiterait savoir si, en cas de rupture de sa part, suivie d'un départ, le bail pourra être maintenu au nom d'Adriana.

En effet, Mathieu pense à un éventuel départ car il a revu, par hasard, la semaine dernière, son ancienne future épouse, Laëtitia, dont il est toujours très amoureux. Celle-ci, venue en France pour régler quelques formalités administratives, lui a avoué qu'elle l'aimait toujours et qu'elle regrettait d'être partie le jour de leur mariage.

Ayant à présent un grand élevage de lamas, elle lui a proposé de venir vivre avec elle au Pérou et… de s'y marier. Mathieu envisage de partir avec elle, dans cinq jours.

1 Analyse des faits

Repérage des faits importants

Adriana et Mathieu se sont fiancés l'an dernier. Adriana a organisé, pour l'occasion, une grande fête, au cours de laquelle Mathieu lui a offert une magnifique bague, qu'il tenait de sa grand-mère maternelle.

Étant enceinte, Adriana souhaiterait officialiser leur union en passant devant le maire. Or, il y a quelques années, Mathieu a failli se marier mais, le jour de la cérémonie, la future mariée a changé d'avis et est partie élever des lamas au Pérou.

Depuis ce jour, Mathieu est réticent à l'idée de se marier. Pour faire plaisir à Adriana, qui avait déjà insisté pour les fiançailles, il a accepté de se pacser. Avant de signer, il souhaiterait néanmoins savoir à quoi il s'engage réellement. Deux points l'inquiètent particulièrement. D'une part, Adriana est très dépensière. Mathieu pourra-t-il, en tant que pacsé, être tenu d'assumer les dépenses de sa partenaire ? D'autre part, le couple vit actuellement dans un appartement dont le bail est au nom de Mathieu. Celui-ci souhaiterait savoir si, en cas de rupture de sa part, suivie d'un départ, le bail pourra être maintenu au nom d'Adriana.

En effet, Mathieu pense à un éventuel départ car il a revu, par hasard, la semaine dernière, son ancienne future épouse, Laëtitia, dont il est toujours très amoureux. Celle-ci, venue en France pour régler quelques formalités administratives, lui a avoué qu'elle l'aimait toujours et qu'elle regrettait d'être partie le jour de leur mariage.

Ayant à présent un grand élevage de lamas, elle lui a proposé de venir vivre avec elle au Pérou et… de s'y marier. Mathieu envisage de partir avec elle, dans cinq jours.

Qualification juridique des faits

- **fiancés l'an dernier :** couple fiancé depuis plusieurs mois
- **Adriana a organisé :** la femme du couple semble plus investie que l'homme
- **une grande fête :** les fiançailles ont eu lieu en présence de témoins
- **magnifique bague, qu'il tenait de sa grand-mère maternelle :** bague de fiançailles = bijou appartenant à la famille du fiancé
- **Étant enceinte, Adriana souhaiterait officialiser leur union (...) devant le maire :** expression usuelle renvoyant au mariage – l'initiative appartient à la fiancée et semble justifiée par son état de grossesse
- **il a accepté de se pacser :** volonté de se pacser
- **savoir à quoi il s'engage réellement :** étendue des droits et des obligations des pacsés
- **tenu d'assumer les dépenses de sa partenaire :** solidarité des pacsés à l'égard des tiers
- **bail (...) être maintenu au nom d'Adriana :** maintien du contrat de location au profit du concubin du titulaire
- **éventuel départ (...) dans cinq jours :** éventuelle rupture brutale des fiançailles

2 Recherche des (ou du) problèmes juridiques

Le cas pratique proposé contient deux sortes de problèmes.

1. Certains problèmes sont expressément posés :

   « Pourra-t-il, en tant que pacsé, être tenu d'assumer les dépenses de sa partenaire ? (...) Celui-ci souhaiterait savoir si, en cas de rupture de sa part, suivie d'un départ, le bail pourra être maintenu au nom d'Adriana. »

   L'auteur du cas pratique vous demande clairement :

   - s'il existe une solidarité entre pacsés, à l'égard des tiers ;
   - si, en cas d'abandon du domicile par le concubin titulaire du bail, le contrat de location peut être maintenu au profit de son partenaire.

2. D'autres problèmes sont sous-entendus :

   « Mathieu lui a offert une magnifique bague, qu'il tenait de sa grand-mère maternelle. (...) Mathieu envisage de partir avec elle, dans cinq jours. »

   Ces passages du cas pratique renvoient aux problèmes :

   - de la rupture brutale des fiançailles (départ dans cinq jours) avec l'octroi de dommages et intérêts ;
   - de la restitution de la bague de fiançailles qualifiée de bijou de famille (de sa grand-mère).

3 Recherche des éléments de réponse

La solidarité entre les pacsés à l'égard des tiers

Art. 515-4, al. 2, C. civ. « Les partenaires sont tenus solidairement à l'égard des tiers des dettes contractées par l'un d'eux pour les besoins de la vie courante. Toutefois, cette solidarité n'a pas lieu pour les dépenses manifestement excessives. Elle n'a pas lieu non plus, s'ils n'ont été conclus du consentement des deux partenaires, pour les achats à tempérament ni pour les emprunts à moins que ces derniers ne portent sur des sommes modestes nécessaires aux besoins de la vie courante et que le montant cumulé de ces sommes, en cas de pluralité d'emprunts, ne soit pas manifestement excessif eu égard au train de vie du ménage. »

Jurisprudence

Exemple de solidarité : Étant donné la finalité de cette allocation (le logement commun), lorsqu'une APL a été versée à tort, les pacsés (ou les concubins) qui en ont bénéficiée sont solidairement tenus à sa restitution, quand bien même elle n'aurait été attribuée qu'à un seul d'entre eux.

CE, 9 juillet 2003, *D.*, 2004. Somm. p. 2967.

Limite à la solidarité : Le principe de la solidarité des pacsés, à l'égard des tiers, a été posé par le législateur dès 1999. L'exception relative aux dépenses manifestement excessives a été introduite, en revanche, par la loi n° 2006-728 du 23 juin 2006, portant réforme des successions et des libéralités. La jurisprudence ne s'est pas encore prononcée sur ce point. À titre de comparaison, il peut être relevé que, s'agissant de couples mariés, la solidarité a été exclue pour :

- les opérations d'investissement ;

  Civ. 1re, 11 janvier 1984, *Bull. civ.* I, n° 13.
- l'achat d'un second véhicule pour le couple ;

  CA Rouen, 25 janvier 2000, *Contrats conc. consom.*, 2001, n° 78.
- l'achat d'une voiture de luxe.

  CA Aix-en-Provence, 17 janvier 1994, *JCP*, 1995, I, 3821, n° 7.

Le maintien du bail du logement commun au profit du concubin du titulaire

Art. 14 de la loi n° 89-462 du 6 juillet 1989, tendant à améliorer les rapports locatifs
« En cas d'abandon du domicile par le locataire, le contrat de location continue : au profit du (...) concubin notoire... »

Vous trouverez cette information en cherchant, dans l'index de votre Code civil (Dalloz ou LexisNexis), l'entrée : « Concubinage », puis la sous-entrée : « bail d'habitation » ou « bail ».

La rupture brutale des fiançailles

Art. 1240 C. civ. « Tout fait quelconque de l'homme, qui cause à autrui un dommage, oblige celui par la faute duquel il est arrivé, à le réparer. » (anc. art. 1382)

Jurisprudence

Si la rupture des fiançailles cause au fiancé délaissé un préjudice moral (sentiment d'abandon, dépression...) et/ou matériel (frais engagés pour le mariage, pour une installation en commun...), celui-ci peut demander des dommages et intérêts à l'auteur de la rupture.
Le caractère fautif ou non de la rupture relève de l'appréciation souveraine des juges du fond.

- *Rupture de fiançailles engageant la responsabilité de son auteur*

  – rupture brusque après avoir entretenu l'espoir d'un mariage et abandon quelques jours avant la naissance de l'enfant ;

  Cass. 1re civ., 3 novembre 1976, *Bull. civ.* I, n° 322.

– rupture sans motif légitime alors que la fiancée est enceinte ;

Cass. 1re civ., 29 avril 1981, *Bull. civ.* I, n° 144.

– rupture après la célébration d'un mariage coutumier marocain valant engagement matériel et moral.

Cass. 1re civ., 15 mars 1988, *Gaz. Pal.*, 1989, 1, Jurisp. p. 374.

- *Rupture de fiançailles n'engageant pas la responsabilité de son auteur*

– gendarme dont les supérieurs refusent d'autoriser le mariage avec une tenancière d'un bar-dancing, alors qu'il n'est pas établi que le gendarme avait conclu des fiançailles en s'engageant à démissionner, si l'autorisation sollicitée lui était refusée ;

Cass. 1re civ., 3 novembre 1966, *Bull. civ.* I, n° 495.

– rupture brutale mais faute non caractérisée par la seule absence de dialogue préalable à la rupture.

Cass. 1re civ., 4 janvier 1995, pourvoi n° 92-21.767.

Vous trouverez la jurisprudence relative à la rupture des fiançailles sous les articles 143 (code Dalloz) et 1241 (code LexisNexis) après avoir recherché le mot « fiançailles » et la sous-entrée « rupture » dans ces codes.

***NB :* le fiancé qui demande des dommages et intérêts à l'autre, pour rupture abusive, doit au préalable démontrer l'existence des fiançailles.**

Dans ***Réussir ses TD – Droit des obligations*** plus de détails sur la responsabilité du fait personnel dans les exercices sur le dommage, la faute et le lien de causalité

La restitution de la bague de fiançailles

Art. 852 C. civ. « Les frais de nourriture, d'entretien, d'éducation, d'apprentissage, les frais ordinaires d'équipement, ceux de noces et les présents d'usage, ne doivent pas être rapportés, sauf volonté contraire du disposant.
Le caractère de présent d'usage s'apprécie à la date où il est consenti et compte tenu de la fortune du disposant. »

Art. 1088 C. civ. « Toute donation faite en faveur du mariage sera caduque si le mariage ne s'ensuit pas. »

Jurisprudence, rendue sous l'empire de la législation antérieure, toujours applicable

- *Principe*

La bague de fiançailles est considérée comme un présent d'usage. Elle peut être conservée par la fiancée.

Cass. 1re civ., 30 décembre 1952, *D.*, 1953, Jurisp. p. 161.

- *Exception*

La fiancée doit restituer l'anneau dans deux cas :

1. *soit* la bague appartenait à la famille du fiancé. Elle est alors assimilée à un bijou de famille et la jurisprudence considère qu'il s'agit d'un prêt fait en vue du mariage. Si ce dernier n'a pas lieu ou est ensuite dissous, la fiancée doit restituer la bague.

Cass. 1re civ., 22 février 1983, *Gaz. Pal.*, 1983, 1, Somm. p. 305.

2. *soit* la valeur de la bague est sans rapport avec les moyens du fiancé ou de sa famille (achat à crédit).

CA Versailles, 22 novembre 2002, *BICC*, n° 582, arrêt n° 1013.

Cependant, dans ce dernier cas, les juges autorisent parfois la fiancée à conserver la bague à titre de dommages et intérêts, lorsque la rupture est fautive.

CA Paris, 3 décembre 1976, *D.*, 1978, Jurisp. p. 339.

Vous trouverez la jurisprudence relative à la bague de fiançailles sous les articles 852 et 1088 du Code civil après avoir recherché le mot « fiançailles » et la sous-entrée « cadeau » dans ce code.

Introduction

L'introduction (assez courte) comporte plusieurs étapes.

ÉTAPES

① **Annonce du thème visé par le cas pratique**

Il est admis que le PACS est un engagement moins important que le mariage mais plus sérieux que les fiançailles. Mais à quoi les pacsés et les fiancés sont-ils vraiment engagés ?

② **Résumé et qualification juridique des faits**

Un couple est fiancé depuis un an. Pour l'occasion, l'homme a donné à la femme une bague qu'il tenait de sa grand-mère. À présent, la femme est enceinte et insiste pour se pacser. Elle est assez dépensière. Le fiancé a récemment revu une ancienne conquête et envisage de partir vivre avec elle à l'étranger, dans quelques jours. Le bail du logement du couple est seulement au nom du fiancé.

③ **Problème posé par les faits**

Le fiancé se pose clairement deux questions. D'une part, les pacsés sont-ils solidaires, à l'égard des tiers ? D'autre part, en cas d'abandon du domicile par le concubin titulaire du bail, le contrat de location peut-il être maintenu au profit de son partenaire ?
Le reste des faits soulève également deux questions. D'une part, quelles peuvent être les conséquences de la rupture brutale de fiançailles ? D'autre part, la fiancée est-elle tenue de restituer la bague de fiançailles au fiancé auteur de la rupture ?

④ **Annonce du plan**

Il convient de répondre aux questions clairement posées à propos du PACS et du concubinage et expressément suggérées à propos des fiançailles.

Les réponses doivent toujours être justifiées. Pour cela, elles doivent être construites en trois parties :
- **les faits de l'espèce ;**
- **la règle de droit applicable ;**
- **la solution.**

Développement

I. La solidarité des pacsés à l'égard des tiers

Les faits de l'espèce

Un couple de fiancés, Adriana et Mathieu, attend un heureux évènement. Adriana souhaite se pacser. Mathieu a quelques craintes car sa fiancée est dépensière. Il se demande s'il existe une solidarité entre les pacsés, à l'égard des tiers.

La règle de droit applicable

Selon l'article 515-4, alinéa 2, du Code civil, « Les partenaires sont tenus solidairement à l'égard des tiers des dettes contractées par l'un d'eux pour les besoins de la vie courante. »
Il a par exemple été jugé que lorsqu'une APL a été versée à tort, les pacsés (ou les concubins) qui en ont bénéficié sont solidairement tenus à sa restitution, quand bien même elle n'aurait été attribuée qu'à un seul d'entre eux, dès lors que la finalité de cette allocation est le logement commun (CE, 9 juillet 2003, *D.*, 2004, Somm. p. 2967).
Le principe de la solidarité est écarté pour les dépenses manifestement excessives. Elle n'a pas lieu non plus, s'ils n'ont été conclus du consentement des deux partenaires, pour les achats à tempérament ni pour les emprunts à moins que ces derniers ne portent sur des sommes modestes nécessaires aux besoins de la vie courante et que le montant cumulé de ces sommes, en cas de pluralité d'emprunts, ne soit pas manifestement excessif eu égard au train de vie du ménage.
En attendant que la jurisprudence ait l'occasion d'appliquer ce texte (modifié par la loi du 17 mars 2014 relative à la consommation), il est possible de noter, s'agissant des époux, que la solidarité à l'égard des tiers, prévue par l'article 220 du Code civil, a été écartée à propos :

- de l'achat d'un second véhicule par le couple (CA Rouen, 25 janvier 2000, *Contrats conc. consom.*, 2001, n° 78) ;
- de l'achat d'une voiture de luxe (CA Aix-en-Provence, 17 janvier 1994, *JCP*, 1995, I, 3821, n° 7).

La solution

Mathieu sera solidaire, à l'égard des tiers, des dépenses d'Adriana relatives aux besoins de la vie courante, à moins que celles-ci ne soient manifestement excessives.

II. Le maintien du bail au profit du concubin du titulaire

Les faits de l'espèce

Adriana et Mathieu sont fiancés depuis un an. Ils vivent ensemble dans un appartement dont le bail est seulement au nom de Mathieu. Ce dernier envisage de partir vivre à l'étranger et se demande si le bail pourra être maintenu au profit d'Adriana.

La règle de droit applicable

Selon l'article 14 de la loi n° 89-462 du 6 juillet 1989 tendant à améliorer les rapports locatifs, modifié par l'article 14 de la loi n° 99-944 du 15 novembre 1999 relative au PACS : « En cas d'abandon du domicile par le locataire, le contrat de location continue : au profit du (...) concubin notoire. ».

La solution

Adriana et Mathieu, fiancés depuis un an et futurs parents, peuvent probablement être qualifiés de concubins notoires. Si Mathieu part vivre à l'étranger, le bail de l'appartement où il vit avec Adriana sera maintenu à l'égard de celle-ci.

III. La rupture des fiançailles

A. L'octroi de dommages et intérêts au fiancé délaissé

Les faits de l'espèce

Adriana et Mathieu sont fiancés. En principe, les fiançailles se définissent comme une promesse de mariage. S'il est réticent à l'idée de se marier, Mathieu a accepté de se pacser prochainement. Or, cette union risque d'être remise en cause puisque Mathieu envisage de partir, dans quelques jours, vivre à l'étranger avec une ancienne conquête, et ce, bien qu'Adriana soit enceinte.

La règle de droit applicable
Selon l'article 1240 du Code civil, « Tout fait quelconque de l'homme, qui cause à autrui un dommage, oblige celui par la faute duquel il est arrivé, à le réparer. » Le fiancé qui demande des dommages et intérêts à l'autre, pour rupture abusive doit, au préalable, démontrer l'existence des fiançailles.

Selon la jurisprudence, le fiancé auteur de la rupture engage sa responsabilité en cas de :
- rupture brusque après avoir entretenu l'espoir d'un mariage et abandon quelques jours avant la naissance de l'enfant (Cass. 1re civ., 3 novembre 1976, *Bull. civ.* I, n° 322) ;
- rupture sans motif légitime alors que la fiancée est enceinte (Cass. 1re civ., 29 avril 1981, *Bull. civ.* I, n° 144) ;
- rupture après la célébration d'un mariage coutumier marocain valant engagement matériel et moral (Cass. 1re civ., 15 mars 1988, *Gaz. Pal.*, 1989, 1, Jurisp. p. 374).

En revanche, n'a pas été jugée fautive la rupture de fiançailles d'un gendarme, avec une tenancière d'un bar-dancing, dès lors que ses supérieurs avaient refusé d'autoriser son mariage et qu'il n'était pas établi que le gendarme avait conclu des fiançailles en s'engageant à démissionner, si l'autorisation sollicitée lui était refusée (Cass. 1re civ., 3 novembre 1966, *Bull. civ.* I, n° 495). De même, la responsabilité du fiancé ne fut pas retenue lorsque le seul fait qui lui était reproché était l'absence de dialogue préalable à la rupture, même si celle-ci avait été soudaine (Cass. 1re civ., 4 janvier 1995, pourvoi n° 92-21.767).

La solution
Pour demander des dommages et intérêts à Mathieu, pour rupture brutale et fautive des fiançailles, Adriana devra démontrer l'existence des fiançailles et d'un préjudice.
La preuve de l'existence des fiançailles ne sera pas difficile à rapporter pour Adriana puisqu'une grande fête, avec de nombreux témoins, a été organisée pour l'occasion.
Pour prouver qu'elle a subi un préjudice, Adriana fera valoir que les fiançailles durent depuis un an et qu'elle est enceinte. Pour se défendre, Mathieu rétorquera qu'il n'a pas promis de se marier et qu'il a seulement accepté de se pacser.
Au regard de la jurisprudence, dans ce domaine, il est fort probable que l'état de grossesse d'Adriana et la brutalité de la rupture (résultant du peu de temps entre l'acceptation de se pacser et la décision de rompre) conduisent les juges à reconnaître qu'Adriana a subi un préjudice.

B. La restitution de la bague

Les faits de l'espèce
La bague que Mathieu a offerte à Adriana avait appartenu à la grand-mère de celui-ci.

La règle de droit applicable
Selon l'article 1088 du Code civil « Toute donation faite en faveur du mariage sera caduque si le mariage ne s'ensuit pas. » Les frais de nourriture, d'entretien, d'éducation, d'apprentissage, les frais ordinaires d'équipement, ceux de noces et les présents d'usage, ne doivent pas, en revanche, être remboursés, sauf volonté contraire du disposant, d'après l'article 852 du Code civil. La jurisprudence considère la bague de fiançailles comme un présent d'usage. Celle-ci peut être conservée par la fiancée (Cass. 1re civ., 30 décembre 1952, *D.*, 1953, Jurisp. p. 161).
Les juges admettent toutefois *deux exceptions*. La bague doit être restituée lorsqu'elle appartenait à la famille du fiancé ou lorsque sa valeur est sans rapport avec les moyens du fiancé ou de sa famille (achat à crédit) (CA Versailles, 22 novembre 2002, *BICC*, n° 582, arrêt n° 1013).
Dans le premier cas, la bague est alors assimilée à un bijou de famille et la jurisprudence considère qu'il s'agit d'un prêt fait en vue du mariage (Cass. 1re civ., 22 février 1983, *Gaz. Pal.*, 983, 1, Somm. p. 305). Si ce

dernier n'a pas lieu ou est ensuite dissous, la fiancée doit restituer la bague.
Dans la seconde hypothèse, les juges autorisent parfois la fiancée à conserver la bague à titre de dommages et intérêts, lorsque la rupture est fautive (CA Paris, 3 décembre 1976, *D.*, 1978, Jurisp. p. 339).

La solution
En l'espèce, la bague est un bijou de la famille du fiancé. Quelle qu'ait été la volonté de Mathieu, Adriana devra la lui rendre, même si, de son côté, celui-ci devra lui verser des dommages et intérêts pour la rupture brutale des fiançailles.

En conclusion, si Mathieu se pacse avec Adriana, il sera solidaire, à l'égard des tiers, des dépenses de celle-ci pour les besoins de la vie courante qui ne seront pas manifestement excessives. S'il décide, au contraire, de quitter Adriana, il devra lui verser des dommages et intérêts. Cette dernière devra lui restituer la bague de fiançailles et bénéficiera du maintien du bail du logement commun.

Chapitre 2
Le divorce

1 Commentaire d'article

sur le divorce pour faute

> **Art. 242 C. civ.**
> (L. n° 2004-439 du 26 mai 2004)
>
> Le divorce peut être demandé par l'un des époux lorsque des faits constitutifs d'une violation grave ou renouvelée des devoirs et obligations du mariage sont imputables à son conjoint et rendent intolérable le maintien de la vie commune.

Préparation

1 Identifier
2 Analyser
3 Apprécier l'article
4 Élaborer un plan

1 Identification de l'article

Trois informations permettent d'identifier un article : sa date, son auteur et son support.

Support. Le Code civil.

Date. L'article 242 du Code civil fut posé comme la base du divorce pour faute par la loi du 11 juillet 1975, portant réforme du divorce. La loi du 26 mai 2004, également relative au divorce, a légèrement reformulé l'article, sans en changer le sens.

Auteur. Les législateurs de 1975 et de 2004.

2 Analyse de l'article

L'analyse de l'article consiste à définir ses principaux termes (la glose) et à décortiquer sa structure grammaticale et logique.

La glose

- **Le divorce peut être demandé :** simple faculté
- **par l'un des époux :** exclusion de la demande conjointe
- **lorsque :** annonce une hypothèse, une condition
- **des faits :** terme vague ; notion large : action, abstention, écrits, paroles, gestes…
- **constitutifs d'une violation grave :** faute importante ; condition relative aux faits susceptibles d'être invoqués pour demander le divorce
- **ou :** alternative
- **renouvelée :** faute réitérée ; alternative à la condition relative aux faits susceptibles d'être invoqués
- **des devoirs et obligations du mariage :** ensemble des engagements découlant du mariage ; complément de « violation grave », termes larges, englobant de nombreuses hypothèses, renvoyant à l'appréciation souveraine des juges du fond
- **sont imputables à son conjoint :** dont son époux est responsable ; 1re condition pour que les « faits » puissent être invoqués
- **et :** cumulatif
- **rendent intolérable le maintien de la vie commune. :** communauté de vie devenue insupportable ; 2nde condition, cumulative, pour que les « faits » puissent être invoqués

La structure grammaticale et logique

Analyse grammaticale

L'article est composé d'une seule phrase. Celle-ci est constituée :

- d'une proposition principale : « **Le divorce peut être demandé par l'un des époux** » ;
- et d'un complément : « **lorsque des faits constitutifs d'une violation grave ou renouvelée des devoirs et obligations du mariage sont imputables à son conjoint et rendent intolérables le maintien de la vie commune.** ».

Ce complément ne contient aucun signe de ponctuation. Sa structure est néanmoins particulière puisqu'il comporte un sujet et deux verbes, avec deux groupes de compléments.

Sujet : « **des faits constitutifs d'une violation grave ou renouvelée des devoirs et obligations du mariage** ».
1er verbe et groupe de compléments correspondant : « **sont imputables à son conjoint** ».
2nd verbe et groupe de compléments correspondant : « **rendent intolérables le maintien de la vie commune** ».

Analyse logique

L'article est composé d'un seul alinéa qui précise à quelle(s) condition(s) le divorce pour faute peut être demandé.
« **Le divorce peut être demandé** ».
Par qui ? « **par l'un des époux** ».
Dans quels cas ? « **lorsque des faits** » peuvent être invoqués.
Comment doivent être ces faits ?

- « **constitutifs d'une violation grave ou renouvelée des devoirs et obligations du mariage** » ;
- « **imputables à son conjoint** ».

Et, en plus, il faut qu'ils « **rendent intolérables le maintien de la vie commune.** »

3 Appréciation de l'article

Pourquoi cet article a-t-il été écrit ou modifié ?

Le divorce pour faute est le seul moyen, pour un époux, de faire sanctionner son conjoint pour non-respect des obligations du mariage. Il représente près de la moitié des demandes en divorce.

Il est donc fondamental que la faute, susceptible d'entraîner un divorce pour faute, soit précisément définie. Le législateur a dû déterminer à quelles conditions un divorce pour faute peut être demandé, quels sont les éléments, matériel et moral, de la faute.

Quelle solution l'article a-t-il apportée au problème ?

L'article 242 du Code civil dispose : « Le divorce peut être demandé par l'un des époux lorsque des faits constitutifs d'une violation grave ou renouvelée des devoirs et obligations du mariage sont imputables à son conjoint et rendent intolérable le maintien de la vie commune. »

Le divorce pour faute suppose donc :

1. qu'un époux ait commis une violation grave des devoirs et obligations du mariage <u>ou</u> une violation renouvelée des devoirs et obligations du mariage ;
2. que le maintien de la vie commune soit intolérable ;
3. que la faute soit imputable à cet époux.

Comment ont réagi la jurisprudence, la doctrine, les professionnels ?

Lorsqu'un divorce pour faute est demandé, les avocats doivent démontrer et les juges doivent apprécier si les conditions posées par l'article 242 du Code civil sont réunies, c'est-à-dire si les faits reprochés :

- constituent une violation grave ou renouvelée des devoirs et obligations des conjoints, rendant intolérable le maintien de la vie commune (élément matériel de la faute) ;
- et sont imputables à ce conjoint (élément moral de la faute).

- *S'agissant de l'élément matériel de la faute,* il est admis que les caractères de la violation des devoirs et obligations du mariage sont alternatifs : soit la faute est grave, soit elle est légère mais renouvelée. De plus, il ne suffit pas que l'un des conjoints ait commis un fait constitutif d'une violation grave ou renouvelée des devoirs et obligations du mariage pour que le divorce soit prononcé aux torts de celui-ci. Il faut également que ce fait rende intolérable le maintien de la vie commune.

- *S'agissant de l'élément moral de la faute,* les juges apprécient l'imputabilité par rapport à l'état physique et mental du défendeur, d'une part, et par rapport au comportement du demandeur, d'autre part.

4 Élaboration du plan

L'article 242 du Code civil définit la faute susceptible d'entraîner un divorce pour faute.

Trois conditions sont requises :

« Le divorce peut être demandé par l'un des époux lorsque des faits constitutifs d'**une violation grave ou renouvelée des devoirs et obligations du mariage** (*1re condition*) sont **imputables à son conjoint** (*2e condition*) et **rendent intolérable le maintien de la vie commune** (*3e condition*).

Le plan du commentaire d'article devant être en deux parties, il faut regrouper deux des conditions.

La 1re et la 3e condition concernent l'élément matériel de la faute, tandis que la 2e a trait à l'élément moral.

Le plan

I. La matérialité de la faute

- **A.** Un fait constituant une violation grave ou renouvelée des devoirs et obligations du mariage
- **B.** Un fait rendant intolérable le maintien de la vie commune

II. L'imputabilité de la faute

- **A.** L'imputabilité par rapport à l'état mental ou physique du défendeur
- **B.** L'imputabilité par rapport au comportement du demandeur

Introduction

L'introduction (environ 1/3 du devoir) comporte plusieurs étapes.

ÉTAPES

① **Annonce du thème visé par l'article**

Qu'il s'agisse de la législation française ou des législations étrangères, lorsque le divorce est autorisé, le divorce pour faute est quasiment incontournable. Il est le seul moyen, pour un époux, de faire sanctionner son conjoint pour non-respect des obligations du mariage. À présent, en France, le divorce pour faute représente près de la moitié des demandes en divorce.

② **Problème posé au législateur et résolu par l'article – raison pour laquelle l'article fut écrit**

Le législateur a dû déterminer à quelles conditions un divorce pour faute pouvait être demandé, quels étaient les éléments, matériel et moral, de la faute.
Lors de la réforme de 1975, le législateur avait prévu deux cas de divorce pour faute. L'un, visé à l'article 242 du Code civil, concernait les violations graves ou renouvelées des devoirs et obligations du mariage, rendant intolérable le maintien de la vie commune. Il s'agissait d'une cause facultative de divorce. Même si les juges constataient une telle faute, ils n'étaient pas obligés de prononcer le divorce. L'autre, envisagé à l'article 243 du Code civil, visait la condamnation à l'une des peines prévue par l'article 131-1 du Code pénal (réclusion criminelle). Dans ce cas, la faute était une cause péremptoire de divorce. Les juges qui la constataient devaient prononcer le divorce.
Alors que le premier article fut invoqué par près de la moitié des couples souhaitant divorcer, le second fut peu usité. Lors de la réforme de 2004, la question du maintien du divorce pour faute fut posée. Néanmoins, s'agissant toujours du seul moyen pour sanctionner l'époux qui ne respecte pas ses engagements, le législateur ne put se résoudre à supprimer totalement ce cas de divorce. Il se contenta d'abroger l'article 243 et de reformuler l'article 242 du Code civil.

③ **Citation et situation de l'article dans le temps et l'espace**

Premier article de la section IV « Du divorce pour faute », du chapitre Premier « Des cas de divorce », du titre Sixième « Du divorce », du livre Premier du Code civil « Des personnes », l'article 242 dispose à présent : « *Le divorce peut être demandé par l'un des époux lorsque des faits constitutifs d'une violation grave ou renouvelée des devoirs et obligations du mariage sont imputables à son conjoint et rendent intolérable le maintien de la vie commune.* »

④ **Annonce du plan**

Cet article énonce les trois conditions nécessaires pour demander un divorce pour faute. Deux concernent la matérialité de la faute **(I)**, la troisième a trait à l'imputabilité de la faute **(II)**.

Développement

I. La matérialité de la faute

Pour justifier le prononcé d'un divorce, la faute doit constituer une violation grave ou renouvelée des devoirs et obligations du mariage **(A)** et rendre intolérable le maintien de la vie commune **(B)**.

A. Un fait constituant une violation grave ou renouvelée des devoirs et obligations du mariage

Le fait susceptible de constituer une faute, cause de divorce, au sens de l'article 242 du Code civil, n'est pas limité à la violation d'un des devoirs du mariage prévus à l'article 212 du Code civil. La faute peut aussi résulter de la violation d'un devoir ou d'une obligation innomés. Il peut s'agir d'une action, d'une abstention, d'un geste, d'un écrit, d'une parole...

En pratique, les faits le plus souvent invoqués sont l'adultère, les violences physiques et l'abandon du domicile. Cependant, ont également été retenus, le fait d'adresser de nombreux appels téléphoniques agressifs ou injurieux pour son mari, à des tiers en relation avec lui (Cass. 2e civ., 7 octobre 1999, pourvoi n° 96-17.928) ou le fait de confiner sa femme dans un rôle de subalterne et d'en faire la victime d'excès aussi bien physiques que verbaux (CA Bourges, 19 février 1997, *Dr. fam.*, 1997, Comm. n° 138).

Dans tous les cas, les juges ne peuvent retenir un fait qui n'a pas de lien avec le mariage (faute professionnelle ou disciplinaire, Cass. 2e civ., 23 avril 1971, pourvoi n° 70-11.438) ou antérieure à celui-ci à moins, dans ce dernier cas, qu'il n'ait été dissimulé (Cass. 2e civ., 12 décembre 1979, *Bull. civ.* II, n° 287).

Les caractères de la violation des devoirs et obligations du mariage sont alternatifs : soit la faute est grave, soit elle est légère mais renouvelée, soit elle est grave et renouvelée. Ainsi, l'époux ayant un comportement agressif en paroles et bourru tout au long de la vie conjugale commet une faute, au sens de l'article 242 du Code civil (Cass. 2e civ., 12 octobre 2000, pourvoi n° 98-14.463). En revanche, un fait isolé (se promener main dans la main avec un homme) ne constitue pas une faute, cause de divorce (Cass. 2e civ., 21 octobre 1999, pourvoi n° 98-11.298).

Il ne suffit pas que l'un des conjoints ait commis un fait constitutif d'une violation grave ou renouvelée des devoirs et obligations du mariage pour que le divorce soit prononcé aux torts de celui-ci. Il faut, également, que ce fait rende intolérable le maintien de la vie commune.

B. Un fait rendant intolérable le maintien de la vie commune

Un divorce pour faute ne peut être obtenu si le demandeur ne démontre pas que le fait qu'il reproche à son conjoint rend intolérable le maintien de la vie commune. Lorsque, par exemple, des époux vivent séparément depuis plusieurs années, le mari est malvenu de soutenir que le refus de sa femme de toute vie commune rend intolérable le maintien de la vie commune puisque, justement, il n'y a plus de vie commune depuis longtemps (Cass. 2e civ., 25 novembre 1999, pourvoi n° 98-12.704). Cela relève de l'appréciation souveraine des juges du fond.

Dans un premier temps, la Cour de cassation a veillé à ce que les juges du fond vérifient et énoncent expressément que les faits reprochés constituaient une violation grave ou renouvelée des devoirs et obligations du mariage et rendaient intolérable le maintien de la vie commune. Si les juges ne précisaient pas que les deux conditions étaient remplies, leur décision n'était pas assez motivée et encourait la cassation (Cass. 2e civ., 12 octobre 2000, pourvoi n° 98-16.683). Il ne suffisait pas, non plus, que les magistrats précisassent que les faits retenus constituaient une cause de divorce, au sens de l'article 242 du Code civil (Cass. 2e civ., 18 mars 1999, pourvoi n° 97-18.219).

Puis, ces exigences étant purement formelles, sans incidence au fond, la Cour de cassation revint à une position moins rigoriste. Par deux arrêts, elle estima que lorsque les juges du fond énonçaient que des faits constituaient une violation grave des devoirs et obligations du mariage, « il [en] résultait que la double condition exigée par cet article avait été constatée » et que la motivation était suffisante (Cass. 2e civ., 30 novembre 2000, *Bull. civ.* II, n° 157 – voir aussi : Cass. 1re civ., 11 janvier 2005, *Bull. civ.* I, n° 8).

Même si un fait constitue une violation grave ou renouvelée des devoirs et obligations du mariage et rend intolérable le maintien de la vie commune, il ne peut être invoqué comme cause de divorce, s'il n'est pas imputable au défendeur.

II. L'imputabilité de la faute

L'imputabilité de la faute est appréciée par rapport à l'état physique ou mental du défendeur **(A)** et par rapport au comportement du demandeur **(B)**.

A. L'imputabilité par rapport à l'état mental ou physique du défendeur

Des faits ne peuvent être qualifiés de faute lorsqu'ils sont commis par un époux en état de démence ou sous la contrainte (Cass. 2e civ., 12 mars 1980, *Bull. civ.* II, n° 51). Tel est le cas, par exemple, d'une personne atteinte de psychose schizophrénique (CA Toulouse, 29 octobre 1997, *Dr. fam.*, 1998, Comm. 51).

De même, il ne peut pas être reproché à un époux sa maladie, son impuissance ou sa stérilité. L'inaptitude d'un des conjoints à procréer peut être invoquée pour demander la nullité du mariage pour erreur sur les qualités essentielles de la personne (art. 180 C. civ., TGI Avranches, 10 juillet 1973, *D.*, 1974, Jurisp. p. 174), mais ne constitue pas une faute, cause de divorce, au sens de l'article 242 du Code civil (CA Versailles, 12 janvier 1995, Juris-data n° 040367). Ainsi, des magistrats ont considéré qu'il ne pouvait pas être reproché à une femme d'avoir refusé de se prêter à une fécondation *in vitro* (CA Bordeaux, 1er octobre 1991, *RTD civ.*, 1992, p. 56). En revanche, la même cour a estimé que le fait de refuser de suivre un traitement médical ordinaire était fautif (CA Bordeaux, 7 juin 1994, *JCP*, 1994, IV, 2207).

L'appréciation de l'imputabilité relève du pouvoir souverain des juges du fond. La Cour de cassation exerce un contrôle strict et casse les arrêts dans lesquels le divorce a été prononcé sans que les faits soient clairement imputés au défendeur (Cass. 2e civ., 8 octobre 1986, *Bull. civ.* II, n° 144).

B. L'imputabilité par rapport au comportement du demandeur

Même si l'un des époux commet un fait constitutif d'une violation grave ou renouvelée des devoirs et obligations du mariage, rendant intolérable le maintien de la vie commune, et que son état physique ou mental le laisse responsable de ses actes, ce fait peut ne pas être une cause de divorce au regard du comportement de son conjoint. La faute de l'un peut justifier ou excuser la faute de l'autre. Une femme battue ne peut se voir reprocher

d'abandonner le domicile conjugal. Le fait, pour un couple, d'avoir accepté le principe d'une totale liberté sexuelle empêche le mari d'invoquer l'adultère de son épouse comme cause de divorce (Cass. 2e civ., 12 octobre 2000, pourvoi n° 98-17.217). De même, le comportement exécrable de la femme peut être excusé par l'adultère commis par le mari (Cass. 2e civ., 28 janvier 1999, pourvoi n° 96-21.414).
Pour apprécier si la faute de l'un excuse celle de l'autre, les juges du fond se réfèrent souvent à la date de la commission des faits. Il n'est pas rare qu'une faute soit excusée lorsqu'elle est commise après l'abandon du domicile conjugal ou après l'ordonnance autorisant les époux à résider séparément (Cass. 2e civ., 23 mai 2001, pourvoi n° 99-19.495). Il est vrai que, dans de tels cas, ce n'est pas la faute tardive qui est à l'origine de la rupture et qui rend intolérable le maintien de la vie commune. La Cour de cassation, cependant, n'approuve pas toujours les décisions des juges du fond. Elle rappelle régulièrement que la séparation ne confère aucune immunité aux époux privant de leurs effets normaux les faits dont ils peuvent se rendre coupables l'un envers l'autre après l'ordonnance de non-conciliation (Cass. 1re civ., 5 mars 2008, *Bull. civ.* I, n° 63).
Dans tous les cas, l'ensemble des faits relève de l'appréciation souveraine des juges du fond qui peuvent rejeter la demande ou prononcer un divorce, aux torts exclusifs d'un époux ou aux torts partagés.

2 Commentaire d'arrêt

sur la faute en cours de procédure

Cass. 2e civ., 3 mai 1995, *Bull. civ.* II, n° 130

Sur le moyen unique :

Attendu qu'il est fait grief à l'arrêt attaqué (Paris, 8 mars 1993) qui a prononcé le divorce des époux X... à leurs torts partagés d'avoir accueilli la demande de la femme alors que, selon le moyen, pendant la communauté de résidence familiale les époux exécutent leur devoir mutuel de communauté de vie et les obligations qui y sont liées, notamment le devoir de fidélité ; que l'ordonnance de non-conciliation les autorisant à résider séparément met fin à cette communauté de vie et à certaines des obligations qui en découlent même si les époux sont encore juridiquement dans les liens du mariage ; qu'en se fondant sur le concubinage de M. X... établi à partir de 1986 et la naissance à cette date d'un enfant pour en déduire que ces faits avaient rendu intolérable le maintien de la vie commune, sans rechercher si cette vie commune et l'obligation de fidélité qui y est liée, n'avaient pas cessé depuis 1984, par l'effet de l'ordonnance de non-conciliation ayant autorisé les époux X... à résider séparément, la cour de Paris a privé sa décision de base légale au regard de l'article 242 du Code civil ;

Mais attendu que l'introduction de la demande en divorce ne confère pas aux époux, encore dans les liens du mariage, une immunité privant de leurs effets normaux les faits dont ils peuvent se rendre coupables l'un envers l'autre après l'ordonnance de non-conciliation ;

Qu'il en résulte que c'est dans l'exercice de son pouvoir souverain d'appréciation que la cour d'appel a retenu que le concubinage de M. X... constituait une violation grave et renouvelée des devoirs et obligations du mariage rendant intolérable le maintien de la vie commune ; d'où il suit que le moyen n'est pas fondé ;

PAR CES MOTIFS :

REJETTE le pourvoi.

Préparation

1 Identifier
2 Analyser
3 Apprécier l'arrêt
4 Élaborer un plan

1 Identification de l'arrêt

Date. Le 3 mai 1995.

Juridiction. Deuxième chambre civile de la Cour de cassation.

Rappel : la Cour de cassation est composée de cinq chambres : trois chambres civiles, une chambre commerciale, une chambre sociale et une chambre criminelle.

• La première chambre civile connaît, par exemple, des affaires relatives :
– au droit des personnes et de la famille, à l'exception des pourvois portant sur les articles 9 et 91 du Code civil, au divorce, à la séparation de corps, aux pensions alimentaires et à la garde des mineurs ;
– à la nationalité ;
– aux successions, donations, testaments, partages et liquidations ;
– à la responsabilité contractuelle...

• La deuxième chambre civile traite, entre autres affaires, celles concernant :
– les atteintes au respect de la vie privée et au respect de la présomption d'innocence ;
– la responsabilité délictuelle ;
– la sécurité sociale (dont accidents du travail et prestations familiales) ;
– l'indemnisation de certaines victimes de dommages corporels résultant d'une infraction, des transfusés et hémophiles contaminés par le VIH.

• La troisième chambre civile juge notamment les affaires relatives :
– aux baux d'habitation, commerciaux, ruraux ;
– aux ventes d'immeubles, à la copropriété, à la construction...

2 Analyse de l'arrêt

Structure de l'arrêt

L'analyse de l'arrêt consiste à en rechercher la structure pour constituer la « fiche de l'arrêt » ou « fiche de jurisprudence »

Civ. 2e, 3 mai 1995, *Bull. civ.* II, n° 130

L'action a 1 seul fondement	Sur le moyen unique :	
Solution de la cour d'appel	Attendu qu'il est fait grief à l'arrêt attaqué (Paris, 8 mars 1993) qui a prononcé le divorce des époux X... à leurs torts partagés d'avoir accueilli la demande	*Rendu par la cour d'appel de Paris le* 8 mars 1993
Appelant	de la femme	
Argument du demandeur au pourvoi	alors que, selon le moyen, pendant la communauté de résidence familiale les époux exécutent leur devoir mutuel de communauté de vie et les obligations qui y sont liées, notamment le devoir de fidélité ; que l'ordonnance de non-conciliation les autorisant à résider séparément met fin à cette communauté de vie et à certaines des obligations qui en découlent même si les époux sont encore juridiquement dans les liens du mariage ;	
Solution de la cour d'appel	qu'en se fondant sur le concubinage de M. X... établi à partir de 1986 et la naissance à cette date d'un enfant pour en déduire que ces faits avaient rendu intolérable le maintien de la vie commune, sans rechercher si cette vie commune et l'obligation de fidélité qui y est liée, n'avaient pas cessé depuis 1984, par l'effet de l'ordonnance de non-conciliation ayant autorisé les époux X... à résider séparément,	
Conclusion du demandeur au pourvoi	la cour de Paris a privé sa décision de base légale au regard de l'article 242 du Code civil ;	
Attendu de principe	Mais attendu que l'introduction de la demande en divorce ne confère pas aux époux, encore dans les liens du mariage, une immunité privant de leurs effets normaux les faits dont ils peuvent se rendre coupables l'un envers l'autre après l'ordonnance de non-conciliation ;	
Solution de la Cour de cassation	Qu'il en résulte que c'est dans l'exercice de son pouvoir souverain d'appréciation que la cour d'appel a retenu que le concubinage de M. X... constituait une violation grave et renouvelée des devoirs et obligations du mariage rendant intolérable le maintien de la vie commune ; d'où il suit que le moyen n'est pas fondé ;	
Dispositif	PAR CES MOTIFS : REJETTE le pourvoi.	

Fiche de l'arrêt

(Cinq rubriques, quelle que soit la décision à commenter)

1 Faits

En 1984, les membres d'un couple, souhaitant divorcer, sont autorisés à résider séparément. À partir de 1986, il est établi que le mari a vécu en concubinage avec une autre femme. Il a d'ailleurs eu un enfant avec celle-ci, cette année-là.

2 Procédure

Devant la cour d'appel, l'épouse fait valoir que le concubinage du mari, pendant la procédure de divorce, est une faute, au sens de l'article 242 du Code civil.

La cour d'appel de Paris, dans un arrêt du 8 mars 1983, fait droit à la demande de l'épouse. Elle prononce le divorce aux torts partagés.

Le mari forme un pourvoi.

3 Arguments des parties (le mari)

Selon l'époux, l'ordonnance de non-conciliation autorisant les époux à résider séparément met fin à leur obligation de communauté de vie et à certaines des obligations qui en découlent, même si les époux sont encore juridiquement dans les liens du mariage. Il en est ainsi, par exemple, du devoir de fidélité.

La cour d'appel a décidé que le concubinage du mari, établi à partir de 1986, ainsi que la naissance d'un enfant la même année, avait rendu intolérable le maintien de la vie commune, mais elle n'a pas recherché si cette vie commune et l'obligation de fidélité qui y est liée, n'avaient pas cessé depuis l'autorisation de résider séparément. Les juges ont donc privé leur décision de base légale, au regard de l'article 242 du Code civil.

4 Problème juridique

L'ordonnance de non-conciliation autorisant les époux à résider séparément met-elle fin aux obligations des conjoints, dont le devoir de fidélité ?

5 Solution

La Cour de cassation a répondu par la négative à la question posée. L'introduction de la demande en divorce ne confère pas aux époux, encore dans les liens du mariage, une immunité privant de leurs effets normaux les faits dont ils peuvent se rendre coupables l'un envers l'autre, après l'ordonnance de non-conciliation.

Selon la Haute juridiction, le moyen au pourvoi n'est pas fondé dès lors que la cour d'appel a souverainement retenu que le concubinage du mari constituait une violation grave et renouvelée des devoirs et obligations du mariage rendant intolérable le maintien de la vie commune.

Remarque. La loi du 23 mars 2019 de programmation 2018-2022 et de réforme pour la justice a supprimé l'audience de conciliation, à partir du 1er janvier 2021. La suppression de cette phase n'empêche pas le juge, si nécessaire, de fixer des mesures provisoires, dès le début de la procédure (nouvel art. 254, C. civ.). Cette audience d'orientation est de principe, sauf avis contraire des époux, notamment en l'absence d'enfants et de question patrimoniale à régler rapidement.

3 Appréciation de l'arrêt

À l'aide de ce que vous avez appris en cours et de l'ensemble de vos connaissances, vous devez déterminer le sens, la valeur et la portée de l'arrêt.

Le sens de l'arrêt

?

Qu'est-ce que les juges ont décidé ? Qu'ont-ils déclaré ? Qu'ont-ils répondu aux parties ? Ont-ils sanctionné ou approuvé la décision de la cour d'appel ou du tribunal ?

La Cour de cassation a approuvé les magistrats de la cour d'appel d'avoir retenu que le concubinage d'un époux, pendant la procédure du divorce, constituait une faute, dès lors qu'ils avaient souverainement estimé que ce comportement constituait une violation grave et renouvelée des obligations du mariage rendant intolérable le maintien de la vie commune.

Les hauts magistrats ont énoncé que « l'introduction de la demande en divorce ne conférait pas aux époux, encore dans les liens du mariage, une immunité privant de leurs effets normaux les faits dont ils pouvaient se rendre coupables l'un envers l'autre après l'ordonnance de non-conciliation ».

La valeur de l'arrêt

?

Pourquoi les juges ont-ils pris cette décision ? Pouvaient-ils juger autrement ? Quelles règles ont-ils appliquées ? Était-ce prévisible ? Est-ce un revirement de jurisprudence, une décision isolée ?

Le législateur n'a pas prévu de dispenser les époux de leurs obligations, pendant la procédure de divorce, à l'exception du devoir de cohabitation (art. 255 C. civ.). Les époux restent donc tenus aux devoirs de secours, de fidélité, d'assistance, de respect, de contribution aux charges du ménage... tant que le divorce n'est pas prononcé.

Selon l'article 242 du Code civil, le divorce peut être demandé lorsque le comportement d'un des conjoints constitue une violation grave ou renouvelée des devoirs et obligations du mariage rendant intolérable le maintien de la vie commune. Dès lors que les juges du fond estiment, souverainement, que le comportement d'un époux constitue une violation grave ou renouvelée des devoirs et obligations du mariage rendant intolérable le maintien de la vie commune, le divorce peut être prononcé aux torts de cet époux.

En l'espèce, la cour d'appel a estimé que le concubinage de l'époux, pendant la procédure du divorce, et la naissance d'un enfant adultérin, constituait une violation grave et renouvelée des devoirs et obligations du mariage rendant intolérable le maintien de la vie commune. Le rôle de la Cour de cassation est de vérifier si les magistrats de la cour d'appel ont bien appliqué le droit. Or, tel était le cas en l'espèce. Le moyen n'était donc pas fondé et la Haute juridiction ne pouvait que rejeter le pourvoi.

La portée de l'arrêt

? **Quelles vont être les conséquences de l'arrêt ? Que va-t-il se passer pour les prochaines affaires similaires ? Les parties seront-elles mieux protégées, plus libres ? Sera-t-il plus opportun de se prévaloir d'autres règles de droit ?
Quelle va être la réaction du législateur ? Va-t-il devoir légiférer ?
La jurisprudence risque-t-elle de changer ?**

D'un point de vue juridique, la solution de la Cour de cassation doit être approuvée. Le Code civil ne prévoyant pas de dispenser les époux de leurs devoirs et obligations pendant la procédure de divorce, à l'exception du devoir de cohabitation, les juges ne le peuvent pas non plus.

D'un point de vue pratique, la solution peut sembler rigoureuse pour les époux.

En l'espèce, l'ordonnance de non-conciliation a été rendue en 1984, le concubinage de l'époux a été établi en 1986, la cour d'appel a statué en 1993 et la Cour de cassation en 1995. L'époux a été sanctionné parce que, deux ans après avoir été autorisé à résider séparément de son épouse, il a été établi qu'il vivait en concubinage avec une autre femme et avait eu un enfant avec elle, cette année-là. Il était autorisé à ne pas vivre avec « sa femme » mais il n'était pas pour autant autorisé à vivre avec « une autre femme ».

Les avocats doivent donc mettre leurs clients en garde. Tant que le divorce n'est pas prononcé, leur manquement à l'un des devoirs ou l'une des obligations des époux peut constituer une faute, cause de divorce. Appréciant souverainement si les conditions de l'article 242 du Code civil sont remplies, les juges admettent parfois que l'infidélité d'un époux, pendant la procédure, ne constitue pas une faute.

4 Élaboration du plan

De manière générale, cet arrêt illustre une solution classique selon laquelle *d'une part,* les devoirs et obligations des époux sont maintenus, pendant la procédure de divorce et, *d'autre part,* les juges apprécient si un comportement est fautif, pendant cette période, en appliquant strictement l'article 242 du Code civil.

Plus précisément, la faute visée en l'espèce est le concubinage d'un époux, avec la naissance d'un enfant adultérin. L'intérêt de l'arrêt est d'énoncer qu'un tel comportement, pendant la procédure de divorce, peut constituer une faute. Cela doit être étudié dans le **I B.**

Pour comprendre ce **I B**, il faut exposer, dans le **I A**, quels sont les devoirs et obligations des époux pendant la procédure du divorce.

L'application stricte de l'article 242 du Code civil a permis aux juges du fond, en l'espèce, de conclure que l'infidélité de l'époux, pendant la procédure de divorce, était fautive. Cela doit être expliqué dans le **II A.** Il convient ensuite de préciser, dans le **II B**, que tel n'est pas toujours le cas et que, parfois, l'infidélité d'un époux, pendant la procédure de divorce, ne constitue pas une faute.

Le plan

I. Le maintien des devoirs et obligations des époux pendant la procédure de divorce

- **A.** Les devoirs et obligations des époux pendant la procédure de divorce
- **B.** Le concubinage d'un époux pendant la procédure de divorce

II. L'application de l'article 242 du Code civil pendant la procédure de divorce

- **A.** L'infidélité constitutive d'une faute au sens de l'article 242 du Code civil
- **B.** L'infidélité non constitutive d'une faute au sens de l'article 242 du Code civil

Introduction

L'introduction reprend les éléments exposés dans la fiche de l'arrêt en faisant en sorte qu'ils s'enchaînent.

ÉTAPES

① Phrase d'accroche

Le divorce libère les époux de leurs devoirs et obligations... lorsqu'il est prononcé.

② Faits

En 1984, les membres d'un couple, souhaitant divorcer, sont autorisés à résider séparément. À partir de 1986, il est établi que le mari a vécu en concubinage avec une autre femme. Il a d'ailleurs eu un enfant avec celle-ci, cette année-là.

③ Procédure

Devant la cour d'appel, l'épouse fait valoir que le concubinage du mari, pendant la procédure, est une faute, au sens de l'article 242 du Code civil. La cour d'appel de Paris, dans un arrêt du 8 mars 1983, fait droit à la demande de l'épouse. Elle prononce le divorce aux torts partagés. L'époux forme un pourvoi.

④ Arguments des parties

Selon le mari, l'ordonnance de non-conciliation autorisant les époux à résider séparément met fin à leur obligation de communauté de vie et à certaines des obligations qui en découlent, même si les époux sont encore juridiquement dans les liens du mariage. Il en est ainsi, par exemple, du devoir de fidélité.

La cour d'appel a décidé que le concubinage du mari, établi à partir de 1986, ainsi que la naissance d'un enfant la même année, avaient rendu intolérable le maintien de la vie commune mais elle n'a pas recherché si cette vie commune et l'obligation de fidélité qui y est liée n'avaient pas cessé depuis l'autorisation de résider séparément. Les juges ont donc privé leur décision de base légale, au regard de l'article 242 du Code civil.

⑤ Problème juridique

La question posée à la Cour de cassation était donc de savoir si l'ordonnance de non-conciliation autorisant les époux à résider séparément met fin aux obligations des conjoints, dont le devoir de fidélité.

⑥ Solution de l'arrêt à commenter

La Cour de cassation a répondu par la négative. Elle a rappelé que l'introduction de la demande en divorce ne conférait pas aux époux, encore dans les liens du mariage, une immunité privant de leurs effets normaux les faits dont ils pouvaient se rendre coupables l'un envers l'autre après l'ordonnance de non-conciliation.

Selon la Haute juridiction, le moyen au pourvoi n'était pas fondé dès lors que la cour d'appel avait souverainement retenu que le concubinage du mari constituait une violation grave et renouvelée des devoirs et obligations du mariage rendant intolérable le maintien de la vie commune.

⑦ Annonce du plan

Cet arrêt illustre une solution classique selon laquelle d'une part, les devoirs et obligations des époux sont maintenus, pendant la procédure de divorce **(I)** et, d'autre part, les juges apprécient si un comportement est fautif, pendant cette période, en appliquant strictement l'article 242 du Code civil **(II)**.

Développement

I. Le maintien des devoirs et obligations des époux pendant la procédure de divorce

Pendant la procédure de divorce, les devoirs et obligations des époux sont maintenus **(A)**. Cela signifie que le concubinage d'un époux, au cours de cette période, peut être fautif **(B)**.

A. Les devoirs et obligations des époux pendant la procédure de divorce

Le Code civil impose de nombreuses obligations aux époux. Ceux-ci se doivent fidélité, secours, assistance et respect (art. 212 C. civ.). Ils doivent également contribuer aux charges du ménage (art. 214 C. civ.), cohabiter (art. 215 C. civ.)... Si l'un des époux ne respecte pas ses obligations, l'autre peut demander le divorce pour faute, sur le fondement de l'article 242 du Code civil.

Lors d'une procédure de divorce, le juge peut, à l'occasion de l'ordonnance de non-conciliation, prendre des mesures provisoires et autoriser les époux à résider séparément (art. 255 C. civ.). À partir de ce moment-là, les époux ne sont plus soumis au devoir de cohabitation visé par l'article 215 du Code civil. La question s'est posée de savoir s'ils restaient soumis aux autres obligations prévues par le Code civil. La Cour de cassation énonce régulièrement que l'introduction de la demande en divorce ne confère pas aux époux, encore dans les liens du mariage, une immunité faisant perdre leurs effets normaux aux offenses dont ils peuvent se rendre coupables l'un envers l'autre (Cass. 2e civ., 2 octobre 1980, *Bull. civ.* II, n° 192 – Cass. 1re civ., 5 mars 2008, *Bull. civ.* I, n° 63). Un fait postérieur à l'ordonnance de non-conciliation peut donc être examiné par les magistrats. L'époux demandeur peut se prévaloir de fautes supplémentaires, contre son conjoint, pour obtenir un divorce aux torts exclusifs de ce dernier. L'époux défendeur, quant à lui, peut faire valoir les fautes du demandeur, même si ce dernier était irréprochable lors de l'introduction de l'instance, et obtenir un divorce aux torts partagés.

Le fait reproché, en l'espèce, était le concubinage de l'époux avec une autre femme, après l'ordonnance de non-conciliation, ainsi que la naissance d'un enfant adultérin.

B. Le concubinage d'un époux pendant la procédure de divorce

Dans l'affaire appréciée par la Cour de cassation, le 3 mai 1995, les époux ont été autorisés à résider séparément en 1984. En 1986, alors que le divorce n'avait toujours pas été prononcé, il a été établi que le mari vivait en concubinage et avait eu un enfant avec sa nouvelle partenaire.

En appel, l'épouse a fait valoir que l'attitude de son conjoint, pendant la procédure, était une faute, au sens de l'article 242 du Code civil. Les juges lui ont donné satisfaction. Ils ont effectivement reconnu que le concubinage du mari avec, surtout, l'infidélité qui en découlait, constituait une faute grave et renouvelée rendant intolérable le maintien de la vie commune. Ils ont prononcé le divorce aux torts partagés.

Devant la Cour de cassation, l'époux argua que l'ordonnance de non-conciliation autorisant les époux à résider séparément mettait fin à leur obligation de communauté de vie et à certaines des obligations qui en découlaient, même si les époux étaient encore juridiquement dans les liens du mariage. Il en était ainsi, par exemple, du devoir de fidélité.

La Cour de cassation a approuvé la décision de la cour d'appel et a rejeté le pourvoi. Les hauts magistrats ont rappelé que « l'introduction de la demande en divorce ne confère pas aux époux, encore dans les liens du mariage, une immunité privant de leurs effets normaux les faits dont ils peuvent se rendre coupables l'un envers l'autre après l'ordonnance de non-conciliation ».

Tant que le divorce n'est pas prononcé, les époux restent mariés. Il n'y a pas de situation intermédiaire. Exceptionnellement, les époux peuvent être dispensés de l'un de leurs devoirs : la cohabitation. Cela est prévu par l'article 255 du Code civil. Le législateur n'a pas prévu de dispenser les époux de leurs autres obligations, pendant la procédure de divorce. Ceux-ci restent donc tenus aux devoirs de secours, de fidélité, d'assistance, de respect, de contribution aux charges du ménage... tant que le divorce n'est pas prononcé. Le concubinage de l'époux, caractérisant son infidélité, même après l'ordonnance de non-conciliation, pouvait donc être fautif.

Les juges ont ainsi fait une stricte application de l'article 242 du Code civil.

II. L'application de l'article 242 du Code civil pendant la procédure de divorce

C'est en appliquant strictement l'article 242 du Code civil que les juges du fond décident, souverainement, si l'infidélité d'un époux, pendant la procédure de divorce, constitue une faute **(A)** ou pas **(B)**.

A. L'infidélité constitutive d'une faute au sens de l'article 242 du Code civil

Selon l'article 242 du Code civil, le divorce peut être demandé lorsque le comportement d'un des conjoints constitue une violation grave ou renouvelée des devoirs et obligations du mariage rendant intolérable le maintien de la vie commune. Ce texte ne distingue pas selon que le fait reproché a été commis avant ou pendant la procédure. Dès lors que les juges du fond estiment que le comportement d'un époux constitue une violation grave ou renouvelée des devoirs et obligations du mariage rendant intolérable le maintien de la vie commune, le divorce peut être prononcé aux torts de cet époux.

En l'espèce, la cour d'appel a estimé que le concubinage de l'époux, pendant la procédure du divorce, et la naissance d'un enfant adultérin, constituait une violation grave ou renouvelée des devoirs et obligations du mariage rendant intolérable le maintien de la vie commune. Elle a donc considéré que le mari avait commis une faute, au sens de l'article 242 du Code civil.

Or, la question de savoir si un fait ou un comportement constitue une faute, au sens de l'article 242, relève de l'appréciation souveraine des juges du fond. La Cour de cassation se contente de vérifier si ceux-ci ont bien appliqué le droit. Tel étant le cas en l'espèce, la Cour a conclu que le moyen n'était pas fondé. Elle ne pouvait que rejeter le pourvoi. Cependant, elle n'énonce pas que le concubinage d'un époux, pendant la procédure de divorce, est fautif. Elle énonce que le concubinage d'un époux, pendant la procédure de divorce, est fautif si les juges du fond considèrent qu'il constitue une violation grave ou renouvelée des devoirs et obligations du mariage, rendant intolérable le maintien de la vie commune.

D'ailleurs, dans certains cas, l'infidélité d'un époux, pendant la procédure, n'est pas constitutive d'une faute, au sens de l'article 242 du Code civil.

B. L'infidélité non constitutive d'une faute au sens de l'article 242 du Code civil

D'un point de vue juridique, la solution de la Cour de cassation doit être approuvée.

Certes, le devoir de cohabitation renvoie à la communauté de vie et de lit. Les époux autorisés à ne plus cohabiter ensemble sont également « autorisés » à ne plus avoir de relations sexuelles. Il est peu probable que les juges admettent que le refus d'avoir des relations sexuelles, pendant la procédure de divorce, est un comportement fautif. Par conséquent, le fait d'avoir de tels rapports avec un tiers ne devrait pas constituer un adultère.

Néanmoins, le Code civil ne prévoit pas de dispenser les époux de leurs devoirs et obligations pendant la procédure de divorce, à l'exception du devoir de cohabitation. Les juges ne peuvent donc pas dispenser les conjoints de leurs autres devoirs, telle l'obligation de fidélité.

D'un point de vue pratique, la solution peut sembler rigoureuse pour les époux.
En l'espèce, l'ordonnance de non-conciliation a été rendue en 1984, le concubinage a été établi en 1986, la cour d'appel a statué en 1993 et la Cour de cassation en 1995. L'époux a été sanctionné parce que, deux ans après avoir été autorisé à résider séparément de son épouse, il a été établi qu'il s'était installé en concubinage et avait eu un enfant. Il était autorisé à ne pas vivre avec « sa femme » mais il n'était pas pour autant autorisé à vivre avec « une autre femme » et, surtout, à avoir des relations sexuelles avec celle-ci.
Appréciant souverainement si les conditions de l'article 242 du Code civil sont remplies, les juges admettent parfois que l'infidélité d'un époux, pendant la procédure de divorce, ne constitue pas une faute. Il en est ainsi, par exemple, lorsque l'adultère, bien que violation grave des devoirs entre époux, ne rend pas la vie commune intolérable dès lors que celle-ci est déjà rompue depuis longtemps. La Cour de cassation a ainsi admis que les juges du fond pouvaient considérer que « le constat d'adultère établi plus de deux années après l'ordonnance ayant autorisé les époux à résider séparément et alors que le devoir de fidélité est nécessairement moins contraignant du fait de la longueur de la procédure, ne saurait constituer une violation grave des devoirs et obligations du mariage rendant intolérable le maintien de la vie commune » (Civ. 2e, 29 avril 1994, *Bull. civ.* II, n° 123). De même, dans une autre affaire, les hauts magistrats ont déclaré : « c'est dans l'exercice de son pouvoir souverain que la cour d'appel a relevé qu'une rupture prolongée de la vie commune était la cause du divorce, que cette rupture était intervenue à compter de l'ordonnance de non-conciliation du 11 mai 1988, que M. X... ne pouvait donc reprocher à son épouse un adultère ultérieur qui n'avait pas pu avoir d'incidence sur la rupture de la vie commune, celle-ci ayant cessé de nombreuses années auparavant » (Cass. 2e civ., 23 mai 2002, pourvoi n° 00-10.030 ; voir aussi : Cass. 1re civ., 15 avril 2015, pourvoi n° 14-12.823).

Malgré les réformes visant à accélérer les procédures de divorce, les délais sont encore longs. Pendant ce temps, les époux restent unis pour le meilleur et pour le pire et font parfois les frais des lenteurs de la justice et de l'engorgement des tribunaux.

3 Cas pratique

sur les différents cas de divorce et leurs effets

Pincasso c/ Fincuisto

M. et Mme Pincasso se sont mariés il y a cinq ans et se sont installés à Paris. Monsieur est un célèbre peintre. Madame est un chef reconnu. Elle travaille dans un restaurant gastronomique qu'elle a créé il y a une quinzaine d'années et dont l'enseigne est son nom de jeune fille : Fincuisto. Chacun gagne très bien sa vie.

Il y a deux ans, M. Pincasso a rejoint une association : « Les gentils peintres de fleurs jaunes ». Depuis, il vit avec les autres membres de l'association, dans une superbe bâtisse du haut-Var et reverse l'ensemble de ses revenus au trésorier.

N'ayant pas vu son mari depuis plus d'un an, celui-ci refusant même de participer aux réunions de famille tels les anniversaires ou les fêtes de Noël, Madame Pincasso s'est peu à peu liée avec l'un de ses collègues. Depuis quelques semaines, elle vit chez celui-ci.

Cette nouvelle a mis Monsieur Pincasso hors de lui. Il a demandé à son épouse de regagner le domicile conjugal en la menaçant d'engager une procédure de divorce pour faute. Celle-ci ne lui a pas répondu. Furieux, Monsieur Pincasso veut absolument divorcer.

Jeune stagiaire dans un célèbre cabinet, vous avez rendez-vous avec Monsieur Pincasso. Celui-ci vous fait part de sa situation conjugale et vous demande conseil. Il vous confie qu'il n'a plus envie de peindre et qu'il envisage de quitter l'association. Il espère obtenir une importante prestation compensatoire de la part de son épouse, afin de pouvoir vivre sans travailler. Si, toutefois, tel n'était pas le cas, il envisage de se reconvertir en pizzaïolo, et d'ouvrir une pizzeria sous le nom de son épouse.

Que lui répondez-vous ?

Préparation

1. Analyser les faits
2. Rechercher les problèmes juridiques posés
3. Rechercher les éléments de réponse

1 Analyse des faits

Repérage des faits importants

M. et Mme Pincasso se sont mariés il y a cinq ans et se sont installés à Paris. Monsieur est un célèbre peintre. Madame est un chef reconnu. Elle travaille dans un restaurant gastronomique qu'elle a créé il y a une quinzaine d'années et dont l'enseigne est son nom de jeune fille : Fincuisto. Chacun gagne très bien sa vie.

Il y a deux ans, M. Pincasso a rejoint une association : « Les gentils peintres de fleurs jaunes ». Depuis, il vit avec les autres membres de l'association, dans une superbe bâtisse du haut-Var et reverse l'ensemble de ses revenus au trésorier.

N'ayant pas vu son mari depuis plus d'un an, celui-ci refusant même de participer aux réunions de famille tels les anniversaires ou les fêtes de Noël, Madame Pincasso s'est peu à peu liée avec l'un de ses collègues. Depuis quelques semaines, elle vit chez celui-ci.

Cette nouvelle a mis Monsieur Pincasso hors de lui. Il a demandé à son épouse de regagner le domicile conjugal en la menaçant d'engager une procédure de divorce pour faute. Celle-ci ne lui a pas répondu. Furieux, Monsieur Pincasso veut absolument divorcer.

Jeune stagiaire dans un célèbre cabinet, vous avez rendez-vous avec Monsieur Pincasso. Celui-ci vous fait part de sa situation conjugale et vous demande conseil. Il vous confie qu'il n'a plus envie de peindre et qu'il envisage de quitter l'association. Il espère obtenir une importante prestation compensatoire de la part de son épouse, afin de pouvoir vivre sans travailler. Si, toutefois, tel n'était pas le cas, il envisage de se reconvertir en pizzaïolo, et d'ouvrir une pizzeria sous le nom de son épouse.

Que lui répondez-vous ?

Qualification juridique des faits

- **mariés :** application des règles relatives au mariage
- **installés à Paris :** domicile conjugal du couple fixé à Paris
- **célèbre peintre (...) chef reconnu. (...) Chacun gagne très bien sa vie :** chaque époux a réussi dans sa branche professionnelle – chacun a des revenus importants
- **restaurant (...) qu'elle a créé (...) dont l'enseigne est son nom de jeune fille :** nom de l'épouse utilisé par celle-ci à des fins commerciales, dans sa profession
- **Il y a deux ans, M. Pincasso a rejoint une association (...) Depuis, il vit avec les autres membres de l'association :** époux ayant abandonné le domicile conjugal
- **reverse l'ensemble de ses revenus au trésorier :** association ressemblant à une secte – époux ne contribuant plus aux dépenses du ménage
- **N'ayant pas vu son mari depuis plus d'un an, celui-ci refusant même de participer aux réunions de famille tels les anniversaires ou les fêtes de Noël :** époux refusant tout contact avec son épouse, lien conjugal altéré
- **Depuis quelques semaines, elle vit chez celui-ci :** épouse ayant quitté le domicile conjugal, relation avec un autre homme
- **menaçant d'engager une procédure de divorce pour faute. Celle-ci ne lui a pas répondu. (...) veut absolument divorcer :** volonté de l'époux de demander un divorce pour faute, aux torts de son épouse
- **il n'a plus envie de peindre :** situation de l'époux délicate de son propre fait, problème financier, possible retour au logement du couple
- **Il espère obtenir une importante prestation compensatoire (...) envisage de se reconvertir en pizzaïolo, et d'ouvrir une pizzeria sous le nom de son épouse :** intention de l'époux d'obtenir une prestation compensatoire ou, en cas de refus, d'utiliser le nom de son épouse.

2 Recherche des (ou du) problèmes juridiques

Ce cas pratique est « ouvert ». Il est présenté sous la forme d'une consultation et ne comporte pas de questions précises. Il vous appartient de trouver les questions que le rédacteur du sujet a voulu vous suggérer.

Remarque. Lorsque le cas pratique proposé concerne le divorce, il est très fréquent que vous ayez à déterminer quel type de divorce est approprié à la situation et quelles vont être les conséquences, eu égard aux informations données.

En l'espèce, la question du type de divorce est simplement sous-entendue alors que celle relative aux conséquences du divorce est plus clairement suggérée.

S'agissant du type de divorce approprié :

Le passage : « **Cette nouvelle a mis Monsieur Pincasso hors de lui. Il a demandé à son épouse de regagner le domicile conjugal en la menaçant d'engager une procédure de divorce pour faute. Celle-ci ne lui a pas répondu. Furieux, Monsieur Pincasso veut absolument divorcer.** » suggère les questions suivantes :

1. Monsieur Pincasso peut-il demander un divorce pour faute ?
2. S'il ne le peut pas ou si cela n'est pas opportun, peut-il invoquer un autre type de divorce ?

Concernant les conséquences du divorce :

Le passage : « **Il vous confie qu'il n'a plus envie de peindre et qu'il envisage de quitter l'association. Il espère obtenir une importante prestation compensatoire de la part de son épouse. Si, toutefois, tel n'était pas le cas, il envisage de se reconvertir en pizzaïolo, et d'ouvrir une pizzeria sous le nom de son épouse.** » sous-entend deux questions relatives à deux sortes de conséquences du divorce :

1. Monsieur Pincasso peut-il demander et obtenir une prestation compensatoire ?
2. S'il ne le peut pas, peut-il utiliser le nom de son épouse, à des fins commerciales, dans sa profession ?

3 Recherche des éléments de réponse

La demande en divorce pour faute

Art. 242 C. civ. « Le divorce peut être demandé par l'un des époux lorsque des faits constitutifs d'une violation grave ou renouvelée des devoirs et obligations du mariage sont imputables à son conjoint et rendent intolérable le maintien de la vie commune. »

Jurisprudence

Abandon du domicile conjugal et refus de cohabitation :

En principe, l'abandon du domicile conjugal est une faute, au sens de l'article 242 du Code civil, dès lors qu'il y a violation de l'article 215, alinéa 1er, du Code civil.

Néanmoins, les juges du fond apprécient souverainement si le comportement de l'un des époux, à l'égard de l'autre, ne justifie pas la décision de celui-ci de quitter le domicile conjugal et si ce départ constitue ainsi une faute.

Cass. 2e civ., 30 novembre 2000, *Bull. civ.* II, n° 157.

Fut par exemple jugé fautif le fait, pour une épouse, de refuser, sans aucun motif, de partager la vie commune avec son mari, tenu de résider sur le lieu de son travail et d'avoir fixé sa résidence et celle des enfants à une distance très éloignée de ce lieu de travail.

Cass. 1re civ., 11 janvier 2005, *Bull. civ.* I, n° 8.

Adultère :

En principe, l'adultère constitue une violation suffisamment grave des devoirs et obligations du mariage pour rendre intolérable le maintien de la vie commune.

Cass. 2e civ., 23 avril 1980, *Bull. civ.* II, n° 80.

Néanmoins, les circonstances dans lesquelles il a été commis peuvent lui enlever le caractère de gravité qui pourrait en faire une cause de divorce.

Cass. 2e civ., 5 février 1986, *Bull. civ.* II, n° 9.

Il a par exemple été jugé que l'adultère du mari, postérieur à l'abandon du domicile conjugal par l'épouse, n'était pas fautif.

CA Bourges, 9 mars 1999, *JCP*, 2000 IV, 2251.

Appartenance à une secte ou pratique d'une religion :

En principe, le fait d'appartenir à une secte ou de pratiquer une religion n'est pas fautif.

Néanmoins, certains comportements, liés à l'appartenance à une secte ou à la pratique d'une religion, peuvent être jugés fautifs. Dans une affaire où une épouse avait adhéré aux Témoins de Jéhovah, après son mariage, et refusait ainsi de participer aux fêtes de familles, les juges énoncèrent que l'adhésion aux Témoins de Jéhovah, groupement religieux légal, et la conversion à ce groupement après un mariage catholique n'étaient pas fautifs, mais que pouvait néanmoins être retenu contre l'épouse le fait de refuser de participer aux fêtes de famille et aux fêtes de Noël et de Pâques, dont le caractère est aussi familial que religieux.

CA Montpellier, 7 novembre 1994, *JCP*, 1996, II, 22680 et Cass. 2e civ., 9 octobre 1996, *Bull. civ.* II, n° 224, rejet du pourvoi.

La demande d'un autre type de divorce

Art. 229 C. civ. « Les époux peuvent consentir mutuellement à leur divorce par acte sous signature privée contresigné par avocats, déposé au rang des minutes d'un notaire.

Le divorce peut être prononcé en cas :
- soit de consentement mutuel, dans le cas prévu au 1° de l'article 229-2 ;
- soit d'acceptation du principe de la rupture du mariage ;
- soit d'altération définitive du lien conjugal ;
- soit de faute. »

Art. 230 C. civ. « Dans le cas prévu au 1° de l'article 229-2, le divorce peut être demandé conjointement par les époux lorsqu'ils s'entendent sur la rupture du mariage et ses effets en soumettant à l'approbation du juge une convention réglant les conséquences du divorce. »

Art. 233, al. 1 et 2, C. civ. « Le divorce peut être demandé conjointement par les époux lorsqu'ils acceptent le principe de la rupture du mariage sans considération des faits à l'origine de celle-ci.

Il peut être demandé par l'un ou l'autre des époux ou par les deux lorsque chacun d'eux, assisté d'un avocat, a accepté le principe de la rupture du mariage par acte sous signature privée contresigné par avocats, qui peut être conclu avant l'introduction de l'instance. » (version en vigueur depuis le 1er janvier 2021)

Art. 237 C. civ. « Le divorce peut être demandé par l'un des époux lorsque le lien conjugal est définitivement altéré. »

Art. 238, al. 1, C. civ. « L'altération définitive du lien conjugal résulte de la cessation de la communauté de vie entre les époux, lorsqu'ils vivent séparés depuis un an lors de la demande en divorce. » (version en vigueur depuis le 1er janvier 2021)

L'obtention d'une prestation compensatoire

Art. 270 C. civ. « Le divorce met fin au devoir de secours entre époux.

L'un des époux peut être tenu de verser à l'autre une prestation destinée à compenser, autant qu'il est possible, la disparité que la rupture du mariage crée dans les conditions de vie respectives. Cette prestation a un caractère forfaitaire. Elle prend la forme d'un capital dont le montant est fixé par le juge.

Toutefois, le juge peut refuser d'accorder une telle prestation si l'équité le commande, soit en considération des critères prévus à l'article 271, soit lorsque le divorce est prononcé aux torts exclusifs de l'époux qui demande le bénéfice de cette prestation, au regard des circonstances particulières de la rupture. »

Art. 271 C. civ. « La prestation compensatoire est fixée selon les besoins de l'époux à qui elle est versée et les ressources de l'autre en tenant compte de la situation au moment du divorce et de l'évolution de celle-ci dans un avenir prévisible.

À cet effet, le juge prend en considération notamment :
- la durée du mariage ;
- l'âge et l'état de santé des époux ;
- leur qualification et leur situation professionnelles ;
- les conséquences des choix professionnels faits par l'un des époux pendant la vie commune pour l'éducation des enfants et du temps qu'il faudra encore y consacrer ou pour favoriser la carrière de son conjoint au détriment de la sienne ;
- le patrimoine estimé ou prévisible des époux, tant en capital qu'en revenu, après la liquidation du régime matrimonial ;
- leurs droits existants et prévisibles ;
- leur situation respective en matière de pensions de retraite en ayant estimé, autant qu'il est possible, la diminution des droits à retraite qui aura pu être causée, pour l'époux créancier de la prestation compensatoire, par les circonstances visées au sixième alinéa. »

Jurisprudence

C'est dans l'exercice de leur pouvoir souverain que les juges du fond retiennent que la rupture du mariage créera dans les conditions de vie des époux une disparité qu'il convient de compenser par l'attribution d'une prestation.

Cass. 2e civ., 12 octobre 2000, pourvoi n° 98-18.780.

L'utilisation du nom de l'ex-époux

Art. 264 C. civ. « À la suite du divorce, chacun des époux perd l'usage du nom de son conjoint.

L'un des époux peut néanmoins conserver l'usage du nom de l'autre, soit avec l'accord de celui-ci, soit avec l'autorisation du juge, s'il justifie d'un intérêt particulier pour lui ou pour les enfants. »

Jurisprudence

L'intérêt particulier à la conservation de l'usage du nom du conjoint relève de l'appréciation souveraine des juges du fond.

Cass. 2e civ., 25 mai 1994, *Bull. civ.* II, n° 135.

S'agissant de l'activité professionnelle de l'époux demandeur, il a été jugé que :

- l'engagement politique d'une femme ne caractérisait pas un intérêt essentiel à la conservation de l'usage du nom du conjoint.

CA Paris, 31 octobre 1989, *D.*, 1990, Somm. p. 115.

- la femme violoniste, connue sous le seul nom du mari, qu'elle n'a cessé de porter avec l'accord de celui-ci dans sa vie professionnelle, même après son divorce et son récent remariage, avait un intérêt à conserver l'usage du nom de son conjoint.

TGI Paris, 3 septembre 1996, *BICC*, n° 442, arrêt n° 1334.

Introduction

L'introduction (assez courte) comporte plusieurs étapes.

ÉTAPES

1 Annonce du thème visé par le cas pratique

Quelles peuvent être les causes et les conséquences du divorce d'un peintre célèbre, adepte d'une association s'apparentant à une secte, et d'une chef reconnue, infidèle ?

2 Résumé et qualification juridique des faits

Après cinq ans de mariage, Monsieur Pincasso a abandonné le domicile conjugal pour vivre avec les membres d'une association. Depuis deux ans, il ne contribue plus aux dépenses du ménage et refuse de voir son épouse. Celle-ci s'est peu à peu rapprochée d'un collègue et s'est installée chez celui-ci, il y a quelques semaines. Furieux, l'époux veut absolument demander le divorce et, de préférence, en invoquant les fautes de son épouse.
Monsieur Pincasso est un célèbre peintre mais, à présent, il n'a plus envie de peindre. Il souhaiterait que son épouse lui verse une prestation compensatoire suffisamment importante pour pouvoir vivre sans être obligé de travailler.
Si tel n'était pas le cas, il envisage d'ouvrir une pizzeria et de se reconvertir en pizzaïolo. Il souhaiterait alors utiliser le nom de jeune fille de son épouse : Fincuisto, nom que celle-ci a utilisé comme enseigne du restaurant qu'elle a créé, il y a une quinzaine d'années, et dont elle est le chef reconnu.

3 Problème posé par les faits

Monsieur Pincasso peut-il obtenir le divorce aux torts de son épouse ? Quel(s) autre(s) cas de divorce serai(ent) opportun(s) ? Peut-il obtenir une prestation compensatoire et être autorisé à utiliser le nom de son épouse ?

4 Annonce du plan

Il convient d'éclairer Monsieur Pincasso sur le ou les types de divorce qu'il peut invoquer **(I)** ainsi que sur les conséquences qui peuvent en découler **(II)**.

Les réponses doivent toujours être justifiées. Pour cela, elles doivent être construites en trois parties :
- **les faits de l'espèce ;**
- **la règle de droit applicable ;**
- **a solution.**

Développement

I. Le type de divorce demandé

Monsieur Pincasso a l'intention de demander un divorce pour faute **(A)**. Si les conditions d'une telle procédure ne sont pas réunies, quel(s) autre(s) type(s) de divorce pourrait-il demander **(B)** ?

A. Le divorce pour faute

Les faits de l'espèce

Monsieur Pincasso a adhéré à une association, il y a deux ans. Il a quitté le domicile conjugal pour vivre avec les autres membres de cette association, à laquelle il reverse tous ses revenus.

Depuis, les époux ne se voient plus, Monsieur Pincasso refusant de participer aux fêtes de famille. Peu à peu, l'épouse délaissée s'est liée avec un collègue et, depuis quelques semaines, elle vit chez celui-ci.

Furieux, Monsieur Pincasso souhaite demander un divorce pour faute.

Il peut reprocher à son épouse :
- d'avoir quitté le domicile conjugal il y a quelques semaines ;
- d'avoir une liaison avec un autre homme.

De son côté, Madame Pincasso peut invoquer que son mari :
- a quitté le domicile conjugal il y a deux ans ;
- ne contribue plus aux dépenses du ménage ;
- appartient à une association ressemblant à une secte ;
- refuse tout contact depuis plus d'un an.

La règle de droit applicable

Selon l'article 242 du Code civil, « Le divorce peut être demandé par l'un des époux lorsque des faits constitutifs d'une violation grave ou renouvelée des devoirs et obligations du mariage sont imputables à son conjoint et rendent intolérable le maintien de la vie commune. »

- S'agissant de *l'abandon du domicile conjugal,* la jurisprudence estime, en principe, que cela constitue une faute, au sens de l'article 242 du Code civil. Toutefois, les juges du fond apprécient souverainement si le comportement de l'un des époux à l'égard de l'autre ne justifie pas la décision de celui-ci de quitter le domicile conjugal et si ce départ constitue ainsi une faute (Cass. 2e civ., 30 novembre 2000, *Bull. civ.* II, n° 157).
- En principe, *l'adultère* constitue une violation suffisamment grave des devoirs et obligations du mariage pour rendre intolérable le maintien de la vie commune (Cass. 2e civ., 23 avril 1980, *Bull. civ.* II, n° 80). Néanmoins, les circonstances dans lesquelles il a été commis peuvent lui enlever le caractère de gravité qui pourrait en faire une cause de divorce (Cass. 2e civ., 5 février 1986, *Bull. civ.* II, n° 9). Il a par exemple été jugé que l'adultère du mari, postérieur à l'abandon du domicile conjugal par l'épouse, n'était pas fautif (CA Bourges, 9 mars 1999, *JCP*, 2000 IV, 2251).
- *Le fait d'appartenir à une secte* ou de pratiquer une religion n'est pas fautif. Cependant, certains comportements, liés à l'appartenance à une secte ou à la pratique d'une religion, peuvent être jugés fautifs. Dans une affaire où une épouse avait adhéré aux Témoins de Jéhovah, après son mariage, et refusait ainsi de participer aux fêtes de familles, les juges énoncèrent que l'adhésion aux Témoins de Jéhovah, groupement religieux légal, et la conversion à ce groupement après un mariage catholique n'étaient pas fautifs, mais que pouvait néanmoins être retenu contre l'épouse le fait de refuser de participer aux fêtes de famille et aux fêtes de Noël et de Pâques, dont le caractère est aussi familial que religieux (CA Montpellier, 7 novembre 1994, *JCP*, 1996, II, 22680 et Cass. 2e civ., 9 octobre 1996, *Bull. civ.* II, n° 224, rejet du pourvoi).

La solution
Il est fort probable que les fautes de Madame Pincasso soient excusées par celles de son époux. C'est parce que son mari a abandonné le domicile conjugal pour vivre avec les membres d'une association, n'a plus contribué aux dépenses du ménage et, surtout, a refusé tout contact avec elle, pendant plus d'un an, que Madame Pincasso s'est peu à peu rapprochée d'un autre homme et est partie vivre chez celui-ci. Monsieur Pincasso a donc peu de chances d'obtenir que le divorce soit prononcé aux torts exclusifs de son épouse. Il n'est même pas certain que le juge accepte de prononcer un divorce aux torts partagés.
Il est préférable que Monsieur Pincasso choisisse un autre type de divorce.

Précision : **Si Monsieur Pincasso choisit de demander un divorce pour faute, son épouse peut, sur le fondement de l'article 64 du Code de procédure civile, former une demande reconventionnelle en invoquant l'altération définitive du lien conjugal ou les fautes de son époux. Le divorce pourra ainsi être prononcé soit pour altération définitive du lien conjugal (art. 246 et 238 C. civ.), soit aux torts partagés ou aux torts exclusifs de l'époux (art. 242 C. civ.), les fautes de ce dernier pouvant être suffisamment importantes pour excuser celles de l'épouse.**
Dans tous les cas, que le divorce soit demandé pour faute ou pour altération du lien conjugal, les époux peuvent, à tout moment de la procédure, demander au juge de constater leur accord pour voir prononcer le divorce pour acceptation du principe de la rupture du mariage (art. 247-1 C. civ.).

B. Un autre type de divorce

Les faits de l'espèce
Monsieur Pincasso est parti vivre avec les membres d'une association, il y a deux ans. Lorsqu'il a appris que sa femme s'était installée chez un autre homme, il lui a demandé de regagner le domicile conjugal en la menaçant d'engager une procédure de divorce pour faute. Celle-ci ne lui a pas répondu. Dans tous les cas, Monsieur Pincasso veut absolument divorcer.

La règle de droit applicable
Selon l'article 229 du Code civil, les époux peuvent divorcer, outre pour faute, en cas : de consentement mutuel, d'acceptation du principe de la rupture du mariage ou d'altération de la vie commune.

- *Le divorce par consentement mutuel*, c'est-à-dire lorsque les époux s'entendent sur la rupture du mariage et ses effets, peut être :
  - soit non judiciaire, lorsque les époux consentent à leur divorce par acte sous signature privée contresigné par avocats, déposé au rang des minutes d'un notaire ;
  - soit judiciaire, et demandé au juge qui doit homologuer la convention élaborée par les époux (art. 230 C. civ.).
- *Le divorce pour acceptation du principe de la rupture* concerne les époux qui acceptent de divorcer, sans considération des faits à l'origine de la rupture, mais qui ne parviennent pas à s'entendre sur toutes les conséquences du divorce (art. 233 C. civ.).
- *Le divorce pour altération définitive du lien conjugal* peut être demandé en cas de cessation de la communauté de vie entre les époux, lorsqu'ils vivent séparés depuis un an lors de la demande en divorce (art. 237 et 238 C. civ.).

La solution
Madame Pincasso n'a pas répondu à son époux lorsqu'il l'a menacée d'engager une procédure de divorce pour faute. Il est donc difficile de connaître les intentions de celle-ci à ce sujet.

Deux éléments peuvent toutefois être retenus.

1. Monsieur Pincasso souhaite obtenir une prestation compensatoire et être autorisé à utiliser le nom de son épouse. Ayant été délaissée depuis deux ans, il est peu probable que celle-ci accepte ces conditions et, par conséquent, de divorcer par consentement mutuel.
2. Ayant une liaison avec un autre homme, Madame Pincasso peut néanmoins avoir intérêt à ne plus être mariée. Elle peut être favorable à un divorce pour acceptation du principe de la rupture du mariage.

Dans tous les cas, même si Madame Pincasso souhaite rester mariée, elle ne pourra pas empêcher son mari d'obtenir le divorce. Il suffira à celui-ci de démontrer que les époux vivent séparés depuis un an pour obtenir un divorce pour altération du lien conjugal. Cela ne sera probablement pas difficile puisque Monsieur Pincasso vit, depuis deux ans, dans une maison du haut-Var, avec les membres de l'association : « Les gentils peintres de fleurs jaunes ».

***Précision :* Comme dans le cas du divorce pour faute, les époux pourront, à tout moment de la procédure, demander au juge de constater leur accord pour voir prononcer le divorce pour acceptation du principe de la rupture du mariage (art. 247-1 C. civ.).**

Outre le type de divorce pouvant être prononcé, Monsieur Pincasso souhaiterait des informations sur certaines conséquences du divorce.

II. Les conséquences du divorce

Le divorce entraîne de nombreuses conséquences. Deux d'entre elles intéressent le couple Pincasso : l'attribution d'une prestation compensatoire **(A)** et l'usage du nom de l'ex-conjoint **(B)**.

A. L'attribution d'une prestation compensatoire

Les faits de l'espèce

Monsieur Pincasso est un peintre célèbre et son épouse est un chef reconnu. Chacun gagne très bien sa vie. Cependant, Monsieur Pincasso n'a plus envie de peindre. Il souhaiterait que son épouse lui verse une prestation compensatoire pour pouvoir vivre sans travailler.

La règle de droit applicable

Au cours du mariage, les époux sont tenus, l'un envers l'autre, au devoir de secours (art. 212 C. civ.). Or le divorce met fin à ce devoir de secours (art. 270, al. 1er, C. civ.). L'un des époux peut alors être tenu de verser à l'autre une prestation compensatoire. Celle-ci est destinée à compenser, autant qu'il est possible, la disparité que la rupture du mariage crée dans les conditions de vie respectives des ex-époux. Cette prestation a un caractère forfaitaire. Elle prend la forme d'un capital dont le montant est fixé par le juge (al. 2).

Néanmoins, le juge peut refuser d'accorder une telle prestation. Il peut en être ainsi lorsque l'équité le commande, en considération des critères prévus à l'article 271 du Code civil ou si le divorce est prononcé aux torts exclusifs de l'époux qui demande le bénéfice de cette prestation, au regard des circonstances particulières de la rupture (art. 270, al. 3, C. civ.).

Il appartient aux juges du fond de déterminer si la rupture du mariage créera, dans les conditions de vie des époux, une disparité qu'il convient de compenser par l'attribution d'une prestation (Civ. 2e, 12 octobre 2000, pourvoi n° 98-18.780).

Selon l'article 271 du Code civil, « La prestation compensatoire est fixée selon les besoins de l'époux à qui elle est versée et les ressources de l'autre en tenant compte de la situation au moment du divorce et de l'évolution de celle-ci dans un avenir prévisible. »

Le juge prend en considération de nombreux éléments tels la durée du mariage, la qualification et la situation professionnelle des époux, le patrimoine estimé et prévisible des époux...

La solution
Pour l'instant, les époux gagnent bien leur vie. Pendant deux ans, Monsieur Pincasso a reversé ses revenus à l'association et son épouse a assumé seule ses dépenses. Le divorce ne créera pas vraiment de modification dans les conditions de vie des époux.
Monsieur Pincasso souhaite obtenir une prestation compensatoire car il n'a plus envie de peindre et espère pouvoir vivre sans travailler. Or, tel n'est pas le but de la prestation compensatoire. Ce n'est pas le divorce qui va créer une disparité entre les conditions de vie des époux, pendant et après le mariage, mais la volonté de Monsieur Pincasso de changer de mode de vie.
Il est donc peu probable que le juge accepte d'octroyer une prestation compensatoire à Monsieur Pincasso.

B. L'autorisation d'user du nom du conjoint

Les faits de l'espèce
Il y a une quinzaine d'années, Madame Pincasso a créé un restaurant gastronomique dont l'enseigne est son nom de jeune fille : Fincuisto. S'il n'obtient pas de prestation compensatoire, Monsieur Pincasso envisage de se reconvertir en pizzaïolo et d'ouvrir une pizzeria sous le nom de son épouse.

La règle de droit applicable
Pendant le mariage, chaque époux peut porter, à titre d'usage, le nom de l'autre. À la suite du divorce, chacun des conjoints perd ce droit (art. 264, al. 1er, C. civ.). Exceptionnellement, l'un des époux peut conserver l'usage du nom de l'autre, soit avec l'accord de celui-ci, soit avec l'autorisation du juge, s'il justifie d'un intérêt particulier pour lui ou pour les enfants (al. 2).

La solution
L'article 264 du Code civil vise la conservation de l'usage et non l'utilisation soudaine, après le divorce, du nom de l'ex-conjoint.
Or, pendant le mariage, Monsieur Pincasso était un peintre et signait vraisemblablement ses tableaux de son nom. Il n'utilisait pas le nom de son épouse. Il ne pourra donc pas demander à bénéficier des dispositions de l'article 264 du Code civil pour ouvrir une pizzeria sous le nom : Fincuisto.

En conclusion, Monsieur Pincasso peut être rassuré. Il ne sera pas obligé de rester marié. Même si les fautes de son épouse semblent insuffisantes pour justifier un divorce à ses torts exclusifs et même si celle-ci ne veut pas divorcer, il pourra invoquer la rupture définitive du lien conjugal et obtenir le divorce sur ce fondement. En revanche, il est peu probable qu'il obtienne, comme il le souhaite, l'octroi d'une prestation compensatoire et l'autorisation d'utiliser le nom de son épouse à des fins commerciales.

Chapitre 3

La filiation

Commentaire d'article 1

L'action à fins de subsides

Commentaire d'arrêt 2

La filiation artificielle

Cas pratique 3

Les actions relatives à la filiation et à l'autorité parentale

1 Commentaire d'article

sur l'action à fins de subsides

Art. 342 C. civ.

(L. n° 72-3 du 3 janv. 1972) Tout enfant *(Abrogé par Ord. n° 2005-759 du 4 juill. 2005)* « naturel » dont la filiation paternelle n'est pas légalement établie, peut réclamer des subsides à celui qui a eu des relations avec sa mère pendant la période légale de la conception.

(L. n° 77-1456 du 29 déc. 1977) « L'action peut être exercée pendant toute la minorité de l'enfant ; celui-ci peut encore l'exercer dans les *(L. n° 2009-61 du 16 janv. 2009, art. 1er)* « dix » années qui suivent sa majorité si elle ne l'a pas été pendant sa minorité. »

L'action est recevable même si le père ou la mère était au temps de la conception, engagé dans les liens du mariage avec une autre personne, ou s'il existait entre eux un des empêchements à mariage réglés par les articles 161 à 164 du présent code.

Préparation

1 Identifier
2 Analyser
3 Apprécier l'article
4 Élaborer un plan

1 Identification de l'article

Trois informations permettent d'identifier un article : sa date, son auteur et son support.

Support. Le Code civil.

Date. La rédaction actuelle de l'article 342 résulte, pour l'essentiel, de la loi n° 72-3 du 3 janvier 1972 sur la filiation. Celui-ci fut ensuite modifié à trois reprises :

1. la loi n° 77-1456 du 29 décembre 1977, relative à l'action à fins de subsides, a ajouté le deuxième alinéa actuel ;
2. l'ordonnance n° 2005-759 du 4 juillet 2005, sur la filiation, a supprimé la référence aux enfants naturels dans le premier alinéa ;
3. la loi n° 2009-61 du 16 janvier 2009 ratifiant l'ordonnance n° 2005-759 du 4 juillet 2005 portant réforme de la filiation et modifiant ou abrogeant diverses dispositions relatives à la filiation, a modifié le délai pendant lequel l'enfant peut agir, après sa majorité.

Auteur. Les législateurs de 1972, de 1977, de 2005 et de 2009.

2 Analyse de l'article

L'analyse de l'article consiste à définir ses principaux termes (la glose) et à décortiquer sa structure grammaticale et logique.

La glose

- **Tout enfant :** termes généraux ; conception large
- **dont la filiation paternelle n'est pas légalement établie, :** enfant dont le père est inconnu ou dont le père ne s'est pas conformé à la loi pour établir la filiation
- **peut :** simple possibilité, absence d'obligation
- **réclamer :** agir en justice pour demander
- **des subsides :** somme d'argent versée à titre de secours, de subvention
- **à celui :** à l'homme
- **qui a eu des relations :** sous-entendu des relations « sexuelles »
- **avec sa mère :** la mère de l'enfant doit être connue – action exclue pour les enfants dont la mère a accouché sous X – action recevable si la mère n'a pas reconnu l'enfant (voir art. 342-6 C. civ.)
- **pendant la période légale de la conception. :** période s'étendant du trois centième au cent quatre-vingtième jour, inclusivement, avant la naissance, selon l'article 311 du Code civil
- **L'action peut être exercée :** simple possibilité
- **pendant toute la minorité de l'enfant ; :** action pouvant être exercée par le représentant légal de l'enfant, en principe sa mère, jusqu'à ce que celui-ci ait atteint l'âge de dix-huit ans
- **celui-ci peut encore l'exercer :** l'enfant a également la possibilité d'agir
- **dans les dix années qui suivent sa majorité :** jusqu'à ce qu'il ait atteint l'âge de vingt-huit ans
- **si elle ne l'a pas été pendant sa minorité. :** condition à l'action de l'enfant, sa mère ou son représentant légal ne doit pas avoir déjà agi – l'action à fins de subsides ne peut être exercée qu'une seule fois
- **L'action est recevable :** il est possible d'agir
- **même si le père ou la mère était au temps de la conception, :** hypothèse supplémentaire – situation particulière du père ou de la mère pendant la période légale de conception, voir *supra*
- **engagé dans les liens du mariage avec une autre personne, :** père ou mère marié avec un tiers, hypothèse d'un enfant adultérin
- **ou :** alternative
- **s'il existait entre eux :** s'il y avait entre les parents
- **un des empêchements à mariage réglés par les articles 161 à 164 du présent code. :** si les parents étaient père et fille ou frère et sœur ou tante et neveu… ; hypothèse de l'enfant incestueux

La structure grammaticale et logique

Analyse grammaticale

L'article est composé de trois phrases.

La première est constituée :

- d'une proposition principale : « **Tout enfant peut réclamer des subsides** »
- et de deux compléments :
  - « **dont la filiation paternelle n'est pas légalement établie** »
  - « **à celui qui a eu des relations avec la mère pendant la période légale de la conception** »

La deuxième comporte :

- deux propositions indépendantes, séparées par un point-virgule
  - L'une est composée d'une proposition principale : « **L'action peut être exercée** » et d'un complément : « **pendant toute la minorité de l'enfant** »
  - L'autre est constituée d'une proposition principale « **celui-ci peut encore l'exercer** » et d'un complément : « **dans les dix années qui suivent sa majorité si elle ne l'a pas été pendant sa minorité.** »

La troisième phrase contient :

- une proposition principale : « **L'action est recevable** »
- un complément contenant deux hypothèses :
  - « **même si le père ou la mère était au temps de la conception, engagé dans les liens du mariage avec une autre personne** »
  - « **ou s'il existait entre eux un des empêchements à mariage réglés par les articles 161 à 164 du présent code** »

Analyse logique

L'article est composé de trois alinéas qui précisent quelles sont les conditions d'exercice de l'action à fins de subsides.

Le premier précise quelles sont les personnes concernées par l'action :

- le bénéficiaire : « **Tout enfant dont la filiation paternelle n'est pas légalement établie** »
- le défendeur : « **celui qui a eu des relations avec sa mère pendant la période légale de la conception** »

Le deuxième concerne le délai pendant lequel l'action peut être exercée. Deux hypothèses sont distinguées.

- « **L'action peut être exercée** »
  - soit par le représentant légal « **pendant toute la minorité de l'enfant** »
  - soit par l'enfant « **dans les dix années qui suivent sa majorité si elle ne l'a pas été pendant sa minorité** »

Le troisième alinéa précise que l'action concerne également deux cas particuliers :

- « **L'action est recevable même si** »
  - l'enfant est adultérin « **le père ou la mère était au temps de la conception engagé dans les liens du mariage avec une autre personne,** »
  - l'enfant est incestueux « **s'il existait entre eux un des empêchements à mariage réglés par les articles 161 à 164 du présent code.** »

3 Appréciation de l'article

Veillez à ne pas glisser vers une dissertation sur l'action à fins de subsides, en général. La manière dont les subsides se règlent (art. 342-2) et la manière dont le défendeur peut écarter la demande (art. 342-4) peuvent, par exemple, être signalées mais ne doivent pas faire l'objet de longs développements et entrer en considération lors de l'élaboration du plan.

Pourquoi cet article a-t-il été écrit ou modifié ?

La paternité a toujours été plus difficile à établir que la maternité.

En 1955, le législateur a introduit en droit français une action alimentaire pour que les enfants adultérins ou incestueux puissent obtenir de quoi survivre (Loi n° 55-934 du 15 juillet 1955). Peu à peu, la jurisprudence a étendu cette action aux autres enfants naturels qui avaient des difficultés pour rapporter les preuves requises dans l'action en recherche de paternité (enlèvement ou viol de la mère ; séduction accomplie à l'aide de manœuvres dolosives...). L'action à fins de subsides a été instaurée, lors de la réforme de 1972, pour remplacer l'action alimentaire. L'objectif était double : ne pas laisser sans ressources ceux auxquels la loi refuse ou limite l'établissement de la filiation paternelle et obliger un homme à assumer le risque de paternité résultant de ses relations sexuelles. Le législateur a dû, pour atteindre ces objectifs, préciser exactement à quelles conditions l'action à fins de subsides pouvait être exercée.

Quelle solution l'article a-t-il apportée au problème ?

D'abord, en 1972, le législateur a fixé quels pouvaient être les bénéficiaires et les défendeurs de l'action :

- les bénéficiaires sont tous les enfants dont la filiation paternelle n'est pas légalement établie, y compris les enfants adultérins ou incestueux ;
- les défendeurs sont tous les hommes qui ont eu des relations avec la mère lors de la période légale de la conception.

Puis, en 1977, le législateur a précisé dans quels délais l'action pouvait être exercée :

- soit pendant la minorité de l'enfant (par son représentant légal) ;
- soit dans les deux ans qui suivent la majorité de l'enfant (par l'enfant lui-même).

Ensuite, en 2005, la référence aux enfants naturels fut supprimée dans l'article, le législateur ayant décidé de ne plus distinguer, dans la mesure du possible, les enfants légitimes et les enfants naturels.

Enfin, en 2009, le législateur a fixé à dix ans le délai pendant lequel l'enfant peut agir, après sa majorité, si l'action n'a pas été intentée avant.

Comment ont réagi la jurisprudence, la doctrine, les professionnels ?

En pratique, l'action à fins de subsides est rarement utilisée. Le plus souvent, la mère ou l'enfant préfère agir en recherche de paternité.

Sous l'empire de la loi de 1972, les délais pour agir en recherche de paternité étaient courts. L'action à fins de subsides permettait souvent à la mère qui avait laissé passer le délai pour agir en recherche de paternité d'agir à fins de subsides pour, au moins, avoir une aide financière.

À présent, les délais pour agir en recherche de paternité sont aussi longs que ceux pour agir à fins de subsides (art. 321 C. civ.). De plus, les progrès de la génétique et la pratique des tribunaux permettent presque systématiquement, en cas d'action à fins de subsides, d'être fixé sur la paternité du défendeur. Le maintien de cette action est donc discuté.

4 Élaboration du plan

L'article 342 du Code civil énonce les différentes conditions de l'action à fins de subsides.

« **Tout enfant dont la filiation paternelle n'est pas légalement établie**, *(condition tenant au bénéficiaire de l'action)* peut réclamer des subsides **à celui qui a eu des relations avec sa mère pendant la période légale de la conception** *(condition tenant au défendeur)*.

L'action peut être exercée **pendant toute la minorité de l'enfant** *(condition tenant au délai – 1re hypothèse)* ; celui-ci peut encore l'exercer **dans les dix années qui suivent sa majorité** si elle ne l'a pas été pendant sa minorité *(condition tenant au délai – 2nde hypothèse)*.

L'action est recevable même **si le père ou la mère était au temps de la conception, engagé dans les liens du mariage avec une autre personne**, ou **s'il existait entre eux un des empêchements à mariage** réglés par les articles 161 à 164 du présent code *(conditions tenant au bénéficiaire)*. »

Les conditions visent donc trois caractéristiques de l'action : le bénéficiaire, le défendeur et le délai. Le plan du commentaire ne devant contenir que deux parties, il convient de regrouper deux des caractéristiques. Les conditions tenant au bénéficiaire et celles tenant au défendeur peuvent être regroupées puisqu'il s'agit, dans les deux cas, des personnes concernées par l'action.

Le plan

I. Les conditions de l'action tenant aux personnes
   A. Le bénéficiaire de l'action
   B. Le défendeur de l'action

II. Les conditions de l'action tenant au délai
   A. Pendant la minorité de l'enfant
   B. Après la majorité de l'enfant

Introduction

L'introduction (environ 1/3 du devoir) comporte plusieurs étapes.

ÉTAPES

① **Annonce du thème visé par l'article**

La paternité a toujours été plus difficile à établir que la maternité. Les conséquences de la paternité ont toujours été plus difficiles à faire respecter que les conséquences de la maternité.

② **Problème posé au législateur et résolu par l'article – raison pour laquelle l'article fut écrit**

En 1955, le législateur a introduit en droit français une action alimentaire pour que les enfants adultérins ou incestueux puissent obtenir de quoi survivre (Loi n° 55-934 du 15 juillet 1955). Peu à peu, la jurisprudence a étendu cette action aux autres enfants naturels qui avaient des difficultés pour rapporter les preuves requises dans l'action en recherche de paternité (viol de la mère ; séduction à l'aide de manœuvres dolosives ; abus d'autorité...).
L'action à fins de subsides a été instaurée, lors de la réforme de 1972 (Loi n° 72-3 du 3 janvier 1972, sur la filiation), pour remplacer l'action alimentaire. L'objectif était double : ne pas laisser sans ressources ceux auxquels la loi refuse ou limite l'établissement de la filiation paternelle et obliger un homme à assumer le risque de paternité résultant de ses relations sexuelles.
Le législateur a dû, pour atteindre ces objectifs, préciser exactement à quelles conditions l'action à fins de subsides pouvait être exercée. C'est ce qu'il fit dans l'article 342 du Code civil.
D'abord, en 1972, le législateur a fixé quels pouvaient être les bénéficiaires et les défendeurs de l'action. Puis, en 1977, il a précisé dans quels délais l'action pouvait être exercée (Loi n° 77-1456 du 29 décembre 1977, relative à l'action à fins de subsides). Ensuite, en 2005, il supprima la référence aux enfants naturels dans l'article (Ordonnance n° 2005-759 du 4 juillet 2005, sur la filiation). Enfin, en 2009 (Loi n° 2009-61 du 16 janvier 2009 ratifiant l'ordonnance de 2005), il allongea le délai pendant lequel l'enfant peut agir, après sa majorité.

③ **Citation et situation de l'article dans le temps et l'espace**

Premier article du chapitre IV « De l'action à fins de subsides », du titre septième « De la filiation », du livre premier du Code civil relatif aux personnes, l'article 342 dispose à présent :
« Tout enfant dont la filiation paternelle n'est pas légalement établie, peut réclamer des subsides à celui qui a eu des relations avec sa mère pendant la période légale de la conception.
L'action peut être exercée pendant toute la minorité de l'enfant ; celui-ci peut encore l'exercer dans les dix années qui suivent sa majorité si elle ne l'a pas été pendant sa minorité.
L'action est recevable même si le père ou la mère était au temps de la conception, engagé dans les liens du mariage avec une autre personne, ou s'il existait entre eux un des empêchements à mariage réglés par les articles 161 à 164 du présent code. »

④ **Annonce du plan**

L'article 342 du Code civil énonce donc les conditions de l'action à fins de subsides tenant aux personnes **(I)** et tenant aux délais **(II)**.

Développement

I. Les conditions de l'action tenant aux personnes

L'article 342 du Code civil fixe les conditions de l'action à fins de subsides tenant au bénéficiaire **(A)** et au défendeur **(B)**.

A. Le bénéficiaire

L'article 342 du Code civil vise tous les enfants dont la filiation paternelle n'est pas légalement établie, y compris les enfants adultérins ou incestueux.

Sont donc concernés par l'action à fins de subsides, non seulement les enfants dont la mère n'est pas mariée et qui n'ont pas été reconnus par un homme mais, aussi, ceux dont la mère est mariée, pour lesquels la présomption de paternité du mari a pu jouer, mais qui n'ont pas la possession d'état d'enfant de ce dernier. Ainsi, dans ce cas, l'amant de la mère peut être condamné à verser des subsides à l'enfant sans que celle-ci divorce et sans que celui-là reconnaisse l'enfant.

En pratique, dans ces exemples, ces enfants peuvent avoir le choix entre une action en recherche en paternité et une action à fins de subsides. En revanche, il existe des enfants pour lesquels seule cette dernière action est ouverte. Il s'agit des enfants incestueux. En effet, lorsqu'il existe entre les père et mère un des empêchements à mariage prévus par les articles 161 et 162 du Code civil, l'article 310-2 du même code interdit que la filiation de l'enfant soit établie à l'égard des deux parents. Ainsi, dans la plupart des cas, seule la filiation maternelle est établie. L'action à fins de subsides est donc le seul moyen pour l'enfant d'obliger son père à subvenir à ses besoins sans contrevenir à l'article 310-2 puisque, contrairement à l'action en recherche de paternité, le jugement qui alloue des subsides ne crée pas de lien de filiation.

Sont en revanche exclus du bénéfice de l'action l'enfant qui a fait l'objet d'une reconnaissance paternelle en bonne et due forme ainsi que l'enfant auquel s'est appliquée la présomption de paternité et qui bénéficie d'une possession d'état conforme. Ceux-ci ne peuvent pas réclamer des subsides à un homme, même si celui-ci a eu des relations avec leur mère pendant la période légale de la conception, puisque leur filiation paternelle est établie et qu'ils ont officiellement un père auquel demander de quoi vivre.

Comme les bénéficiaires, les défendeurs à l'action sont expressément envisagés par l'article 342 du Code civil.

B. Le défendeur

L'alinéa 1er de l'article 342 dispose que l'action peut être dirigée contre tout homme qui a eu des relations sexuelles avec la mère de l'enfant pendant la période légale de la conception. Il n'est pas nécessaire de prouver que cet homme est le père mais seulement qu'il peut l'être. Le fondement de l'action est la possibilité de paternité (Cass. 1re civ., 17 juillet 1979, *Bull. civ.* I, n° 214), indépendamment de la situation matérielle de la mère (Cass. 1re civ., 22 juillet 1986, *Bull. civ.* I, n° 220). Le défendeur ne peut être qu'un homme mais n'est pas obligatoirement un seul homme. Si la mère a eu des relations avec plusieurs hommes pendant la période visée, l'action peut être exercée contre chacun d'eux. Soit la mère les assigne tous, en même temps. Soit l'amant assigné se retourne contre les autres, s'il les connaît.

En pratique, les progrès de la génétique rendent exceptionnelle la condamnation de plusieurs hommes. En effet, l'article 342-4 permet au défendeur d'écarter la demande en démontrant qu'il ne peut pas être le père. Or, en principe, rares sont ceux qui ne consentent pas à une expertise biologique pour se défendre. Exceptionnellement, en cas de viol collectif par exemple, les défendeurs peuvent s'entendre pour refuser une expertise génétique. L'action à fins de subsides permet alors de contrecarrer cette manœuvre en les condamnant tous.

Lors des premières applications de l'article 342 du Code civil, la jurisprudence rappelait régulièrement la différence entre l'action à fins de subsides et l'action en recherche de paternité. À présent, les juges statuent souvent en se fondant sur une

quasi-certitude de la paternité (Cass. 1re civ., 14 février 1995, *Bull. civ.* I, n° 81). Il a ainsi été jugé que l'expertise biologique était de droit, en matière de subsides comme en matière de filiation (CA Paris, 22 février 2001, *JCP*, 2001, II, 10558).
Outre les conditions de l'action tenant aux personnes, l'article 342 du Code civil énonce les conditions tenant au délai.

II. Les conditions de l'action tenant au délai

L'action peut être intentée pendant toute la minorité de l'enfant **(A)** ou, si tel n'a pas été le cas, dans les dix années qui suivent sa majorité **(B)**.

A. Pendant la minorité de l'enfant

L'action à fins de subsides peut être exercée pendant toute la minorité de l'enfant. Cela était plus intéressant sous l'empire de la loi de 1972 qu'à présent.
Sous l'empire de la loi de 1972, l'action en recherche de paternité devait être exercée dans les deux années qui suivaient la naissance, la cessation du concubinage des parents ou la cessation de la contribution à l'entretien et l'éducation de l'enfant par le père prétendu (anc. art. 340-4 C. civ.). La mère qui avait laissé passer ce délai pouvait néanmoins agir sur le fondement de l'article 342 du Code civil. L'enfant n'avait pas de filiation paternelle mais, au moins, il avait des subsides. De plus, lorsque l'enfant atteignait la majorité, l'action en recherche de paternité était à nouveau ouverte pendant deux ans. Si, lors de l'action à fins de subsides pendant la minorité, une expertise biologique avait attesté la paternité du défendeur, sans pour autant établir la filiation (art. 342-8 C. civ.), le succès de l'action en recherche de paternité, après la majorité, était garanti.
À présent, l'action en recherche de paternité peut être exercée pendant toute la minorité de l'enfant (art. 328 C. civ.). À moins qu'il s'agisse d'un enfant incestueux ou que la mère veuille une pension sans filiation, pour éviter, par exemple, d'avoir à partager l'autorité parentale sur l'enfant avec un père absent ou auteur du viol qui a conduit à la naissance, il est préférable d'agir en recherche de paternité.
Dans tous les cas, la majorité de l'enfant ne met pas un terme à l'obligation de fournir des subsides (art. 342-2 C. civ.). Elle permet même au majeur d'agir lui-même (art. 342 al. 2).

B. Après la majorité de l'enfant

La preuve de l'existence de relations entre le défendeur et la mère, pendant la période légale de la conception, peut être rapportée par tous moyens (Civ. 1re, 14 février 1995, *Bull. civ.* I, n° 81). En théorie, les juges se fondent sur des témoignages, des photographies, l'existence d'un logement commun… Cependant, plus l'enfant est âgé, plus la preuve est difficile à rapporter. En pratique, après la majorité de l'enfant encore plus qu'avant, les juges se fondent souvent sur la preuve biologique.
Sous l'empire de la loi antérieure, le délai pendant lequel l'enfant pouvait agir, après sa majorité, était de deux ans, qu'il s'agisse de l'action à fins de subsides ou de l'action en recherche de paternité. À présent, le délai est de dix ans dans les deux cas.
À l'exception du cas où l'enfant ne peut pas (enfant incestueux) ou ne veut pas que sa filiation paternelle soit établie, il semble préférable d'agir en recherche de paternité. L'enfant, puisqu'il est majeur, n'aura pas « l'inconvénient » d'être soumis à l'autorité parentale de l'homme mais aura « l'avantage » de faire partie de ses héritiers. De plus, le jugement statuant sur le lien de filiation est déclaratif alors que la décision accordant des subsides est constitutive. Les effets de la paternité légalement établie remontent à la naissance de l'enfant et le père peut être condamné à verser des aliments depuis cette date (Cass. 1re civ., 12 juillet 1994, *Bull. civ.* I, n° 247). Les subsides, en revanche, ne sont exigibles qu'à compter de l'assignation (Cass. 1re civ., 19 mars 1985, *Bull. civ.* I, n° 100).
Le recours à la preuve biologique et la modification des délais pour exercer l'action en recherche de paternité conduisent à s'interroger sur l'utilité de l'action à fins de subsides. Elle reste toutefois indispensable lorsque l'enfant est issu d'un inceste et lorsqu'il est issu d'un viol collectif dont les auteurs refusent tous l'expertise sanguine.

sur la filiation artificielle

Cass. 1re civ., 4 novembre 2020, pourvoi n° 19-50.042 - publié au bulletin

Faits et procédure

1. Selon l'arrêt attaqué (Paris, 14 mai 2019), V... E... est né le [...] 2011 à Bombay (Inde) de M. E..., de nationalité française. L'acte de naissance indien de l'enfant n'indique aucune filiation maternelle. Le 18 octobre 2012, M. E... a reconnu l'enfant devant l'officier de l'état civil de la ville de Paris (11e arrondissement). Le 15 décembre 2015, l'acte de naissance a été transcrit par le consul général de France à Bombay. Le 18 mars 2016, M. E... a épousé M. M..., de nationalité française, devant l'officier de l'état civil de la ville de Paris (11e arrondissement).

2. Par requête du 26 juillet 2016, M. M... a formé une demande d'adoption plénière de l'enfant V....

(...)

Sur le moyen, pris en sa première branche

Énoncé du moyen

7. Le procureur général près la cour d'appel de Paris fait grief à l'arrêt d'accueillir la demande d'adoption plénière, alors « que l'acte d'état civil doit comporter le nom de la mère qui accouche afin qu'il soit conforme à la « réalité » au sens des dispositions de l'article 47 du code civil précité ; qu'en refusant de considérer que l'acte de naissance de l'enfant qui omet de mentionner la filiation maternelle est irrégulier en droit français, la cour d'appel de Paris a violé l'article susmentionné. »

Réponse de la Cour

8. Aux termes de l'article 16-7 du code civil, toute convention portant sur la procréation ou la gestation pour le compte d'autrui est nulle, ces dispositions étant d'ordre public.

9. Cependant, le recours à la gestation pour autrui à l'étranger ne fait pas, en lui-même, obstacle au prononcé de l'adoption, par l'époux du père, de l'enfant né de cette procréation, si les conditions légales de l'adoption sont réunies et si elle est conforme à l'intérêt de l'enfant.

10. Aux termes de l'article 370-3 du code civil, les conditions de l'adoption sont soumises à la loi nationale de l'adoptant.

11. Aux termes de l'article 345-1, 1°, du même code, l'adoption plénière de l'enfant du conjoint est permise lorsque l'enfant n'a de filiation légalement établie qu'à l'égard de ce conjoint.

12. Aux termes de l'article 47 du même code, tout acte de l'état civil des Français et des étrangers fait en pays étranger et rédigé dans les formes usitées dans ce pays fait foi, sauf si d'autres actes ou pièces détenus, des données extérieures ou des éléments tirés de l'acte lui-même établissent, le cas échéant après toutes vérifications utiles, que cet acte est irrégulier, falsifié ou que les faits qui y sont déclarés ne correspondent pas à la réalité.

13. L'arrêt en déduit exactement que le droit français n'interdit pas le prononcé de l'adoption par l'époux du père de l'enfant né à l'étranger de cette procréation lorsque le droit étranger autorise la convention de gestation pour autrui et que l'acte de naissance de l'enfant, qui ne fait mention que d'un parent, a été dressé conformément à la législation étrangère, en l'absence de tout élément de fraude.

14. Il relève que le recours à la gestation pour autrui par des étrangers, y compris célibataires non résidents, demeurait possible en Inde lors de la conception en 2010 et de la naissance en 2011 de l'enfant, ce que ne conteste pas le procureur général, qui ne critique que la légalité, au regard du droit indien, de l'établissement de l'acte de naissance de l'enfant, lequel ne fait état que de la filiation paternelle de M. E... à l'exclusion de toute filiation maternelle.

15. Il ajoute que, si les dispositions de l'article 19 b de la loi indienne de 1886 et de l'article 29 de la loi indienne du 31 mai 1969 n'autorisent pas l'établissement ou l'enregistrement d'un acte de naissance d'un enfant né hors mariage avec la mention d'un père sans celle de la mère, il ressort du guide des bonnes pratiques rédigé en 2005 par le Conseil indien de la recherche médicale et du projet de loi sur les technologies reproductives assistées (ART) de 2008, révisé en 2010, que la situation des enfants nés d'une gestation pour autrui était régie par ces textes, les projets de loi ART de 2008 et de 2010 servant, dans l'attente de leur adoption définitive et de leur promulgation, de lignes directrices pour l'établissement des actes de naissance des enfants nés selon cette méthode d'assistance médicale à la procréation. Il constate que l'application de ces derniers textes par les juridictions indiennes est confirmée par la

décision rendue le 18 novembre 2011 par la Cour de district de Delhi et relève que, selon l'article 35 du projet de loi ART de 2010, « dans le cas d'une femme célibataire, l'enfant sera l'enfant légitime de la femme, et dans le cas d'un homme seul, l'enfant sera l'enfant légitime de l'homme » et que « l'acte de naissance d'un enfant né grâce à l'aide à la procréation assistée doit contenir le nom du ou des parents, selon le cas, qui a demandé une telle utilisation ».

16. Il relève encore que la possibilité de dresser un acte de naissance ou d'enregistrer une naissance en ne faisant mention que de la filiation du père sans celle de la femme ayant accouché est confirmée par la directive adressée le 16 septembre 2011 par le directeur adjoint des services de santé de l'État du Maharashtra au directeur adjoint du service de santé de l'hôpital de F... selon laquelle dans le cas de parents d'intention célibataires les certificats doivent être émis en mentionnant leurs noms, qui peut être la mère ou le père mentionnant inconnu pour l'autre nom.

17. Il précise que le procureur général ne saurait se fonder sur les dispositions du projet de loi indienne sur les technologies reproductives assistées de 2014, qui n'était pas applicable au jour de l'établissement de l'acte de naissance de l'enfant, et dont il ne soutient pas que ses dispositions seraient rétroactives.

18. Il en déduit que l'acte de naissance de l'enfant, qui mentionne comme père M. E... sans faire mention de la gestatrice, a été établi conformément aux dispositions de la législation indienne et qu'il ne saurait donc être reproché au requérant un détournement ou une fraude.

19. Il relève enfin que MM. M... et E... versent aux débats le contrat de gestation pour autrui conclu le 29 octobre 2010 entre M. E..., d'une part, Mme H... et son époux, d'autre part.

20. De ces constatations et énonciations, la cour d'appel a exactement déduit que l'acte de naissance de l'enfant avait été régulièrement dressé en application de la loi indienne et qu'en l'absence de filiation maternelle établie en Inde, l'adoption d'V... par M. M... était légalement possible.

21. Le moyen n'est donc pas fondé.

PAR CES MOTIFS, la Cour :
REJETTE le pourvoi

Depuis la fin de l'année 2019, la Cour de cassation a abandonné la présentation de ses arrêts avec une phrase unique et des paragraphes débutant par « Attendu que ». Afin d'améliorer l'accessibilité de ses décisions et, corrélativement, leur fonction persuasive, les hauts magistrats essaient d'user d'un style direct et structurent les arrêts en trois parties : faits et procédure, examen du moyen et dispositif, en numérotant les paragraphes.

Préparation

1 Identifier
2 Analyser
3 Apprécier l'arrêt
4 Élaborer un plan

1 Identification de l'arrêt

Date. Le 4 novembre 2020.

Juridiction. La première chambre civile de la Cour de cassation. L'arrêt va être publié au bulletin. Il est donc important.

2 Analyse de l'arrêt

Structure de l'arrêt L'analyse de l'arrêt consiste à en rechercher la structure pour constituer la « fiche de l'arrêt » ou « fiche de jurisprudence »

Cass. 1re civ., 4 novembre 2020, pourvoi n° 19-50.042

Nouvelle présentation structurée des décisions	Faits et procédure
Arrêt de la cour d'appel objet du pourvoi	1. Selon l'arrêt attaqué (Paris, 14 mai 2019),
Faits	V... E... est né le [...] 2011 à Bombay (Inde) de M. E..., de nationalité française. L'acte de naissance indien de l'enfant n'indique aucune filiation maternelle. Le 18 octobre 2012, M. E... a reconnu l'enfant devant l'officier de l'état civil de la ville de Paris (11e arrondissement). Le 15 décembre 2015, l'acte de naissance a été transcrit par le consul général de France à Bombay. Le 18 mars 2016, M. E... a épousé M. M..., de nationalité française, devant l'officier de l'état civil de la ville de Paris (11e arrondissement).
Procédure	2. Par requête du 26 juillet 2016, M. M... a formé une demande d'adoption plénière de l'enfant V....
Un passage de l'arrêt n'est pas reproduit	(...)
Le moyen a plusieurs branches et voici la première	Sur le moyen, pris en sa première branche
Argument du demandeur au pourvoi (le procureur)	Énoncé du moyen 7. Le procureur général près la cour d'appel de Paris fait grief à l'arrêt d'accueillir la demande d'adoption plénière, alors « que l'acte d'état civil doit comporter le nom de la mère qui accouche afin qu'il soit conforme à la « réalité » au sens des dispositions de l'article 47 du code civil précité ; qu'en refusant de considérer que l'acte de naissance de l'enfant qui omet de mentionner la filiation maternelle e`st irrégulier en droit français, la cour d'appel de Paris a violé l'article susmentionné. »
Raisonnement de la Cour de cassation	Réponse de la Cour 8. Aux termes de l'article 16-7 du code civil, toute convention portant sur la procréation ou la gestation pour le compte d'autrui est nulle, ces dispositions étant d'ordre public. 9. Cependant, le recours à la gestation pour autrui à l'étranger ne fait pas, en lui-même, obstacle au prononcé de l'adoption, par l'époux du père, de l'enfant né de cette procréation, si les conditions légales de l'adoption sont réunies et si elle est conforme à l'intérêt de l'enfant. 10. Aux termes de l'article 370-3 du code civil, les conditions de l'adoption sont soumises à la loi nationale de l'adoptant. 11. Aux termes de l'article 345-1, 1°, du même code, l'adoption plénière de l'enfant du conjoint est permise lorsque l'enfant n'a de filiation légalement établie qu'à l'égard de ce conjoint. 12. Aux termes de l'article 47 du même code, tout acte de l'état civil des Français et des étrangers fait en pays étranger et rédigé dans les formes usitées dans ce pays fait foi, sauf si d'autres actes ou pièces détenus, des données extérieures ou des éléments tirés de l'acte lui-même établissent, le cas échéant après toutes vérifications utiles, que cet acte est irrégulier, falsifié ou que les faits qui y sont déclarés ne correspondent pas à la réalité. 13. L'arrêt en déduit exactement que le droit français n'interdit pas le prononcé de l'adoption par l'époux du père de l'enfant né à l'étranger de cette procréation lorsque le droit étranger autorise la convention de gestation pour autrui et que l'acte de naissance de l'enfant, qui ne fait mention que d'un parent, a été dressé conformément à la législation étrangère, en l'absence de tout élément de fraude.

14. Il relève que le recours à la gestation pour autrui par des étrangers, y compris célibataires non résidents, demeurait possible en Inde lors de la conception en 2010 et de la naissance en 2011 de l'enfant, ce que ne conteste pas le procureur général, qui ne critique que la légalité, au regard du droit indien, de l'établissement de l'acte de naissance de l'enfant, lequel ne fait état que de la filiation paternelle de M. E... à l'exclusion de toute filiation maternelle.
15. Il ajoute que, si les dispositions de l'article 19 b de la loi indienne de 1886 et de l'article 29 de la loi indienne du 31 mai 1969 n'autorisent pas l'établissement ou l'enregistrement d'un acte de naissance d'un enfant né hors mariage avec la mention d'un père sans celle de la mère, il ressort du guide des bonnes pratiques rédigé en 2005 par le Conseil indien de la recherche médicale et du projet de loi sur les technologies reproductives assistées (ART) de 2008, révisé en 2010, que la situation des enfants nés d'une gestation pour autrui était régie par ces textes, les projets de loi ART de 2008 et de 2010 servant, dans l'attente de leur adoption définitive et de leur promulgation, de lignes directrices pour l'établissement des actes de naissance des enfants nés selon cette méthode d'assistance médicale à la procréation. Il constate que l'application de ces derniers textes par les juridictions indiennes est confirmée par la décision rendue le 18 novembre 2011 par la Cour de district de Delhi et relève que, selon l'article 35 du projet de loi ART de 2010, « dans le cas d'une femme célibataire, l'enfant sera l'enfant légitime de la femme, et dans le cas d'un homme seul, l'enfant sera l'enfant légitime de l'homme » et que « l'acte de naissance d'un enfant né grâce à l'aide à la procréation assistée doit contenir le nom du ou des parents, selon le cas, qui a demandé une telle utilisation ».
16. Il relève encore que la possibilité de dresser un acte de naissance ou d'enregistrer une naissance en ne faisant mention que de la filiation du père sans celle de la femme ayant accouché est confirmée par la directive adressée le 16 septembre 2011 par le directeur adjoint des services de santé de l'État du Maharashtra au directeur adjoint du service de santé de l'hôpital de F... selon laquelle dans le cas de parents d'intention célibataires les certificats doivent être émis en mentionnant leurs noms, qui peut être la mère ou le père mentionnant inconnu pour l'autre nom.
17. Il précise que le procureur général ne saurait se fonder sur les dispositions du projet de loi indienne sur les technologies reproductives assistées de 2014, qui n'était pas applicable au jour de l'établissement de l'acte de naissance de l'enfant, et dont il ne soutient pas que ses dispositions seraient rétroactives.
18. Il en déduit que l'acte de naissance de l'enfant, qui mentionne comme père M. E... sans faire mention de la gestatrice, a été établi conformément aux dispositions de la législation indienne et qu'il ne saurait donc être reproché au requérant un détournement ou une fraude.
19. Il relève enfin que MM. M... et E... versent aux débats le contrat de gestation pour autrui conclu le 29 octobre 2010 entre M. E..., d'une part, Mme H... et son époux, d'autre part.

Solution de la Cour de cassation

20. De ces constatations et énonciations, la cour d'appel a exactement déduit que l'acte de naissance de l'enfant avait été régulièrement dressé en application de la loi indienne et qu'en l'absence de filiation maternelle établie en Inde, l'adoption d'V... par M. M... était légalement possible.
21. Le moyen n'est donc pas fondé.

Dispositif

PAR CES MOTIFS, la Cour :
REJETTE le pourvoi

Fiche de l'arrêt

(Cinq rubriques, quelle que soit la décision à commenter)

1 Faits

Un enfant est né en 2011, en Inde, de M. E., de nationalité française. L'acte de naissance indien n'indique aucune filiation maternelle. En 2012, M. E. a reconnu l'enfant devant l'officier de l'état civil français.
En 2015, l'acte de naissance a été transcrit par le consul général de France à Bombay.
En mars 2016, M. E. a épousé M. M., de nationalité française, devant l'officier de l'état civil français.

2 Procédure

En juillet 2016, M. M. a formé une demande d'adoption plénière de l'enfant.
En mai 2019, la cour d'appel de Paris a accueilli la demande.

3 Arguments des parties (le procureur)

Le procureur général près la cour d'appel de Paris fait grief à l'arrêt d'appel d'avoir d'accueilli la demande d'adoption plénière. Selon lui, l'acte d'état civil doit comporter le nom de la mère qui accouche, afin qu'il soit conforme à la « réalité », au sens des dispositions de l'article 47 du Code civil. En refusant de considérer que l'acte de naissance de l'enfant qui omet de mentionner la filiation maternelle est irrégulier en droit français, la cour d'appel de Paris a, selon le procureur général, violé l'article susmentionné.

4 Problème juridique

Un homme peut-il adopter plénièrement l'enfant de son conjoint, né d'une gestation pour autrui légale à l'étranger, en l'absence du nom de la mère dans l'acte de naissance, dressé conformément à la législation étrangère, et en l'absence de tout élément de fraude ?

5 Solution

La Cour de cassation vise plusieurs articles. D'abord, l'article 16-7 du Code civil dispose que toute convention portant sur la procréation ou la gestation pour le compte d'autrui est nulle, et ces dispositions sont d'ordre public. Cependant, le recours à la gestation pour autrui à l'étranger ne fait pas, en lui-même, obstacle au prononcé de l'adoption, par l'époux du père, de l'enfant né de cette procréation, si les conditions légales de l'adoption sont réunies et si elle est conforme à l'intérêt de l'enfant.
Ensuite, la haute juridiction vise :

- l'article 370-3 du code civil, selon lequel les conditions de l'adoption sont soumises à la loi nationale de l'adoptant ;
- l'article 345-1, 1°, du même code, qui dispose que l'adoption plénière de l'enfant du conjoint est permise lorsque l'enfant n'a de filiation légalement établie qu'à l'égard de ce conjoint ;
- l'article 47 du même code, qui prévoit que tout acte de l'état civil des Français et des étrangers fait en pays étranger et rédigé dans les formes usitées dans ce pays fait foi, sauf si d'autres actes ou pièces détenus, des données extérieures ou des éléments tirés de l'acte lui-même établissent, le cas échéant après toutes vérifications utiles, que cet acte est irrégulier, falsifié ou que les faits qui y sont déclarés ne correspondent pas à la réalité.

Selon les hauts magistrats, la cour d'appel a exactement conclu que le droit français n'interdit pas le prononcé de l'adoption, par l'époux du père, de l'enfant né à l'étranger de cette procréation, lorsque le droit étranger autorise la convention de gestation pour autrui et que l'acte de naissance de l'enfant, qui ne fait mention que d'un parent, a été dressé conformément à la législation étrangère, en l'absence de tout élément de fraude.
D'une part, le recours à la gestation pour autrui par des étrangers, y compris célibataires non-résidents, était possible en Inde, en 2010, lors de la conception de l'enfant, et en 2011, lors de sa naissance.
D'autre part, il ressortait des dispositions législatives indiennes, au moment de la naissance, que « l'acte de naissance d'un enfant né grâce à l'aide à la procréation assistée devait contenir le nom du ou des

parents, selon le cas, qui avait demandé une telle utilisation ».
Ensuite, une directive indienne permettait de dresser un acte de naissance ou d'enregistrer une naissance en ne faisant mention que de la filiation du père, sans celle de la femme ayant accouché.
Enfin, l'acte de naissance de l'enfant, qui mentionne comme père M. E. sans faire mention de la gestatrice, avait été établi conformément aux dispositions de la législation indienne et il ne pouvait donc être reproché au requérant un détournement ou une fraude.
Les hauts magistrats ont approuvé la cour d'appel d'avoir conclu qu'il ressortait de ces constatations et énonciations que l'acte de naissance de l'enfant avait été régulièrement dressé en application de la loi indienne et, qu'en l'absence de filiation maternelle établie en Inde, l'adoption de l'enfant par M. M. était légalement possible.
Le moyen n'était donc pas fondé. Le pourvoi a été rejeté.

3 Appréciation de l'arrêt

Il faut rassembler vos connaissances et déterminer le sens, la valeur et la portée de l'arrêt.

Le sens de l'arrêt

? Qu'est-ce que les juges ont décidé ? Qu'ont-ils déclaré ? Qu'ont-ils répondu aux parties ? Ont-ils sanctionné ou approuvé la décision de la cour d'appel ou du tribunal ?

La Cour de cassation a énoncé que le droit français n'interdit pas le prononcé de l'adoption, par l'époux du père, de l'enfant né à l'étranger d'une convention gestation pour autrui, lorsque la loi l'autorise, et que l'acte de naissance de l'enfant, qui ne fait mention que d'un parent, a été dressé conformément à la législation étrangère, en l'absence de tout élément de fraude.
Elle a rejeté le pourvoi du procureur général près la Cour de cassation qui, pour refuser cette adoption, avançait que l'acte de naissance de l'enfant était irrégulier en droit français, dès lors que, ne mentionnant pas la filiation maternelle, il n'était pas conforme à la « réalité ».

La valeur de l'arrêt

? Pourquoi les juges ont-ils pris cette décision ? Pouvaient-ils juger autrement ? Quelles règles ont-ils appliquées ? Était-ce prévisible ? Est-ce un revirement de jurisprudence, une décision isolée ?

La Cour de cassation a fondé son raisonnement sur quatre textes : les articles 16-7, 370-3, 345-1 et 47 du Code civil. Elle en a respectivement déduit que :

- toute convention portant sur la procréation ou la gestation pour le compte d'autrui est nulle, et ces dispositions sont d'ordre public ; cependant, le recours à la gestation pour autrui à l'étranger ne fait pas, en lui-même, obstacle au prononcé de l'adoption, par l'époux du père, de l'enfant né de cette procréation, si les conditions légales de l'adoption sont réunies et si elle est conforme à l'intérêt de l'enfant ;

– les conditions de l'adoption sont soumises à la loi nationale de l'adoptant ;
– l'adoption plénière de l'enfant du conjoint est permise lorsque l'enfant n'a de filiation légalement établie qu'à l'égard de ce conjoint ;
– tout acte de l'état civil des Français et des étrangers fait en pays étranger et rédigé dans les formes usitées dans ce pays fait foi, sauf si d'autres actes ou pièces détenus, des données extérieures ou des éléments tirés de l'acte lui-même établissent, le cas échéant après toutes vérifications utiles, que cet acte est irrégulier, falsifié ou que les faits qui y sont déclarés ne correspondent pas à la réalité.

En l'espèce, l'enfant était issu de d'une convention légalement conclue à l'étranger et, conformément à la législation étrangère en question, son acte de naissance indiquait le nom du père mais pas celui de la mère.
L'absence du nom de la mère, et donc de filiation maternelle, dans l'acte de naissance, ne rendait pas celui-ci irrégulier, dès lors que cela était conforme à la législation indienne, et permettait l'adoption plénière par le conjoint du père, conformément à la législation française.
La décision était prévisible, eu égard aux dernières décisions de la Cour de cassation en la matière.

La portée de l'arrêt

? **Quelles vont être les conséquences de l'arrêt ? Que va-t-il se passer pour les prochaines affaires similaires ? Les parties seront-elles mieux protégées, plus libres ? Sera-t-il plus opportun de se prévaloir d'autres règles de droit ? Quelle va être la réaction du législateur ? Va-t-il devoir légiférer ? La jurisprudence risque-t-elle de changer ?**

Longtemps inflexible, la jurisprudence a évolué ces dernières années, sous l'impulsion de la Cour européenne des droits de l'homme, et admet désormais la transcription des actes de naissance et l'adoption des enfants nés de convention de mère porteuse légalement conclue à l'étranger.

En France, en revanche, ces conventions sont toujours illicites. Lorsque des enfants naissent, néanmoins, de telles conventions illégales, les tribunaux tentent de trouver des « compromis ».

Il y a ainsi un important écart de traitement entre les enfants issus de conventions conclues à l'étranger, qui peuvent avoir un double lien de filiation, et les enfants nés de telles conventions conclues en France, qui ne peuvent avoir, dans le meilleur des cas, qu'un lien de filiation.

Les conventions conclues l'étranger produisant pleinement effet en France, certains se demandent s'il est opportun de maintenir l'interdiction d'y conclure de telles conventions, lors de la prochaine révision des lois de bioéthique.

4 Élaboration du plan

L'intérêt de cet arrêt est d'énoncer que l'adoption plénière, par un conjoint, d'un enfant issu d'une convention de mère porteuse conclue à l'étranger est possible, dès lors que les conditions de l'adoption plénière sont réunies, c'est-à-dire que l'enfant n'a de filiation établie qu'à l'égard du conjoint. Cela doit être étudié dans le **I B**.

Avant d'aborder la condition particulière de l'absence de filiation, il faut préciser que la convention doit être légalement conclue. Cela doit alors être développé dans le **I A**. Il s'agit ainsi d'aborder, dans le I, les conditions de l'admission de l'adoption plénière de l'enfant du conjoint issu d'une convention de mère porteuse à l'étranger.

Il convient ensuite d'apprécier cette décision, dans le II, et de relever qu'elle peut sembler cohérente, eu égard aux dispositions françaises relatives à l'adoption **(II A)**, mais pas eu égard aux dispositions françaises relatives à la gestation pour autrui **(II B)**.

Le plan

I. Les conditions de l'admission de l'adoption plénière d'un enfant du conjoint issu d'une convention de mère porteuse conclue à l'étranger

- **A.** Une convention légalement conclue
- **B.** Une filiation établie qu'à l'égard du conjoint

II. L'appréciation de l'admission de l'adoption plénière d'un enfant du conjoint issu d'une convention de mère porteuse conclue à l'étranger

- **A.** La cohérence eu égard aux dispositions françaises relatives à l'adoption
- **B.** L'incohérence eu égard aux dispositions françaises relatives à la gestation pour autrui

Introduction

L'introduction reprend les éléments exposés dans la fiche de l'arrêt en faisant en sorte qu'ils s'enchaînent.

ÉTAPES

① Phrase d'accroche

Les conventions de mère porteuse légalement conclues à l'étranger produisent des effets en France... Jusqu'à quel point ?

② Faits

Un enfant est né en 2011, en Inde, de M. E., de nationalité française. L'acte de naissance indien de l'enfant n'indique aucune filiation maternelle.
En 2012, M. E. a reconnu l'enfant devant l'officier de l'état civil français.
En 2015, l'acte de naissance a été transcrit par le consul général de France à Bombay.
En mars 2016, M. E. a épousé M. M., de nationalité française, devant l'officier de l'état civil français.

③ Procédure

En juillet 2016, M. M. a formé une demande d'adoption plénière de l'enfant. En mai 2019, la cour d'appel de Paris a accueilli la demande.

④ Argument des parties (le procureur)

Le procureur général près la cour d'appel de Paris fait grief à l'arrêt de la Cour d'appel d'avoir d'accueilli la demande d'adoption plénière. Selon lui, l'acte d'état civil doit comporter le nom de la mère qui accouche, afin qu'il soit conforme à la « réalité », au sens des dispositions de l'article 47 du Code civil. En refusant de considérer que l'acte de naissance de l'enfant qui omet de mentionner la filiation maternelle est irrégulier en droit français, la cour d'appel de Paris a violé l'article susmentionné.

⑤ Problème juridique

Un homme peut-il adopter plénièrement l'enfant de son conjoint, né d'une gestation pour autrui légale à l'étranger, en l'absence du nom de la mère dans l'acte de naissance, dressé conformément à la législation étrangère, et en l'absence de tout élément de fraude ?

⑥ Solution de l'arrêt à commenter

La Cour de cassation a visé les articles 16-7, 370-3, 345-1 et 47 du Code civil et approuvé la cour d'appel d'avoir conclu que le droit français n'interdit pas le prononcé de l'adoption, par l'époux du père, d'un enfant né à l'étranger d'une gestation pour autrui, lorsque le droit étranger autorise de telle pratique et que l'acte de naissance de l'enfant, qui ne fait mention que d'un parent, a été dressé conformément à la législation étrangère, en l'absence de tout élément de fraude.
En l'espèce, il ressortait des éléments appréciés par les juges du fond que l'acte de naissance de l'enfant avait été régulièrement dressé, en application de la loi indienne et, qu'en l'absence de filiation maternelle établie en Inde, l'adoption de l'enfant par M. M. était légalement possible.
Le moyen n'était donc pas fondé. Le pourvoi a été rejeté.

⑦ Annonce du plan

Cette décision indique à quelles conditions un enfant né d'une convention de mère porteuse conclue à l'étranger peut faire l'objet d'une adoption de l'enfant du conjoint en France **(I)**. Elle peut être approuvée et ébranle une fois encore l'interdiction française quant à la conclusion de telles conventions **(II)**.

Développement

I. Les conditions de l'admission de l'adoption plénière d'un enfant du conjoint issu d'une convention de mère porteuse conclue à l'étranger

Un enfant issu d'une convention de gestation pour autrui conclue à l'étranger peut faire l'objet d'une adoption plénière, en tant qu'enfant du conjoint, si la convention est légalement conclue **(A)** et s'il n'a de filiation établie qu'à l'égard d'un parent **(B)**.

A. Une convention légalement conclue

La première condition, pour qu'un conjoint puisse adopter un enfant né d'une convention de mère porteuse conclue à l'étranger, est que cette convention ait été légalement conclue. La Cour de cassation a fondé son raisonnement sur les articles 16-7 et 47 du Code civil. Elle en a respectivement déduit que :

- toute convention portant sur la procréation ou la gestation pour le compte d'autrui est nulle, et ces dispositions sont d'ordre public ; cependant, le recours à la gestation pour autrui à l'étranger ne fait pas, en lui-même, obstacle au prononcé de l'adoption, par l'époux du père, de l'enfant né de cette procréation, si les conditions légales de l'adoption sont réunies et si elle est conforme à l'intérêt de l'enfant ;
- tout acte de l'état civil des Français et des étrangers fait en pays étranger et rédigé dans les formes usitées dans ce pays fait foi, sauf si d'autres actes ou pièces détenus, des données extérieures ou des éléments tirés de l'acte lui-même établissent, le cas échéant après toutes vérifications utiles, que cet acte est irrégulier, falsifié ou que les faits qui y sont déclarés ne correspondent pas à la réalité.

En l'espèce, il ressort des éléments examinés par les juges du fond que l'enfant était issu de d'une convention légalement conclue à l'étranger. L'absence du nom de la mère, dans l'acte de naissance, ne rendait pas celui-ci irrégulier, dès lors que cela était conforme à la législation indienne.

B. Une filiation établie qu'à l'égard du conjoint

La seconde condition, pour qu'un conjoint puisse adopter un enfant né d'une convention de mère porteuse conclue à l'étranger, est que l'enfant n'ait de filiation établie qu'à l'égard du conjoint. La Cour de cassation a fondé son raisonnement les articles 370-3 et 345-1 du Code civil, selon lesquels :

- les conditions de l'adoption sont soumises à la loi nationale de l'adoptant ce qui implique, notamment, que l'adoption doit être conforme à l'intérêt de l'enfant ;
- l'adoption plénière de l'enfant du conjoint est permise lorsque l'enfant n'a de filiation légalement établie qu'à l'égard de ce conjoint.

En l'espèce, l'arrêt mentionne des dispositions légales indiennes selon lesquelles : « l'acte de naissance d'un enfant né grâce à l'aide à la procréation assistée doit contenir le nom du ou des parents, selon le cas, qui a demandé une telle utilisation » et « dans le cas de parents d'intention célibataires les certificats doivent être émis en mentionnant leurs noms, qui peut être la mère ou le père mentionnant inconnu pour l'autre nom ». L'acte de naissance de l'enfant indiquait donc le nom du père, mais pas celui de la mère, conformément à la législation indienne. Ainsi, en l'absence de filiation maternelle établie en Inde, l'adoption plénière par le conjoint du père, en France, était donc possible. Et tel était probablement l'intérêt de l'enfant qui, né en 2011, devait, depuis 2016 au moins, date du mariage de son père, vivre avec le conjoint de celui-ci.

La décision était prévisible, eu égard aux dernières décisions de la Cour de cassation en la matière. Est-elle cohérente ?

II. L'appréciation de l'admission de l'adoption plénière d'un enfant du conjoint issu d'une convention de mère porteuse conclue à l'étranger

Cette décision peut sembler cohérente, eu égard aux dispositions françaises relatives à l'adoption **(A)**, mais pas eu égard aux dispositions françaises relatives à la gestation pour autrui **(B)**.

A. La cohérence par rapport aux dispositions françaises relatives à l'adoption

À l'issue d'une longue évolution, et sous l'impulsion de la CEDH (CEDH, 26 juin 2014, *Mennesson c. France*, req. n° 65192/11, et *Labassée c. France*, req. n° 65941/11), la jurisprudence française a admis que les conventions de gestation pour autrui, légalement conclues à l'étranger, pouvaient produire des effets en France, notamment la transcription de l'acte de naissance à l'état civil et l'adoption par le conjoint du père (Cass. ass. plén., 3 juillet 2015, pourvois n°s 14-21.323 et 15-50.002).

Dans un arrêt de 2017, la Cour de cassation a ainsi admis la possibilité, pour le conjoint du père, d'adopter l'enfant né d'une gestation pour autrui à l'étranger, dès lors que les conditions légales de l'adoption étaient réunies et que celle-ci était conforme à l'intérêt de l'enfant (Cass. 1re civ., 5 juillet 2017, pourvoi n° 16-16.455).

La question s'est alors posé de la distinction entre l'adoption simple, qui peut être prononcée même si l'enfant a deux liens de filiation établis, et l'adoption plénière, qui suppose que l'enfant n'ait qu'un lien de filiation établi (à l'égard du conjoint de l'adoptant). Dans l'affaire jugée en 2017, c'est l'adoption simple de l'enfant du conjoint qui avait été admise, puisque l'acte de naissance étranger indiquait, outre le nom du père, celui de la femme porteuse. Pour l'adoption plénière, les magistrats sont très vigilants, la cour d'appel de Paris a refusé l'adoption plénière par l'époux du père dans une affaire où l'acte de naissance de l'enfant ne portait aucune indication du nom de la mère, certes, mais n'indiquait pas, non plus, les circonstances dans lesquelles celle-ci aurait remis l'enfant au père et aurait ainsi renoncé, de façon définitive, à tout lien de filiation avec celui-ci (CA Paris, 30 janvier 2018, *AJ fam.* 2018, p. 171).

Dans l'affaire commentée, l'acte de naissance ne comportait que le nom du père et il semblait ressortir de la convention, remise aux juges du fond, appliquant les dispositions législatives indiennes en vigueur, que l'intention de la mère, quant à son absence de lien avec l'enfant, ne faisait pas de doute. Les conditions étant réunies, l'adoption plénière pouvait être prononcée, tel étant probablement l'intérêt de l'enfant, les juges n'ayant pas abordé cette question.

B L'incohérence par rapport à la législation française sur les « mères porteuses »

Le fait que les conventions de mère porteuse sont illicites n'empêche pas que des enfants sont conçus et naissaient, en France, selon un tel procédé. En effet, une femme peut accoucher sous le secret et un homme, qu'il soit le père biologique ou pas, peut reconnaître puis d'élever l'enfant. Le seul moment où le ministère public peut intervenir, pour marquer l'interdiction de telles conventions, est lors de la demande d'adoption de l'enfant par l'épouse ou l'époux du père. Les tribunaux tentent de concilier le respect de l'ordre public, qui interdit ces conventions, et l'intérêt des enfants, qui n'ont pas de mère. Dans une affaire où la mère porteuse (choisie comme marraine) et où l'ex-épouse du père (que l'enfant considérait comme sa mère) se disputaient l'autorité parentale sur l'enfant, ainsi que le choix de sa résidence habituelle, la cour d'appel de Rennes a fixé la résidence de l'enfant chez l'ex-épouse du père, juridiquement un simple tiers, et attribué l'autorité parentale et un droit de visite aux parents biologiques de l'enfant (CA Rennes, 6 janvier 2005, *Dr. fam.* 2005, n° 52). En 2019, il a été jugé, dans une affaire où un couple homosexuel avait conclu une convention de mère porteuse illégale, en France, pour qu'un enfant soit conçu avec les gamètes de l'un d'eux, et où la mère porteuse avait finalement conclu une seconde convention et confié l'enfant à un autre couple, qui l'élevait depuis six ans, qu'au regard de l'intérêt supérieur de l'enfant, il y avait lieu de rejeter l'action en contestation de paternité formée par le père biologique et de laisser l'enfant au foyer du second couple (Cass. 1re civ., 12 septembre 2019, pourvoi n° 18-20.472).

Alors que les enfants issus de conventions conclues à l'étranger peuvent avoir un double lien de filiation, ceux nés de telles conventions, en France, ne peuvent avoir, dans le meilleur des cas, qu'un lien de filiation.

Les conventions conclues l'étranger produisant pleinement effet en France, certains se demandent s'il est opportun de maintenir l'interdiction d'y conclure de telles conventions, lors de la prochaine révision des lois de bioéthique.

3 Cas pratique

sur les actions relatives à la filiation et l'autorité parentale

L'enfant, la mère, le mari et l'amant

Mariés depuis dix ans, Loïs et Clark se sont peu à peu éloignés l'un de l'autre. Depuis plusieurs mois, Loïs a une relation avec Kent. Elle vient d'apprendre qu'elle était enceinte. Cette grossesse est inespérée pour Loïs. En effet, elle a déjà été enceinte à deux reprises mais, à chaque fois, l'enfant est né sans vie. Malgré sa joie, Loïs est tourmentée.

D'abord, s'agissant de son mari, elle pense qu'il y a de fortes chances pour que celui-ci ne veuille pas être juridiquement rattaché à un enfant qu'il sait ne pas être le sien. Néanmoins, Clark ayant toujours désiré avoir un héritier, il est possible qu'il souhaite quand même être désigné comme le père de cet enfant et l'élever.

Ensuite, s'agissant de son amant, Loïs est très inquiète. Kent sait qu'il est le père biologique de l'enfant et veut assumer sa paternité. Cependant, depuis quelques semaines, il s'est lié avec les membres d'une secte qui refusent tout progrès. Les enfants des adeptes ne sont pas vaccinés et aucun médicament n'est toléré. Le gourou estime que la sélection naturelle doit prévaloir. Loïs ne veut pas partager l'autorité parentale sur son futur enfant avec Kent.

Préparation

1 Analyser les faits

2 Rechercher les problèmes juridiques posés

3 Rechercher les éléments de réponse

1 Analyse des faits

Repérage des faits importants

Mariés depuis dix ans, Loïs et Clark se sont peu à peu éloignés l'un de l'autre. Depuis plusieurs mois, Loïs a une relation avec Kent. Elle vient d'apprendre qu'elle était enceinte. Cette grossesse est inespérée pour Loïs. En effet, elle a déjà été enceinte à deux reprises mais, à chaque fois, l'enfant est né sans vie. Malgré sa joie, Loïs est tourmentée.

D'abord, s'agissant de son mari, elle pense qu'il y a de fortes chances pour que celui-ci ne veuille pas être juridiquement rattaché à un enfant qu'il sait ne pas être le sien. Néanmoins, Clark ayant toujours désiré avoir un héritier, il est possible qu'il souhaite quand même être désigné comme le père de cet enfant et l'élever.

Ensuite, s'agissant de son amant, Loïs est très inquiète. Kent sait qu'il est le père biologique de l'enfant et veut assumer sa paternité. Cependant, depuis quelques semaines, il s'est lié avec les membres d'une secte qui refusent tout progrès. Les enfants des adeptes ne sont pas vaccinés et aucun médicament n'est toléré. Le gourou estime que la sélection naturelle doit prévaloir. Loïs ne veut pas partager l'autorité parentale sur son futur enfant avec Kent.

Qualification juridique des faits

- **Mariés :** couple soumis aux obligations du mariage dont le devoir de fidélité
- **peu à peu éloignés :** liens entre les époux s'étant distendus ; époux ne remplissant probablement plus leur devoir conjugal
- **relation avec Kent :** adultère de l'épouse
- **enceinte :** femme mariée attendant un enfant dont le père est son amant
- **à deux reprises (...) l'enfant est né sans vie :** femme ayant accouché, deux fois, d'un enfant qui n'a pas eu la personnalité juridique
- **de fortes chances pour que celui-ci ne veuille pas être juridiquement rattaché à un enfant qu'il sait ne pas être le sien :** probabilité importante pour que le mari souhaite que la présomption de paternité soit écartée
- **possible qu'il souhaite quand même être désigné comme le père de cet enfant et l'élever :** éventualité pour que le mari souhaite que la présomption de paternité s'applique ou soit rétablie si elle a été écartée
- **père biologique (...) veut assumer sa paternité :** forte probabilité pour que l'enfant soit reconnu par l'amant
- **lié avec les membres d'une secte (...) refusent tout progrès (...) enfants des adeptes ne sont pas vaccinés et aucun médicament n'est toléré (...) la sélection naturelle doit prévaloir :** amant proche d'une secte dont les préceptes risquent de mettre en danger la vie des enfants
- **ne veut pas partager l'autorité parentale :** volonté de la mère pour que l'autorité parentale sur l'enfant ne soit pas accordée ou soit retirée au père

2 Recherche des (ou du) problèmes juridiques

La difficulté de ce cas pratique est qu'il ne comporte pas de problèmes expressément formulés. C'est à vous de déduire les questions de l'ensemble des faits énoncés.
En principe, dans les cas pratiques relatifs à la filiation, si la mère de l'enfant est mariée et a un amant, la question le plus souvent posée est celle de savoir quel homme peut être désigné comme le père de l'enfant et, surtout, comment il peut l'être.

S'agissant du mari

Le passage : « **elle pense qu'il y a de fortes chances pour que celui-ci ne veuille pas être juridiquement rattaché à un enfant qu'il sait ne pas être le sien. Néanmoins, Clark ayant toujours désiré avoir un héritier, il est possible qu'il souhaite quand même être désigné comme le père de cet enfant et l'élever.** » suggère les questions suivantes :

1. Le mari peut-il ne pas être désigné comme le père de l'enfant de sa femme ?
2. Le mari peut-il, s'il le veut, être rattaché à l'enfant de sa femme, même s'il sait qu'il n'en est pas le père biologique ?

S'agissant de l'amant

Le passage : « **Il sait qu'il est le père biologique de l'enfant et veut assumer sa paternité. Cependant, depuis quelques semaines, Kent s'est lié avec les membres d'une secte (...) Loïs ne veut pas partager l'autorité parentale sur son futur enfant avec Kent.** » suggère les questions suivantes :

1. L'amant peut-il être désigné comme le père de l'enfant, alors que la mère est mariée à un autre homme ?
2. À quelle(s) condition(s) le père de l'enfant peut-il se voir retirer l'autorité parentale sur ce dernier ?

Attention, vous devez être attentifs à toutes les informations. Elles ne sont jamais données inutilement. Cela fait souvent la différence entre une note correcte et une bonne note !

Ainsi, le passage : « **elle a déjà été enceinte à deux reprises mais, à chaque fois, l'enfant est né sans vie** » doit vous conduire à préciser, au début ou à la fin du cas pratique, le cas où l'enfant naîtrait sans vie.

Inversement, n'envisagez pas une hypothèse qui ne vous est pas suggérée. Il n'est, à aucun moment, fait allusion à un éventuel divorce de Loïs et Clark. Il est donc inutile d'aborder une telle hypothèse. Vous perdriez du temps sans gagner de points.

Quatre hypothèses doivent donc être envisagées, certaines d'ailleurs concomitamment.

1. *Si Clark ne veut pas être désigné comme le père de l'enfant et que seul Kent veut assumer la paternité :*
   Comment établir la filiation paternelle de l'enfant de l'amant d'une femme mariée, lorsque le mari ne veut pas être rattaché à l'enfant ?
2. *Si Clark veut être désigné comme le père de l'enfant et que Kent le veut aussi :*
   Comment établir la filiation paternelle de l'enfant de l'amant d'une femme mariée lorsque le mari sait qu'il n'est pas le père biologique de l'enfant mais veut quand même être désigné comme tel ?
3. *Si la paternité de Kent est établie et que Loïs ne veut pas partager avec lui l'autorité parentale sur l'enfant :*
   Comment la mère d'un enfant peut-elle éviter de partager l'autorité parentale sur celui-ci avec le père ?
4. *Si l'enfant naît sans vie :*
   Le fait qu'un enfant naisse sans vie a-t-il une influence sur l'établissement de sa filiation ?

3 Recherche des éléments de réponse

La paternité du mari

Moyens pour établir la paternité du mari

Art. 312 C. civ. « L'enfant conçu ou né pendant le mariage a pour père le mari. »

Art. 316, al. 1er, C. civ. « Lorsque la filiation n'est pas établie dans les conditions prévues à la section I du présent chapitre [lorsque la présomption de paternité n'a pas joué], elle peut l'être par une reconnaissance de paternité ou de maternité, faite avant ou après la naissance. »

Moyen pour écarter la paternité du mari

Art. 313 C. civ. « La présomption de paternité est écartée lorsque l'acte de naissance de l'enfant ne désigne pas le mari en qualité de père (...) »

Jurisprudence

L'indication du nom du mari (au sens de l'ancien article 313-1 dont le contenu a été repris à l'article 313 du Code civil) doit s'entendre comme l'indication en qualité de père. Lorsque l'enfant a été déclaré à l'état civil comme né d'une mère célibataire, la rectification de l'acte n'entraîne pas l'établissement de la filiation paternelle par application de la présomption de paternité si l'enfant n'a de possession d'état qu'à l'égard de sa mère.

Cass. 1re civ., 3 juin 1980, *Bull. civ.* I, n° 169.

La paternité de l'amant

Moyen pour établir la paternité de l'amant

Art. 316, al. 1er, C. civ. « Lorsque la filiation n'est pas établie dans les conditions prévues à la section I du présent chapitre [établissement par l'effet de la loi : désignation de la mère dans l'acte de naissance + présomption de paternité], elle peut l'être par une reconnaissance de paternité ou de maternité, faite avant ou après la naissance. »

Le conflit de paternité

Art. 332, al. 2, C. civ. « La paternité peut être contestée en rapportant la preuve que le mari ou l'auteur de la reconnaissance n'est pas le père. »

Art. 333 C. civ. « Lorsque la possession d'état est conforme au titre, seuls peuvent agir l'enfant, l'un de ses père et mère ou celui qui se prétend le parent véritable. L'action se prescrit par cinq ans à compter du jour où la possession d'état a cessé ou du décès du parent dont le lien de filiation est contesté.

Nul, à l'exception du ministère public, ne peut contester la filiation lorsque la possession d'état conforme au titre a duré au moins cinq ans depuis la naissance ou la reconnaissance, si elle a été faite ultérieurement. »

Art. 334 C. civ. « À défaut de possession d'état conforme au titre, l'action en contestation peut être engagée par toute personne qui y a intérêt dans le délai prévu à l'article 321 [dix ans]. »

Art. 336-1 C. civ. « Lorsqu'il détient une reconnaissance paternelle prénatale dont les énonciations relatives à son auteur sont contredites par les informations concernant le père que lui communique le déclarant, l'officier de l'état civil compétent (...) établit l'acte de naissance au vu des informations communiquées par le déclarant. Il en avise sans délai le procureur de la République qui élève le conflit de paternité (...) ».

Jurisprudence

– L'expertise biologique est de droit en matière de filiation, sauf s'il existe un motif légitime de ne pas y procéder.

Cass. 1re civ., 28 mars 2000, *Bull. civ.* I, n° 103.

– Les juges du fond apprécient souverainement, sauf lorsque la loi en décide autrement, la valeur de la présomption pouvant résulter du refus de se soumettre à un examen hématologique ordonné par eux.

Cass. 1re civ., 13 janvier 1993, *Bull. civ.* I, n° 11.

Le non-partage de l'autorité parentale avec le père de l'enfant

Art. 371-1, al. 2, C. civ. « Elle [l'autorité parentale] appartient aux parents jusqu'à la majorité ou l'émancipation de l'enfant pour le protéger dans sa sécurité, sa santé et sa moralité, pour assurer son éducation et permettre son développement, dans le respect dû à sa personne. »

Art. 373-2-1 C. civ. « Si l'intérêt de l'enfant le commande, le juge peut confier l'exercice de l'autorité parentale à l'un des deux parents.
L'exercice du droit de visite et d'hébergement ne peut être refusé à l'autre parent que pour des motifs graves. (...)
[Ce parent] conserve le droit et le devoir de surveiller l'entretien et l'éducation de l'enfant. Il doit être informé des choix importants relatifs à la vie de ce dernier. Il doit respecter l'obligation qui lui incombe en vertu de l'article 371-2. »

Jurisprudence

– Le seul risque d'une éventuelle mise en danger de l'enfant ne permet pas de prononcer la déchéance de l'autorité parentale.

Cass. 1re civ., 6 juillet 1999, pourvoi n° 97-16.654.

– Pour les juges du fond, l'appartenance d'un des parents à un mouvement religieux non classé parmi les sectes ou religions aux pratiques condamnables ne justifie pas un retrait de l'autorité parentale.

CA Reims, 27 juin 2002, *Dr. fam.*, 2003, n° 42.

– En revanche, pour la Cour de cassation, l'appartenance à une secte laisse présumer que l'enfant court un danger nécessitant la mise en œuvre de mesures d'assistance éducative.

Cass. 1re civ., 28 mars 1995, *Bull. civ.* I, n° 141.

La naissance de l'enfant sans vie

Art. 318 C. civ. « Aucune action n'est reçue quant à la filiation d'un enfant qui n'est pas né viable. »

Introduction

L'introduction (assez courte) comporte plusieurs étapes.

ÉTAPES

① **Annonce du thème visé par le cas pratique**

Juridiquement, comme biologiquement, un enfant ne peut avoir qu'un père. Quand une femme mariée attend l'enfant de son amant, les conflits de paternité sont fréquents.

② **Résumé et qualification juridique des faits**

Loïs, mariée à Clark, attend un enfant de Kent, son amant. Elle est inquiète pour plusieurs raisons. D'une part, elle a déjà été enceinte à deux reprises et, à chaque fois, l'enfant est né sans vie. D'autre part, l'établissement de la filiation paternelle de l'enfant risque de poser quelques difficultés. Kent, l'amant, veut assumer sa paternité et il est probable, mais pas certain, que Clark, le mari, qui sait que l'enfant n'est pas le sien, ne veuille pas lui être rattaché. Enfin, Kent s'étant lié avec les membres d'une secte dont les préceptes ne sont pas rassurants, s'agissant de la santé des enfants, Loïs ne veut pas partager l'autorité parentale avec celui-ci.

③ **Problèmes posés par les faits**

Les faits soulèvent trois questions.
D'abord, l'amant d'une femme mariée peut-il être désigné comme le père de l'enfant de celle-ci ? Les démarches sont-elles les mêmes selon que le mari souhaite ou pas être également rattaché à l'enfant ?
Ensuite, comment la mère d'un enfant peut-elle éviter de partager l'autorité parentale sur celui-ci avec le père ?
Enfin, le fait qu'un enfant naisse sans vie a-t-il une incidence sur la filiation ?

④ **Annonce du plan**

Il convient, dans un premier temps, de déterminer quelle peut être la filiation paternelle de l'enfant de Loïs, en précisant si le fait que l'enfant naisse sans vie a une incidence sur les actions relatives à sa filiation **(I)**. Puis, dans l'hypothèse où l'amant serait désigné comme le père, de rechercher si la mère peut ne pas partager l'autorité parentale avec lui **(II)**.

Remarque : L'hypothèse où l'enfant naîtrait sans vie ne suscite pas de longs développements. Il est inutile d'en faire une partie. Vous pouvez vous contenter d'insérer cette précision à la fin des développements sur le conflit de paternité ou même à la fin du devoir, dans la conclusion.

Les réponses doivent toujours être justifiées. Pour cela, elles doivent être construites en trois parties :
- **les faits de l'espèce ;**
- **la règle de droit applicable ;**
- **la solution.**

Développement

I. La filiation paternelle de l'enfant

Les faits de l'espèce
Les époux s'étant éloignés, il est vraisemblable qu'ils n'aient plus de relations sexuelles. Clark sait que l'enfant est le résultat d'une aventure extraconjugale. Il est donc fort probable que, « détaché » de son épouse, il ne veuille pas être « rattaché » à l'enfant que celle-ci porte et dont il n'est pas le père. Cependant, ayant toujours désiré avoir un héritier, il est possible que Clark saisisse l'occasion et fasse son possible pour être désigné comme le père de l'enfant. Dans tous les cas, Kent veut assumer sa paternité et reconnaître l'enfant.

La règle de droit applicable
Moyen pour établir ou écarter la paternité du mari :
En principe, « L'enfant conçu ou né pendant le mariage a pour père le mari. » (art. 312 C. civ.). Il s'agit de la présomption de paternité.

- Si le mari veut être rattaché à l'enfant :
  - *En principe,* le mari n'a aucune démarche particulière à accomplir pour être désigné comme le père de l'enfant de sa femme. Il suffit, pour que la présomption de paternité s'applique, qu'il soit désigné en qualité de père, dans l'acte de naissance de l'enfant, lors de la déclaration à l'état civil.
  - *Exceptionnellement,* si l'amant fait une reconnaissance prénatale, le mari pourra invoquer l'article 336-1 du Code civil, selon lequel « Lorsqu'il détient une reconnaissance paternelle prénatale dont les énonciations relatives à son auteur sont contredites par les informations concernant le père que lui communique le déclarant, l'officier de l'état civil compétent (...) établit l'acte de naissance au vu des informations communiquées par le déclarant. Il en avise sans délai le procureur de la République qui élève le conflit de paternité (...) ».
- Si le mari ne veut pas être rattaché à l'enfant :
  La présomption de paternité du mari de la mère peut être écartée. Il suffit que celui-ci ne soit pas désigné en qualité de père dans l'acte de naissance (art. 313 C. civ.).
  Selon la Cour de cassation, l'indication du nom du mari doit s'entendre comme l'indication en qualité que père. La mère peut être déclarée comme femme mariée dès lors que le mari n'est pas déclaré comme père de l'enfant (Cass. 1re civ., 3 juin 1980, *Bull. civ.* I, n° 169).

Moyens pour établir la paternité de l'amant :
Lorsque le père est l'amant de la mère, il peut être rattaché à l'enfant en le reconnaissant à condition, toutefois, que l'enfant n'ait pas déjà de filiation paternelle établie (art. 316 C. civ.).

- Si le mari ne veut pas être rattaché à l'enfant :
  Lorsque la filiation paternelle d'un enfant n'est pas établie, parce que, par exemple, la présomption de paternité du mari de la mère a été écartée ou n'a pas encore joué ou que l'enfant n'a pas déjà été reconnu, elle peut l'être par une reconnaissance de paternité faite avant ou après la naissance (art. 316, al. 1er, C. civ.).
- Si le mari veut être rattaché à l'enfant :
  Si le mari de la mère a l'intention d'être rattaché à l'enfant, l'amant doit, pour établir sa paternité, le reconnaître en premier (art. 316 C. civ.). Il y aura lieu, alors, d'appliquer l'article 336-1 du Code civil.

Moyens pour régler un conflit de paternité :
Pour contester la paternité d'un homme, il faut démontrer que celui-ci ne peut pas être le père de l'enfant (art. 332, al. 2, C. civ.).

Le Code civil distingue deux cas :
- « *Lorsque la possession d'état est conforme au titre,* seuls peuvent agir l'enfant, l'un de ses père et mère ou celui

qui se prétend le parent véritable. L'action se prescrit par cinq ans à compter du jour où la possession d'état a cessé ou du décès du parent dont le lien de filiation est contesté.
Nul, à l'exception du ministère public, ne peut contester la filiation lorsque la possession d'état conforme au titre a duré au moins cinq ans depuis la naissance ou la reconnaissance, si elle a été faite ultérieurement. » (art. 333)
- « *À défaut de possession d'état conforme au titre,* l'action en contestation peut être engagée par toute personne qui y a intérêt dans le délai prévu à l'article 321 [dix ans]. » (art. 334)

En cas de conflit de filiation, la jurisprudence a admis que l'expertise biologique était de droit, sauf s'il existait un motif légitime de ne pas y procéder (Cass. 1re civ., 28 mars 2000, *Bull. civ.* I, n° 103). Dans tous les cas, les juges du fond apprécient souverainement, sauf lorsque la loi en décide autrement, la valeur de la présomption pouvant résulter du refus de se soumettre à un examen hématologique ordonné par eux (Cass. 1re civ., 13 janvier 1993, *Bull. civ.* I, n° 11).

La solution

Loïs étant mariée à Clark, ce dernier est présumé être le père du futur enfant. Or, chacun sait que le père biologique est Kent.
Si Clark ne veut pas être désigné comme le père de l'enfant, il n'y aura pas de conflit entre l'amant et le mari. Il suffira de déclarer l'enfant à l'état civil sans indication du nom de Clark. Kent, de son côté, peut le reconnaître à n'importe quel moment. Si Kent ne fait pas confiance à Clark et craint que celui-ci fasse jouer la présomption de paternité lors de la déclaration de l'enfant, il peut le reconnaître avant même la naissance.
Si Clark veut être désigné comme le père de l'enfant, il y aura conflit de paternité.

Le premier qui sera désigné comme le père de l'enfant le restera tant que l'autre n'aura pas combattu ce lien de filiation.

Pour être rattaché à l'enfant de sa femme, Clark peut :
- soit le reconnaître, avant la naissance ;
- soit laisser jouer la présomption de paternité, lors de la déclaration de l'enfant.

Pour être désigné comme le père de l'enfant de sa maîtresse, Kent peut :
- soit le reconnaître, avant la naissance ;
- soit le reconnaître après la naissance, après avoir éventuellement combattu le lien de filiation créé par la présomption de paternité.

Qu'il s'agisse de Clark ou de Kent, le meilleur moyen pour être désigné comme le père de l'enfant est de le reconnaître le plus tôt possible, y compris avant la naissance.

Celui qui n'aura pas reconnu l'enfant en premier devra, pour en être désigné comme le père, contester la paternité de l'autre. Pour cela, il faudra démontrer que celui-ci ne peut pas être le père de l'enfant.
D'un côté, Loïs est mariée à Clark.
D'un autre côté, le couple s'est peu à peu éloigné, ce dont l'entourage a dû se rendre compte. De plus, Loïs a un amant ce qui n'est peut-être pas passé inaperçu.

Le comportement du mari et de l'amant, pendant la grossesse et lors de l'accouchement, sera également pris en considération pour savoir si l'enfant est traité et considéré comme l'enfant de l'un ou de l'autre.
L'action en contestation se prescrit par cinq ans, à compter du jour où la possession d'état a cessé, si celle-ci est conforme au titre. Dans le cas contraire, la prescription est de dix ans.
Que la filiation ait été établie en premier lieu à l'égard du mari ou de l'amant (et surtout

dans le premier cas), il est probable que les juges acceptent que la paternité soit contestée. Dans de tels cas, les tribunaux ont coutume d'ordonner une expertise biologique. Lorsque les résultats de celle-ci seront connus, la justice rattachera l'enfant à son père biologique.
Kent est le père biologique de l'enfant. Que Clark souhaite être rattaché à celui-ci ou pas, il est fort probable que Kent finisse par être juridiquement désigné comme le père. Dans tous les cas, si l'enfant de Loïs naît sans vie, aucune action ne sera recevable quant à sa filiation (art. 318 C. civ.).

II. L'autorité parentale du père

Les faits de l'espèce

Kent, le père de l'enfant, s'est lié avec les membres d'une secte dont les préceptes sont peu rassurants, s'agissant de la santé des enfants. Loïs ne veut donc pas partager l'autorité parentale avec lui.

La règle de droit applicable

En principe, l'autorité parentale sur un enfant appartient à ses parents, jusqu'à sa majorité ou son émancipation. L'objectif est de protéger l'enfant dans sa sécurité, sa santé et sa moralité, pour assurer son éducation et permettre son développement, dans le respect dû à sa personne (art. 371-1, al. 2, C. civ.).

Cependant, si l'intérêt de l'enfant le commande, l'article 373-2-1, alinéa 1er, du Code civil donne au juge la possibilité de confier l'autorité parentale à l'un des deux parents.

Selon la jurisprudence, le seul risque d'une éventuelle mise en danger de l'enfant ne permet pas de prononcer la déchéance de l'autorité parentale (Cass. 1re civ., 6 juillet 1999, pourvoi n° 97-16.654). S'agissant des sectes, des juges du fond ont jugé que l'appartenance d'un des parents à un mouvement religieux non classé parmi les sectes ou religions aux pratiques condamnables ne justifiait pas un retrait de l'autorité parentale (CA Reims, 27 juin 2002, *Dr. fam.*, 2003, n° 42). En revanche, la Cour de cassation a décidé que l'appartenance à une secte laissait présumer que l'enfant courait un danger nécessitant la mise en œuvre de mesures d'assistance éducative (Cass. 1re civ., 28 mars 1995, *Bull. civ.* I, n° 141).

La solution

Il n'est pas certain que les liens récents de Kent avec les membres d'une secte permettent à Loïs de demander le retrait de l'autorité parentale de celui-ci. Cela dépendra de l'appréciation souveraine des juges du fond. Même si les préceptes des adeptes peuvent mettre en danger la santé de l'enfant, il ne s'agit que d'un risque éventuel. Or, dans de tels cas, la jurisprudence refuse en principe de retirer l'autorité parentale au parent membre.

En conclusion, qu'il le soit simplement ou à l'issue d'une procédure, Kent sera certainement désigné comme le père de l'enfant. L'inquiétude de Loïs est alors justifiée puisqu'il n'est pas certain que les juges acceptent de retirer l'autorité parentale à ce dernier.